修復家庭創傷

朱莉亞・山繆——著
王敏雯——譯

Every Family Has A Story:
How we inherit love and loss

好評推薦

作為一名治療師和作家，山繆之所以具有非凡的同情心，是因為她願意承認自己的錯誤，而不是冷漠或過於權威。她是一位出色的傾聽者，但也有自己的感情，偶爾承認自己對所目睹的一切感到不平等。她可愛而非麻木不仁的角色，為書中的敘述增添了色彩。……山繆的魔法仍在繼續。——《衛報》

在這八個案例中，我們被溫和地引導著，更深刻地理解誠實、自我審視和溝通在所有關係中的重要性。……這是一本引人入勝的書，非常真誠。——《每日郵報》

山繆擅長從她的案主身上提煉出敏銳的見解。……她的坦率提供了一個視角，展示了治療師的工作方式。……涵蓋了各種家庭結構和困境，這種對家庭意義的思考，肯定會引起共鳴。——《出版者周刊》

這是一本重要的、聰明的且富於同情心的書。它提醒我們，如果不深入了解我們的家庭，就永遠無法了解我們自己。它不僅證明了心理治療的重要性，也證明了朱莉亞・山繆作為作家和治療師的卓越才能。——艾倫・狄波頓（Alain de Botton），作家、人生學校創辦人

朱莉亞・山繆是如此聰明和富有同情心。我喜歡她寫的每一個字，渴望每個人都能體驗她在這個世界上獨特而慷慨的生活方式。——伊麗莎白・德依（Elizabeth Day），《慶祝失敗》作者

朱莉亞・山繆用她特有的溫暖、同情和智慧，講述了家庭如何運作此一重要問題。她的文字始終優雅、溫柔，並有精湛的說故事技巧。每個讀過這本書的人都能學到一些深刻的東西——關於他們自己、他們的出身以及他們最深愛的人。——瑞秋・克拉克（Rachel Clarke），安寧緩和醫療醫師、作家

朱莉亞・山繆為我們提供了關於家庭結構、故事和經歷如何影響幾代人的生動見解。這是一本寫給所有家庭的書，我們可以在其中欣賞自己家庭的優點，並鼓起勇氣去探索我們的傷痛。這些問題的探討是如此生動，以至於我完全被吸引了。這是一本關於愛的書，當我

們明智地使用它時，它能發揮強大力量。——凱瑟琳·曼尼克斯（Kathryn Mannix），安寧緩和醫療醫師、認知行為治療師

很引人入勝……朱莉亞·山繆富有同情心的作品總能給我帶來啟發、安慰和思考。——潘朵拉·賽克斯（Pandora Sykes），《星期日泰晤士報》暢銷作家

這本書很棒、智慧而富有同理心，非常實用，同時寫得非常優美。……我發現真正有趣的是互惠感，朱莉亞在治療案主的過程中，被他們和他們的故事所改變，就像我們閱讀他們的故事一樣。每個家庭都應該擁有這本書，在遇到困難時可以諮詢。——加萬德拉·霍奇（Gavanndra Hodge），資深記者

朱莉亞·山繆在她感人又誠實的書中所接觸到的家庭就像我們所有人一樣：有缺陷、衝突、困難，但又有些可愛。她的寫作誠實、真誠、充滿智慧。……她一次次地從那些不知道自己擁有非凡力量的人身上挖掘出非凡力量。我很感激能看到她的作品。——拉菲拉·巴克（Raffaella Barker），作家

推薦序　坐在家裡把嘉明湖給欣賞了

英國家庭故事和台灣家庭故事會一樣嗎？有可借鏡之處嗎？作為一個家庭治療師，閱讀本書前我很好奇，讀後我的心得聽起來可能也有點撲朔迷離：有一樣也有不一樣。

例如第一個案例提到英國的階級文化，多數台灣人不一定熟悉。階級之於英國人像是「房間裡的白色大象」，一個英國人從對方口音可以立刻感受到，但一般絕不會講開。它像人際互動的背景氣味，總是默默影響著兩人的來往。透過本書作者生動的描寫，台灣讀者也可以略有體會。這是不一樣。

故事中還提到跨世代創傷，在一戰與二戰中失去親人者或回鄉老兵，對婚姻、甚至對下一代子女的影響，這倒是和台灣很像。我們的上一代也親身經歷過戰爭與政治創傷，帶來的影響這幾年也正逐漸浮出水面，例如楊孟軒的著作《逃離中國：現代臺灣的創傷、記憶與認同》。

雖然理智上知道不應該意外，但讀了本書才意識到原來英國也有無法面對自己錯誤、不講理的父母。儘管英國子女表現出來的應對方式和台灣子女不太一樣，但心情的糾結卻又出奇的相似。

本書作者說明自己不是家庭治療師（英國稱「系統治療師」systemic therapist），但提供「家庭諮商」，可能會讓部分讀者困惑。在英國「諮商」（counselling）被視為一種工作形式，任何心理專業人員都可執行；在美國則將之視為一種專業身分（counsellor），是具備該身分資格的人才能做的特權業務。台灣法規沿襲美國系統的精神但做了調整：「諮商心理師」才能做「心理諮商」（理科太太賣課事件因而引發爭議），但美國心理師必須博士畢業，諮商師必須碩士畢業；台灣諮商心理師要求碩士畢業，沒有博士層級的獨立執照。

與求助案主的家人一起會談，對家庭治療師來說是「偏好選項」（因為家庭治療師相信聯合會談是最有效率的工作方式，除非家人無法出席才選擇見個人）；對某些心理師來說是「可能選項」（如有需要時會穿插幾次家庭會談）；對另一些心理師來說則是「排除選項」，要不認為沒必要，要不認為自己不能勝任，而將案主轉介給另一位心理師進行家庭會談，自己則維持個別晤談的架構。這些做法差異雖大但並無對錯，完全根據治療師的訓練背景與信念，以及每位案主的狀況與需要來決定。

作者透露自己原本也沿襲傳統個別治療做法，後來轉而採取更接近系統取向的做法，但也不全然是家庭治療師。差別何在？例如威恩家的案例，當八十七歲的母親拉不下臉面對兒子當場起身離開諮商室，後續兒子也決定不再直面母親，一個家庭治療師的做法會和本書作者不太一樣，後續的發展也可能有所不同。家庭治療師比較擅長面對這種高張力時刻，會把握這種機會突破親子僵局，即使是多年僵局都有可能突破。

心理師就像是嚮導，協助人們探索自己內心世界的未知領域。資深心理師則像閱歷豐富的嚮導，去過人跡罕至的祕境探險，目睹令人屏息的私房風景，帶回使人嚮往的動人故事。就像台東的嘉明湖，沒有足夠的裝備及有經驗的嚮導是無法親眼看到的。

可惜受限於專業倫理保密承諾，以及有限的寫作能力，這些私房景點很少有機會被大眾欣賞。本書作者細膩而情感豐富的優異寫作能力，讓我們能坐在舒服的躺椅、手上拿著冒著熱氣的咖啡，就把嘉明湖的綺麗風景給欣賞了。

本人自慚沒有本書作者的文筆，只能把一堆好故事爛在肚子裡。如今看到英國同行寫出一本能一窺家庭治療祕境風景的好書，心有戚戚之餘，自然樂意大大的推薦。

趙文滔
諮商心理師（家庭治療師）
國立臺北教育大學教授

前言

每個家庭都有故事，述說著愛與失去、喜悅與苦痛。

我的原生家庭環境優渥，但也遭受過一些創傷。但我們家的人從來不說故事，從未提起發生過的事、目前的情況，也就不知道該怎麼處理這些傷。第二次世界大戰期間，我父母還很年輕。父親任職於海軍，母親和不少女孩一樣耕種農地。但這不是構成創傷的原因。我媽媽二十五歲那年，雙親和兩個手足都驟然離世。我爸爸也是年紀輕輕就失去了父親和哥哥。兩人的父親都在一次大戰期間上戰場打仗。

他們跟那個時代大多數的人一樣，為了生存與繁衍，生了許多小孩，因而形成了戰後嬰兒潮，也就是我們這一代人。老一輩人既堅忍又勇敢，令人欽佩，而他們為了活下去，只有一條路可走：忘掉過去，繼續前進。有句俗諺說：「只要你不去說起或想起某件事，它就不會傷害你。」他們將此奉為圭臬。藏起內心的傷痕，假裝過得很好，喔，還有絕不輕易流露情緒，這都是我們這一代人從小就聽慣的口號。但就算被藏在看不見的地方（也許正因為被藏起來），我們心中的愛與失落變得益發複雜。雖然這些未必能透過肉眼看見，但依然複雜、深刻、讓人痛苦。

很少人會意識到這些是心理創傷的後遺症。心理創傷不會說話，沒有時間觀念，只是存在於我們的體內，保持高度警戒，就算造成傷害的事件已經過去數十年之久，那顆火苗仍然一點就著。它不允許處理情緒。對我來說，這就像少了很多片的拼圖。我記得自己端詳著過世親人的黑白照片，想從中找出線索，因為我幾乎對祖父母、叔叔、姑姑一無所知。我今年才第一次看到外婆的照片。有好多祕密，好多事沒有說出口，而當我回頭看父母的照片時，忍不住思忖：他們知道些什麼？思考過什麼？他們明白長輩的感受嗎？兩人既為夫妻，是否談過對彼此重要的事？而那些祕密，他們可曾向對方提起？當然，他們談這種事也絕不會讓我聽到。

這意味著我一直在觀察、傾聽，設法找出線索。或許是這些讓我成為心理治療師：我總是充滿好奇，專注聆聽，對於外表底下發生的一切深感興趣，就像偵探為了尋找指紋，不放過任何地方。我的父母皆已過世。我寫這本書時，發現自己心中對父母的愛有了變化，也更加了解他們。父母仍持續影響著我，形塑我的人格，一如我生命中其他重要的人。我非常感謝父母，從他們身上學到的許多重要技巧、行為及處世之道，讓我終生受用。他們給了我非常好的機會，至今依然受惠。

我之所以寫這本關於家庭的書，是因為我每個案主都會把注意力放在他們的家庭上。他們想知道為什麼與家人相處困難，或者描述他們為什麼愛著家人，以及其中的種種情感。在這方面，我和我的個案沒有什麼不同。在我對他們的治療中，我也花了很多時間探索我的原生家庭和現在的家庭，試圖理解當時發生的事情。

今日家庭扮演的角色

核心家庭——由已婚的雙親和小孩組成的家庭——已經無法充分形容現今英國的一千九百萬個家庭。家庭的形式不一而足，有單親家庭、同性家庭、領養家庭、大家庭、多重伴侶家庭、混合家庭、無子女家庭，以及由無血緣的朋友組成的家庭。

在過去，家庭最主要的目的和功能是養育孩子。而隨著越來越多女性投入職場、生養孩子數目變少，社會也有了重大變化。由於人們活得更久，養育小孩的時間相對變短，因此，我們作為成年人和家人相處的時間比以前的人長很多，同時也背負著來自家庭的負擔或恩惠。在不同的家庭模式中生活的每一個人，各有獨特的因應方式，這取決於他們的遺傳、環境和經驗。

我想深入檢視其中幾種家庭模式，探究其間發生的事，並提出幾個問題：是什麼讓某些家庭在面臨重大困境時依然日益茁壯，而其他家庭卻支離破碎？什麼能夠預示家庭破裂？為什麼家人會把我們逼瘋？

本書旨在探討上述問題，促使大家更加了解這些問題，而非為了建立完美的家庭。世界上沒有完美的家庭。每個家庭各有其內在與外在的壓力因子，從而在介於功能失調與功能健全之間的光譜下運作。書中講述了八個家庭在面臨特殊挑戰時的生活經歷，並記錄了他們幾代人的經歷。人們往往低估了上一代對下一代造成的影響。上一代人未解決的壓力因子會傳遞給下一代人，加劇下一代人的日常生活壓力。

家庭總是不斷在變動，也因此家庭問題是很複雜的，處理起來相當棘手。當家中長輩步入晚年時，成年子女正在試著接受孩子離家的事實，而第三代正在調適心態，成為真正的大人。以往被視為常態的人生四大階段：建立（結婚）、擴張（生育孩子）、收縮（孩子離家）、結束（伴侶過世），已不再適用於每一個人。夫妻關係經常以離婚告終、孩子不願離家或離家幾年後又回家，也可能沒有孩子。在接下來的故事中我們將看到，有時家人需要通力合作，有時則需要退一步思考。就像跳舞一樣，全家人要設法找到一致的節拍，同時容許彼此的差異，如此方能維持家庭穩定。

我對家庭特別感興趣，自有充分的理由：家庭很重要。對於孩子的人生和日後的表現而言，家庭是最重要的因素。孩子帶著一份可靠的愛邁入成年，增進他們的身心健康與情緒穩定，因此能擁有快樂、健康、豐碩的人生。家庭最美好的境界是：它是個安全港，我們可以完全做自己，即使我們有弱點和缺陷，仍能被愛和被理解。理想上來說，家能充分理解我們的發展，並認可我們。

幸福的關鍵在於關係。我們的生活品質取決於關係的品質，我是心理師，熟知約翰・鮑比（John Bowlby）的依附理論。我了解關係這種東西是從家庭開始的。家庭是我們學習如何與他人相處的中心，也是我們學習如何在生活的不同面向上（包括自身、愛、友誼、工作等）管理情緒的中心。我們的信念和價值觀的基礎，是透過家庭灌輸給我們的；無論我們日後是遵循或反抗都一樣。最重要的是，我們在家庭中獲得自身的價值感，相信自己有價值或不具價值。

正如傑出的兒科醫師暨精神分析家唐納・溫尼考特（Donald Winnicott）所說的，一個家若是「夠好」，會成為我們人生的基石，當我們面對生活困境時，家可以給我們依靠，讓我們保持穩定。當家庭運作良好，我們可以在遭遇逆境時向家人求助，尋求眾人的支持。當外在世界讓我們感到心碎或疏離時，家和家人可以成為避難所，讓我們能好好療傷，重獲力量。

我們可能不常和家人見面，但從遺傳上來說，家人仍是我們的一部分，存在於我們的記憶和潛意識當中。我們可以離開伴侶、斬斷友情，卻永遠脫離不了家人。

看似例外的家庭其實很普通

我筆下的家庭都是既特殊又平凡。透過與這些家庭的互動，我可以了解藏在他們外表底下的諸多真相，是什麼形塑和影響了他們。有可能是「育兒室的幽靈」（即童年的不快回憶）、孩提時期受到的影響，或是他們的父母、祖父母、孩子正促使他們面對長期以來不敢面對的某些面向。我們會發現他們的獨特經驗，但從某些方面來說，可能也是大家都很熟悉的經驗。

發現這些更深層的關於自己的真相，為我的案主及其家庭培養出清晰的觀點和自信，幫助他們在人生的風浪中穩健航行。

我感到有興趣的是，在家庭中，談論的大部分內容都是雞毛蒜皮的小事，而很多重要的事情都沒有說出來。這意味著我們的想像力來到未知而令人害怕的境地：我們對自己說的故事充斥著缺口和臆測。我深知家庭劇本會一代代傳下去，因此我對這些祕密和沉默的力量和影響特別感興趣。我漸漸明白，我們內心所拒絕的某個部分、被放逐到未知黑暗地方的某樣事物，往往會醞釀內心的敵意，變得危險。

許多案主來找我進行心理治療，並不是為了要處理過去的傷口，而是因為目前感到痛苦。但我們發現，他們目前的生活和過去的生活片段交織。撇開別的不談，**我清楚看到心理創傷是如何從上一代傳到下一代**。

我知道有這樣的一個理論：若某一代人沒有處理和化解某個創傷事件，它就會繼續流傳下去，直到某個後人準備好感受這份痛苦。我也知道表觀遺傳學的研究顯示，創傷會改變我們基因中的化學電荷，影響身體運作系統，提高我們對於外界事件的反應，啟動大腦掌管「戰／逃／僵住不動」的區域，即杏仁核。創傷如果沒被好好處理，杏仁核在事情過去幾十年後，仍處於戒備狀態。舉例來說，若我們沒有好好處理羅西家的自殺事件，他們其中一個孫輩可能會被無法解釋的恐懼、身體形象和感覺所困擾；他們會以為自己出了什麼問題。我舉這個例子是想傳達兩個重點：第一，這有助於我們和我們的後代認識到，**也許我們的心理創傷並不是自己造**

成的，這並不是我們個人的失敗。第二，**面對並加以消化、處理痛苦，能夠保護我們的後代**。

書中的八個家庭各自面對艱辛的人生挑戰，一如你我。當變化的高峰期——像是有人過世、生病或分離——家庭往往就會動搖。可能是基於固守過去、害怕未來的傾向，使家庭的變化既有威脅又令人興奮，而每個家庭成員抱持著不同、甚至互相衝突的態度。這些家庭顯示出，我們必須付出極大的心力和承諾去呵護家人，將家庭置於其他生活需求之上，並在危機中團結一致。這些家庭也顯示出，處於變化中的家庭，需要我們拿出最深的愛、耐心、自我意識、時間、努力，當然還有金錢。我將以特定家庭所發生的事為例，闡明當中的細節，我相信我們最個人和私密的細節，可以廣泛地轉化為普遍的觀點。

世代之間

我越來越喜歡研究家庭系統，因為我了解我們的生命是相互連結和相互依賴的，而非單獨存在。我也了解改變是集體的事。我在心理治療的工作中逐漸明白，**影響我們處理能力的不是家庭發生了什麼事，而是家人之間感情是否緊密、彼此之間有無善意**。

祖父母和父母甚至可以影響成年子女，無論是正面或負面影響，這對我來說是一個重要的新見解。在這些個案研究中，我們可以看到家庭不僅僅是家庭中的個人。每個成員都有自己的故事，但他們也共同創造了家庭系統和生活方式。他們顯示從出生、青春期、成年期到老年期的家庭生命週期，是人類發展的主要脈絡。正是透過審視家庭內不同世代的故事，以及他們如何互相影響，我們才開始了解自己。

在每一章中，家庭都是承載每一代、三代甚至五代人情感系統的結構。一個家以祖父母和父母為首，家庭中的每個人如何管理這種情感系統，形塑了他們在面對重大生活變化甚至創傷時的韌性。

我們發現情感系統不盡合理。我們可能希望孩子／父母／祖父母不要因為我們認為的瑣事或令人受創的事件而耿耿於懷，但是這根本辦不到。情感系統的目的是向我們的身體傳遞有關安全、危險的訊息，使我們體驗到愉快，並使我們的需求獲得滿足。重要的是要明白：**不論是痛苦或愉快的情緒，都可以在我們的體內自由流動。當情緒被封閉起來時，就會發生功能失調**。在家庭內，功能失調可能從上一代傳給下一代，因為父母做出了示範，而孩子模仿雙親的行為，如此循環下去。

功能失調的家庭有多種類型和不同程度的失調。在這種家庭內，負面互動比正面互動多。每個家庭成員之間並沒有一種可預期的善意，也沒有相互關懷與支持。他們不知道要怎麼應對困難，一場衝突可能演變成僵局，持續幾個月、幾年，甚至幾代人。他們往往很僵化，對是非抱持固定觀念，不願打開溝通的管道。這些人的行為和心理都無從預測，如果不去尋求或找不到解決辦法，每個家庭成員都會感到痛苦。這可能意味著家庭成員有種被拋棄或受困的感受。他們有時獲得企盼已久的愛與關注，但這些愛與關注又毫無來由地被收回去，因而對此有股難以抗拒的吸引力。每個人都像是上了癮，等待下一次的愛與關注。

那些長期位於光譜尾端、嚴重功能失調的家庭，很少會向我求助。我經常思考一個似乎是無解的問題：最需要支持和洞見的人，卻也是最不可能開口求助的一群；或者更糟的是，他們根本不知道有何管道可尋求幫助。

家庭系統承載的並非只有我們的劇本和情感，它們還隱晦或明確地設定了每位家庭成員之間的行為和聯繫模式——誰扮演什麼角色、誰握有權力，以及關於什麼可以溝通、什麼會被阻止、什麼行為會受到制裁的信念和規則。當情況變得負面時，家庭動力（family dynamic）可能導致特定成員出現問題，也形成個人和集體的痛苦根源。例如若父親軟弱無能，孩子可能就會氣焰高張。這種動力是他們一起創造出來的，影響到家中的每一個人。**重要的是要解決整個家庭動力問題**，而不是只解決父親的軟弱，因為整個家庭才是改變的媒介。

有時候，個人行為反映出家庭系統的問題。舉例來說，如果家庭中的每個人都沒有解決金錢問題，其中一個孩子可能會變得愛控制。家庭可能在應付危機或進行改變時，卡在某一點上，採取過時無用的因應方式，卻希望得到不同的結果，之後發現問題變得更加嚴重。此時需要從整個家出發來加以理解。而且有時他們需要的不只是理解，還有積極的改變並協助他們採取不同的行為。我在進行家庭諮商時，我關注的是所有成員之間的模式，以及可能導致問題的原因，而非僅揪出某個「問題分子」。

檢視自身家庭對每個人來說都有益處，能知道自己繼承了什麼樣的家庭模式和行為，並思考哪些地方可能需要調整。通常是一些意想不到的小改變帶來了改善。比方說，威恩一家為了幫助憂鬱的兒子，一起看完《摩登家庭》（*Modern Family*）系列影集。

愛很重要

愛為家庭挹注了管理情緒的資源。愛具備不同的形式：給予或接受，採取旁觀、放手或往前走的行動，其中也會歷經破裂與修補的過程。

家庭之所以破裂或造成心碎，多半是源自於嫉妒和競爭，因為這些愛的資源有限。結果就導致痛苦和受傷，進而衍生出手足或夫妻之間的爭鬥，甚至釀成世代之間的對立。

天性和教養孰輕孰重，至今仍無定論。每個人出生時被賦予一份基因藍圖，決定了我們的智力、運動神經和性格特徵，而且這些能力會因為環境而被強化或被削弱。我們生在何種家庭純屬機運，而富裕或貧窮、家族史、心理健康和家庭模式，在在影響了教養的品質。但幸福的核心是我們的認同：「我是被愛的，我有歸屬感。無論我或其他家人遇到了什麼事，這個家庭就是我的家，是安全的地方。」

根據我自己的經驗以及我從本書中的家庭中所學到的：不論是無血緣或有血緣的家庭，我們向自己說的故事，會成為我們自己。若我們聽到真實的故事時，就會相信自己是被愛著並有歸屬感。不論我們的基因遺傳或關係如何，都會成長茁壯。

家庭總是紛亂動盪，不盡完美。在我們最愛和最關心的地方，我們也最容易受傷，花最多力氣爭吵，並犯下最深的錯誤。然而，當家庭在我們內部和周圍支撐著我們時，我們就會茁壯成長。付出的努力、心痛和衝突都是值得的。當我們能夠信任家庭時，就算世界被顛覆，家庭可以成為將我們團結在一起的力量。即使家人相隔遙遠，若家庭是我們生命的核心，它能幫助我們在脫序失常的世界中，找到自身的平衡。

為了實現這一點，我們應將家庭列為優先，經常放在心上，念茲在茲，並且花時間與家人相處。

心理治療

我很感謝我的案主允許我寫出他們最切身的痛苦。雖然我把他們的陳述寫成了故事，但是別忘了，我寫的是他們最私密的個人生活，對他們來說並不是「故事」。他們展現出這樣的慷慨和勇氣，是希望透過說出自身家庭的故事，其他人可能會對他們的家庭有所了解，或許可以治癒傷口。我相信心理師和案主在治療室裡獲得的智慧，對每個人來說都是頗具價值的資源，但大多數人無法接觸到。

為了保護案主的隱私，我隱瞞了他們的真實身分，有些是拼湊而成。除了少數家庭外，本書案主多半於新冠疫情期間透過 Zoom 進行線上諮商。我只有在疫情對案主造成重大影響時，才會提及疫情帶來的衝擊。儘管疫情帶來了諸多挑戰，後來在治療過程中卻發現它也有意想不到的優點。從實際角度來看，意味著我可以在約定的時間見到更多人。畢竟要同時約到兩個人以上進行同室會談，得花更多心力預先安排。我還發現遠距諮商比較不會讓人害怕，對老一輩的人來說尤其如此。在家中安穩地坐著，手裡可能有一杯茶，望著螢幕上的其他家人和我。這構成一個友善的環境，可以放心討論重要卻往往相當尖銳的問題。每次會談結束時，我會離開視訊會議，但很多家庭不會立刻離開，繼續討論剛才的話題。我常想這類談話應該最有成效，但在過去不易落實。然而，Zoom 也有不少缺點：無法捕捉到案主的肢體語言、連線有時會斷訊、在螢幕上只能看到對方一部分的臉，但它帶來的好處遠超過缺點。我還是很想和案主在諮商室內談話，但就家庭治療來說，Zoom 或許是未來的趨勢。

本書提到的家庭，許多本來就是我的案主。這些案主之所以選入本書，是因為他們帶來不同的視角，例如柏格家、辛格與凱利家，或面臨特殊的挑戰，例如奎格家。每個故事可以單獨閱讀，亦可按順序讀完。所有故事之間的共同處在於：這些家庭面對困難時，有勇氣站出來尋求支持。他們體認到必須找到新方式來解決問題。

與此相反，我經常聽到有些案主說起他跟家人之間的棘手問題，為此感到痛苦，但不願與家人一起接受諮商；或者他的父母或手足一味認定自己是對的，不肯檢視問題背後是否還有其他原因。**陷入負面模式的家庭有一個特徵：固守僵化的立場**。我相信本書中的家庭可顯示出，若他們具有適應能力和轉變觀點的能力，並尋求更緊密的關係與穩定，將使家庭能正常運作。我們的治療讓他們得以開始探索和練習這項重要技能。這些家庭之所以能夠穩健度過風浪，解決世代之間的問題與挑戰，主要是因為**其成員學會了管理情緒，並允許情緒存在的能力**。

了解這一點之後，建議進一步閱讀丹尼爾．高曼（Daniel Goleman）的《EQ：決定一生幸福與成就的永恆力量》（*Emotional Intelligence: Why It Can Matter More Than IQ*），會有收穫。他定義情緒智商是「辨別、評估並控制自身情緒的能力」。如果我們不願被現代家庭生活長期累積的壓力劫持，就得先理解自身的情緒。**我們需要增強自我覺察——承認自己的感**

受，以及為什麼會有這種感受。若我們有自我覺察，便可在覺得受不了時提醒自己，還有其他心情和感受存在；我們不會一直處於這種狀態。這使我們能練習重新平衡的習慣，例如正念（mindfulness），甚至只是暫時離開房間，讓我們能選擇用更好的方式從負面情緒中恢復。自我覺察能幫助我們過濾話語和感受，讓它們成為關係的助力，而非破壞關係，並以同理心與他人建立連結。一旦我們能夠穩定自己，同時看到對方也這麼做，我們就不需要強加於人，而是相信家庭系統中有足夠的愛。

家庭治療通常比一對一諮商更加緊張，因為團體的人數越多，經驗就被放得更大。這一點對父母來說尤其困難，畢竟他們對目前的局面要負起責任（即使是出於無心）。聽自己的孩子說出批評的話，或訴說他們的痛苦，需要耐心和寬容。承受這些情緒需要勇氣和承諾。揭露痛苦會讓人心痛，但可能也會出現意想不到的好處。不過我相信，那些敢於面對情緒、讓情緒流洩出來並改變彼此連結方式的家庭，有時會帶來很大的改變，甚至會很有益處。不幸的是，**痛苦是觸發改變的媒介。如果逃避痛苦，改變就不會發生。家庭中的每個人若願意說出、經歷和處理這些阻礙，將會形成新的家庭模式**。

我並非家庭系統治療師，那是一種特定的心理治療模式，但我的工作以家庭系統理論為基礎。我為這些家庭進行諮商，跟他們建立起牢固的情感關係，進而培養信任，這能讓治療取得良好的成果。在我的治療實踐中，有較多來自母系的觀點，因為參與治療的女性比較多。目前有越來越多男性尋求心理治療，但還是比女性少。

我和案主之間的合約因人而異。在我的案主當中，有些夫妻每年進行幾次諮商，以維繫關係；有些家庭每月諮商一次；而大多數個人是每星期或半個月諮商一次。治療結束後，案主有時會捎來消息、告知近況，或者寄聖誕卡片，我總覺得很感激。他們的故事長存我心，塑造並影響著我，正如我生命中所有重要的關係一樣。

心理治療不會一直持續進行，總有結束的一天。心理師和案主持續檢視諮商的進展，當雙方都認為案主已經準備好結束治療時，就該劃下句點。他們將有能力繼續自己的生活，而不再需要心理治療。他們會培養出更強的韌性，面對人生中的阻礙和失落，也為未來負起責任。他們能承認父母、伴侶或某事件帶來的傷害，但不會陷入指責的迴圈。心理治療無從修復事情的發生，但能幫助我們學會適應、成長和改變，儘管憾事已經發生。

在心理治療過程中，與案主結束治療是很重要且不可或缺的一環。一開始簽訂合約時便已表明治療會結束，重要的是治療不應驟然結束。結束是有計畫的，且逐漸發生的。在建立了如此親密和有意義的關係之後，每當治療結束時我總會覺得難過。雖然很想繼續和他們當朋友，但這麼做並不適合。當我考慮跟前案主建立另一種關係時，一個重要的考量是避免造成傷害。若想對這場心理治療表示尊重，並保護存在於雙方之間的空間，最好劃下清晰的界限。我偶爾會和前案主發展雙重關係，通常是專業上的關係，並不會造成傷害，但我還是盡量避免。

＊

我在書中數次提到我的督導。每一位治療師在臨床實踐中都需要督導，以保護案主在治療師失誤時受到傷害。對於治療師來說，這是學習的良機，能在過程中反思自己的想法、感受和行為。我的督導是我非常尊敬的同僚，我需要也珍視他的忠告。無論是我遇到專業倫理上的問題、犯下錯誤、面臨困境，或者在臨床實踐上的擔憂，我都會告訴他，當然也包括感到滿意或案主的成果很不錯的時候。如果沒有這位督導，我的工作成效一定大打折扣。跟他人一起工作難免出現問題和紛爭，再加上自身的問題，凡此種種都需要具備智慧又可靠的人從旁協助釐清。

進行團體諮商而非一對一諮商，並以此為主題撰文，是一項挑戰。因為這意味著我必須捨棄當事人很多生活面向，只寫出某些影響到整個家庭的部分。我的大多數案主先前皆未做過心理治療，他們都發現團體諮商幫助他們看清很多事，與家人感情也變好。每位案主都很高興有機會檢視自己的內心，面對棘手的問題，而我負責處理衝突，讓他們能有更深刻的洞察。對案主來說，揭露恐懼、體會痛苦的情緒，是既困難又富於力量的療癒過程。隨著新的理解的出現，我可以看到他們的能量發生轉變。心理治療的一個關鍵要素是，有機會用新的方式傾聽自己和他人，感受傾聽與被傾聽的神奇力量。

我與案主一起面對了許多複雜的問題，儘管遭受了巨大的失落，但他們發現自己有能力帶著懸而未決的問題生活下去，並學會重新去愛。我逐漸發現，在這個過程中，他們都有能力努力抱持著希望，跨越人生的不確定性。

我為案主進行治療時，之後會透過回顧，將其寫下來。我會採取第三方立場來檢視。我會後退一步，輪流採取案主和治療師的角度檢視全局，以期產生更透澈的觀點。這麼做是為了將雙方的想法納入思考。精神科醫師丹尼爾・席格（Daniel Siegel）稱之為「第七感」（mindsight）。我也會跟案主進行這種操作：我退後一步思考，說出自己的想法，為他們提供新的觀點。根據行為科學的理論，人們習慣支持以往的決定，即使新的資訊顯示它們是錯的也是如此。我們誤以為熟悉的模式等於安全，此時需要像我這樣旁觀者的觀點，讓他們從另一個角度來檢視這些棘手的反應。診療室就像一扇門，案主進入後能夠以更深刻的角度看待自己，說出耿耿於懷的事，獲得關於所發生的事以及他們之間關係的新觀點。

心理治療得花上多少時間、會有怎樣的結果，沒人說得準。我和大部分家庭只做了六到八次的治療。考慮到家庭模式與動力早已根深柢固，我對改變的速度和程度感到振奮。某些人拿時間當藉口，不肯尋求治療，我想笑著對他們說：治療所需的時間，比看完一部影集的時間還少。

我能理解花時間進行反思難免令人膽怯，但心理治療好比預防醫學，對於目前家庭和未來幾代皆大有裨益。

威恩家

我是誰？我是家族基因的總和，還是我創造了自己？

個案背景

伊夫．威恩（Ivo Wynne），五十一歲，是做家具的工匠。妻子蘇姬（Suky），四十九歲，是在美國土生土長的紀錄片製作人。育有兩個孩子：傑思洛（Jethro），十九歲，以及羅蒂（Lottie），十七歲。伊夫來找我諮商是因為不確定父親的身分，想知道自己是不是父親馬克（Mark）的親生兒子。他想探究這個令他困惑的問題，好決定下一步要怎麼做：是繼續調查真相，抑或維持曖昧不明的現狀。他有個哥哥亨利（Henry），五十七歲，一個妹妹卡蜜拉（Camilla），四十九歲。伊夫的父親馬克已於五年前過世，八十七歲的母親潘妮洛普（Penelope）將酒精當成藥物，雖然酗酒，但勉強可以正常生活。大家在我的諮商室會面。

「我五十一歲，雖然我實在不願意這麼做，但我知道自己必須查出親生父親的身分。聽起來好像很蠢，但自從我小時候，爸爸就很少理我，我也不覺得有什麼不對。學校裡的朋友老是說：『你爸爸為什麼不來運動會看你比賽？』我很擅長運動，每一場比賽都贏，還是板球隊隊長。我會說：『噢，他超忙的。』說實話，我不覺得這樣有什麼錯或不對勁。那時我以為是這樣。」

我聽著伊夫說話，發現他褐色的眼眸流露出不解和深沉的痛楚。他的面貌英俊，棕色鬈髮往後撥，一副名牌眼鏡架在鷹勾鼻上，給人具有貴族血統的印象。但主要還是他兩腿交叉時的坐姿，那優雅的曲線讓我想到血統高貴的馬匹。對每個人來說，了解父母的過往很重要，那是構成自我認同的一部分。但伊夫的例子不太一樣，這還涉及了地位，如果喪失地位會讓問題更加複雜。

我請伊夫多說一點自己的事。他是個工匠，有自己的公司，專門設計和製造高檔的廚房和家具。我對他的雙手產生了興趣，佩服這雙手能夠創造出美麗的事物。我向來佩服動手做東西的人，因為我所做的一切都是無形的。有點離題了，現在我要繼續說他的故事。

伊夫在三個孩子中排行老二。大哥亨利在馬克死後繼承了頭銜和莊園。亨利五十七歲，已婚，有三個孩子。他經營著莊園，並增加現代化設備以提升利潤。妹妹卡蜜拉「總是有問題」。我想像得出他們存在兄弟姐妹較勁的問題。大兒子繼承了土地，伊夫成為「一無所有的次子」。

四十九歲的卡蜜拉是出生在父權制度最後一代（希望是）上流社會的女性。她們受教育是為了結婚，而不是為了職業生涯。她談過幾段感情，但目前住在老家的房子，擔任鄉間拍賣官的助手，是份兼職工作。她和父親很親。三兄妹小時候都有保母和專人照顧，與父母分開生活。亨利和伊夫在七歲時被送去寄宿學校就讀，卡蜜拉則是在十一歲時被送去。三兄妹都曾受到相當殘酷的體罰，年紀很小就離開了家，他們勢必得學會隱藏自己的弱點和情緒，才能在嚴酷的環境中活下來。

*

伊夫告訴我：「我曾兩度向父親求助。一次他給了我安眠藥，另一次他提議一起去義大利度假，逃開這一切……他不懂得傾聽，也不知道怎麼跟我相處，但我知道他是出自好意才提出解決辦法。我記得我母親自殺未遂時，我們一起去醫院看她，他伸出手握住了我的手。」

我出於震驚，吸了一口氣：他說起這樁悲慘事件時，語氣竟如此輕描淡寫。我問他那時幾歲，他回答十五。我意識到此事對他的傷害有多深，因為**從這件事可以看出他面對痛苦的最初反應：忽略它，不再去想**。我刻意讓對話留白，好讓其他感受浮上來。

伊夫將手指包覆住大拇指，來回轉動著，神情迷茫，眼中泛淚。他對於母親自殺未遂的事依舊諱莫如深，沒有細說，只談他記憶中的父親：「他那時已得了失智症，我握住他的手，感覺還不錯……但他不知道我是誰了。」他眼角濕潤，微微一笑。「我覺得跟他很親。」然後他咳了一聲，轉而說起兩人之間的距離：「我想他不知道我哪天生日，我的中間名叫什麼，他一定不知道我對什麼事情感興趣，他根本不了解我……但最讓我難受的並不是這些，而是他不理睬我，但他從不會這樣對待亨利或卡蜜拉。」他低著頭，口氣中帶著尷尬：「他說話時從來不正視我的眼睛。」我們沉默了一段時間，細細咀嚼這些話隱含的意義有多傷人。

*

我想要更深入地探索伊夫童年時的家庭情況。我在思考，每個孩子在家裡所扮演的角色，少不了雙親在背後的支持，這有可能對家庭造成深遠的影響。這些往往是在原生家庭中形成的，使家庭系統變得穩固。但我還不了解威恩家的人各自扮演何種角色：伊夫是否從小就「極少表達意見」，而亨利是「安排一切的頭頭」？儘管這一套在他們的原生家庭行得通，但如今大家都已成年，各自加入不同的家庭系統，這一套可能已不再適用，甚至可能會造成嫌隙。若有嫌隙出現，我會建議他們用開放的心態探究問題，看看哪些地方需要調整。

在同一個家庭內由同一對父母養育長大的三個孩子，也可能有截然不同的童年。我經常聽到爸爸或媽媽說：「我不明白為什麼某某這麼難搞，她弟弟卻很隨和。兩人明明就是用同樣的方式養大的。」然而，每個孩子會引起父母不同的反應，而那種反應形塑了他們對每個事件的記憶。

亨利從小很有條理又有野心，而且很會帶頭，展現出長子的特色。我推測繼承人的身分賦予他力量與自尊，但他同時得背負父母的期望以及手足的嫉妒。

像伊夫這樣排在中間的孩子很難歸類，但他們會針對年紀較長的手足做出回應。假如哥哥或姐姐表現好，排在中間的孩子可能會比較調皮以獲得大人的注意。我尚未釐清伊夫的排行是否形塑了他的人格。他看似不按牌理出牌，事業卻很成功。但這出現了一個問題：明知某個小孩並非自己的親生孩子，卻把他養大，也不讓別人知道，這會怎麼樣呢？

馬克知道錯不在伊夫，但是看著他，內心想必是五味雜陳，情緒很複雜：氣憤、嫉妒、憤慨、厭惡，兼而有之。難怪他很少正眼看伊夫。亨利和卡蜜拉無疑早已注意到這一點，也許還為此憂慮，但他們可能把父母的不太關注，解讀為一種好處。

我對卡蜜拉很有興趣。老么通常比兄姐得到更多縱容，不容易受責罰，因為父母會放寬規則。所以，老么多半親切、有趣又好相處。但他們總是想趕上兄姐，兄姐的個頭較高、跑得較快，而且懂得更多。我需要進一步了解，但我可以想像，在某種程度上，最小的卡蜜拉過得比較輕鬆。但她必須面對父權家庭：男人享有特殊待遇，女人被低估。為了對抗這種社會框架，卡蜜拉開始像父親一樣，對植物學、文學和家族史展現興趣，跟父親變得親近。但就我的了解，這種做法並未給她帶來很好的結果。她不是有趣、充滿愛的小孩，反而脆弱又緊張兮兮。

我在畫他們家的家系圖，觀察這家人之間的關係和背景時，我猜測卡蜜拉的兄弟打擊了她的自信心。手足之間不留情面的較勁，實際上就像是霸凌，造成的傷害不亞於在學校遭到霸凌，但父母大多沒有察覺。

*

鑑於這是伊夫從小就有的經歷，我問他如今來找我是想得到什麼幫助。「我一直都隱藏得很好。」他停頓了一下，微微一笑。「我畢竟是母親的兒子，免不了從她身上學到一點東西。她是『否認之王』。這些年來，我跟她談過幾次，也聽過其他人談論，都讓我質疑爸爸並非我的親生父親。我一直隱約覺得是這樣。每次他見到我就一臉尷尬，而且總是很冷淡。我覺得自己不屬於這個家。亨利和卡蜜拉會互相打來打去，但也很喜歡聯手對付我。他們會把我綁住，拿一把梳子打我，在我的臉上塗滿泥巴，感覺像是大便，塞進我的耳朵、鼻子裡，還有其他各種攻擊手法。他們取笑我長得醜，叫我笨蛋。我記得卡蜜拉有次跟我說：『光是看到你就讓我覺得噁心。』」

我又一次感到震驚，不光是因為他描繪的畫面非常殘酷，也因為他說話時絲毫未流露出情緒，但我察覺一股情緒在我胸腔間翻攪。我很難想像這個手無寸鐵的男孩，被人這樣殘酷地攻擊。

我突然意識到，**父母對伊夫的漠視，激起兄妹內心的憤怒，以及伊夫的自我厭惡，他們互相在對方身上表現出來**。伊夫現在放慢了語速，這為他的言語和情感提供了更多的空間。我在想他是否從我的臉上讀出某種情感。感受是會互相感染的。

「我那時還不懂得表達，但回想起來，我只是想要有安全和歸屬感，卻從未有過這些感受。現在父母如果不關心孩子，會被列入高風險家庭，但假如你是住在有護城河的城堡內，父母有頭銜，任誰都覺得你很好命，過著夢想中的生活。」

我看到伊夫的表情裡有受傷，也有壓抑的憤恨。他咬緊牙關，畢竟這些回憶勾起他內心的不快。我猜他應該是第一次說出埋藏於內心那一層又一層的痛苦。我告訴他，他的經驗讓我震驚不已。我眼前浮現令人不安的畫面：他被兩名手足動手折磨。我對這兩人氣憤，也很想保護他。我同時意識到他們一定都吃了很多苦頭，才會有這麼殘暴的行徑。

孩子在很好的環境中生活，卻又備受忽略，這種情況令人困惑。我和伊夫都不禁想到，集體的盲目讓我們無法看清真相：上層階級和特殊待遇不足以保護兒童遠離苦痛。這個社會習慣根據外表來判斷人，而非根據內心的感受來判斷。豪華汽車象徵了財富和快樂，但車主悲哀的眼神卻表示這並非事實。我想伊夫應該明白這一點，他點點頭，屏住呼吸，似乎尚未全然領略這番話。

從心理學的觀點來看，**三兄妹都不曾從父母身上獲得可靠穩定的愛。他們習慣用負面的因應機制來應對充滿不安全感的童年**，但因為愛太匱乏，這意味他們必須爭奪僅有的一點點愛。這個部分最為殘忍。健全的家庭利用吵架的機會，幫助孩子學會「反應敏捷」和「出口傷人」

之間的不同，孩子從身邊值得信賴的大人身上學到一件事：跟人爭吵時，有些話可以說，有些話不能說。而這個家庭早已學會透過攻擊來傷害人，周遭沒有大人介入或適時引導。我聯想到窩裡的雛鳥，彼此互啄，誰都想最先吃到那隻蟲。

*

我看得出伊夫累壞了，但他想繼續。「我第一個女朋友被一位家族友人告知，我不是爸爸的親生兒子。她去問亨利，他發誓說這是不實的謠傳，兩人還為此大吵一架。我相信亨利的話，不再多想。我讀大學時，媽媽有次來看我，她就來過那麼一次。她說了些日常生活上的瑣事，然後就在她關上車門、打算駛離時，她說：『我知道你認為馬克不是你的父親，但他是。我發誓這是事實。』從那時起，我如常地生活，完全不再想這個問題。但剛才提到的那個女友一個月前寄電子郵件給我，附上一個男人的照片，容貌跟我相似。她在某人的家裡見到此人。但與其說他跟我相似，不如說我看到了跟我兒子傑思洛一樣的複製人。」

我努力想跟上伊夫說話的速度，但是很難，因為他越感到苦惱時，講話就越快。我進退兩難，不知道是否該開口請他暫停，好讓我們理解到目前為止的故事，但最後決定讓他一口氣說完。下一次會談再來解決這個問題。伊夫憤怒地說：「我對她很火大。她怎麼就沒來由地寄那封信給我，彷彿那是無關緊要的小事？但更糟的是，她也寄給了亨利和卡蜜拉，完全沒知會我。我簡直不敢相信她就用那樣一封輕描淡寫的信，毀掉我的人生。亨利打電話來跟我談這件事，我們大吵一架。像往常一樣，我們開始翻舊帳。我們在比誰可以說出最惡毒的話，給對方致命的一擊。真可怕。我沒等他講完就掛斷電話，先前我也摔過他很多次電話，我心想我超恨他，再也不想跟他講話了。但這次讓我無法再否認這件事。」

「從那一刻起，不管我讀到什麼、在電視上看到什麼、聽到什麼，一切都是關於父親和兒子的……我睡不著、吃不下、無法專心，而且喝很多酒……我陷入憂鬱，每一天都很煎熬。我無法面對這件事，無法面對每一天……我只做最低限度必須要做的事，我是在苟活，不是在生活。能夠說出我無法好好應對，已經是很大的進步了。我想知道該如何接受這件事，該怎麼處理。假如此事是真的，那我是誰？這會怎麼改變我？我照鏡子時看到的是同一張臉，但感覺有點異樣。這是遺傳自我父親的鼻子嗎？我以前覺得是，那是我和他之間的連結，我一直都喜歡這一點。我擅長數學，就像他一樣。我們的感情一向淡薄，但我直到現在才明白，我的自我概念竟有那麼多是維繫在父母身上：他們的基因、他們過去的一切，都傳給了我，甚至是不堪回首的地方。我父親的家族靠從政和務農致富，之後在諾福克（Norfolk）建立莊園，所以諾福克一直都是我的根，整個郡都是，包括它的氣味、地形，那是我的老家，有『我的祖先』的畫像。我必須放下這一切嗎？也許父親知道我不是他的孩子，卻依然把我當成自己的孩子養大。如果我不是他的親生兒子，那他還是我父親嗎？我是否失去了一半的家人？堂兄弟姐妹們突然不再是我的親人了嗎？如今我屬於哪個家？我的家人是誰？我的孩子承繼了誰的血緣？」

他提出了一大堆問題，我感受得到伊夫因為這件事苦惱無比。我的喉間一陣緊繃，我得想出最好的方法來幫助他。我們都同意不太可能找出每一個問題的答案，但接下來幾個星期，或許我們可以一起面對這些問題，逐一釐清它們所代表的意義。

*

我會針對案主的問題進行研究，盡量多了解事實，以提供最有效的心理支持。我發現，**了解自己來自哪裡對於發展非常重要**。馬歇爾．杜克（Marshall Duke）與羅賓．菲芙許（Robyn Fivush）設計出「你知道嗎」量表（詳見附錄），來評估青少年對家人的了解程度。他們發現比較了解家族歷史的青少年，通常具備較高的自尊、較少的行為問題，以及較高的自我效能感——他們相信自己有能力影響他們的世界。伊夫從小到大都對自己的身世有疑慮，如今建構他身世的磚塊被抽走了一半，我知道我們必須小心面對。

我還需要評估伊夫幼年時遭受何種程度的虐待與忽視，並充分了解他採取何種應對機制。**童年時期的壓力和創傷，會損害一個人的認知、社交與情緒發展，也可能衍生出成年後的疾病**。研究顯示，童年創傷和憂鬱症、上癮、自殺，以及各式各樣的疾病（包括心臟疾病和癌症）有直接關聯。我決定請伊夫填寫文森．費利帝（Vincent Felitti）與羅伯．安達（Rob Anda）共同發展出的「童年逆境經驗」問卷（詳見附錄）。他的答案會顯示出他的脆弱程度。問卷共有十題，內容包括「你的父或母或家中其他成年人是否不時或經常推你、抓住你、掌摑你，或朝你扔東西？」「你是否不時或經常覺得沒吃飽、只能穿髒衣服、沒人保護你？」等問題。

回答「是」的會有一分，分數越高就越危險。伊夫得到五分，表示我們最好慢慢來，先打造有安全感的關係，讓他穩定下來。我們還得發掘更多資源，幫助他管理情緒，再開始探討親生父親是誰這個令他不安的問題。

伊夫早就發展出一套防衛機制，讓自己麻木，避免承受羞恥、氣憤、罪惡感等痛苦情緒。如果他陷入這些感受而沒有新的應對方式，有可能導致崩潰，甚至自殺。我們的關係正處於緊張的初期階段，我很慶幸自己有多年的經驗，相信自己能給他適當的支持，無論他感覺多麼脆弱。他的治療結果非我所能控制，但我可以在他需要的時刻跟他會面，這樣便已足夠。

重要的是，伊夫填完這份問卷後，我讓他明白有其他方式可以幫助他處理痛苦，他開始意識到我站在他那一邊，而且認真看待他的問題。在過去，他的感受總是被輕視或忽視。有時候，從他看我的眼神中，我可以看出他預期我會說出難聽的話。但是我沒有，於是他鬆了口氣，也沒有說出尖銳的話進行反擊。

伊夫曾說過自己「擅長否認」，而我在每一次會談都感受到這一點。**否認是悲傷過程中的第一個階段：他小時候必須藉由否認來保護自己，而否認也代表他失去的一切有多重大。**他失去的東西並不是某人死亡，而是「活著的失落」：對他作為父親兒子的身分失去信任。而這發生在不安全的環境中，他無法表達內心的悲傷。眼前這個「安全的地方」讓伊夫平靜下來，他想像一個帶給他寧靜與和平的地方，得以深呼吸，同時融入過去聽到、看到、聞到的各種回憶。我們也一起在他心中建立名為「貨櫃」的形象，這是一個心理上的鐵櫃，用來存放恐怖的意象，若我不在他身邊便可保護他。

我們一起發明出這些工具，讓他明白除了封閉自己，還有其他的因應方式。他開始體察各種感受帶來的不快，試著稍微表達出來，然後運用自我效能來安撫自己。這聽起來可能跟封閉自己沒有明顯的不同，但實際上有很大的分別。**伊夫原先只是一味防衛，痛苦的感受一直存在於心中。替代方案則促使他釋放感受，進而改變這些感受，使他不致被它們壓垮。**

這些工具很重要，而伊夫也逐漸打開心房。他會找到合適的字彙表達內心的感受，接著調整坐姿，雙腿交叉，轉而談論其他話題，或者他會低下頭不說話。我能想像伊夫小時候也有同樣的行為，這喚起我心底的溫柔，很想安慰他。我使用一種穩定技術讓他回到痛苦的記憶中，主要是他在寄宿學校的第一個學期──他最早的痛苦記憶。那是關於還是小男孩的他躺在宿舍床鋪上，努力不哭出來的故事。四面白牆的寢室很大，有十二張床。我禁不住發抖：他才七歲！實在太小了。

鮮少有人研究關於寄宿學校對人的影響，而現有的少數研究也莫衷一是。但有些學者，例如尼克．達菲爾（Nick Duffell）認為，「寄宿學校症候群」多半在倖存者二十幾歲、甚至三十幾歲時出現。這項理論指出寄宿生有一套可識別的反應，這些反應是他們為了防止在學校被遺棄而學會的，會在他們的生活中與遇到的人和事件相互作用，有可能導致嚴重的心理困擾。

伊夫對寄宿學校的記憶是那裡總是很冷，他尤其記得下床時雙腳踩在石頭地板上的那股寒意。他說到此事時，態度在開放表達和疏遠自己間擺盪，這使他能夠在一定程度上控制自己承受痛苦的能力。在治療中，我們用「身心容納之窗」（window of tolerance）一詞來描述這個情況。我們希望給案主支持，讓他們達到容忍的極限——走出他們的舒適圈——在那裡，**他們了解到自己可以去感受痛苦、表達痛苦，而這麼做根本不會怎麼樣。相反的，這麼做能釋放感受，甚至減輕痛苦。於是他們便超越了極限，變得更加容忍，感受到平靜，甚至如釋重負**。

＊

多次會談以後，伊夫和我都認為，他把身世問題擱在心裡，不僅造成極大的心理壓力，也對身心有害；家庭間的祕密大抵如此。他跟妻子蘇姬感情很好，她打從一開始就知道這件事，而且非常支持他。蘇姬是美國人，一方面對於英國的階級制度抱持善意的懷疑，另一方面也承認它是構成伊夫身分的重要面向。夫妻倆都認為得跟兩個孩子傑思洛和羅蒂談一談。畢竟，這也是他們的血統。伊夫看過的那張照片不能算是明確的證據，他還得和亨利、卡蜜拉進行DNA鑑定。鑑定結果會揭露他們究竟是親兄妹，還是只有一半血緣的手足。我們當中沒人確定是去做鑑定比較好，還是不知道真相比較好。我始終相信，再怎麼難以接受的真相，也勝過謊言。但是，伊夫活到五十一歲仍不知道真相，一旦發現他並非父親的兒子，他真能面對心理上的衝擊嗎？

最終，被蒙在鼓裡的壓力大過於知道真相。亨利和卡蜜拉也想得到明確的答案，各自寄來他們的檢體。

三個星期的等待很漫長。十一月某個寒冷的早晨，伊夫收到一封電子郵件，是基因檢測實驗室寄來的。他不想打開。他對我說，當他看到結果時——他和手足是同母異父，有二三％共同的DNA——只覺得心往下沉。他露出憤恨的目光，轉向我說：「所以是真的了。媽的！我只想對它大叫，希望不是真的！」然後，他的怒氣稍微減弱，卻變得更悲切：「我不知道該拿這個結果怎麼辦。我失去了對我來說至關重要的東西，是我這個人的核心部分，但它既無形又具體……這是沉重的打擊。」他用手捂住臉，全身發抖，不住喃喃道：「我該怎麼辦？」

他如此痛苦，我能做的最好的事就是陪他坐著。我覺得他的痛苦似乎在我的胃裡掀起風暴。我緩慢呼吸，讓自己保持平靜，告訴他我有多難過。那次會談如暴風雨般痛苦。

雖然我們已採用幫助他穩定的技巧，這個消息依然讓伊夫暴飲暴食、陷入混亂。他本身有氣喘，卻又開始抽菸。有時候，他爽約沒來，另外幾次他因為前一晚喝酒，一副宿醉的模樣。我覺得愧疚，而且非常擔心，便向督導求助。顯然我們太早發現真相了，伊夫尚未做好心理準備。我從相當卓越的創傷治療專家芭貝特・羅斯柴爾德（Babette Rothschild）那裡學到，治療師並不總是能充分穩定案主的情緒，而且處理速度可能太快。我的督導認為伊夫很有可能是這種情況。她覺得我也有可能會和伊夫一樣自我攻擊。她設法讓我平靜下來，鼓勵我專注於能做些什麼來幫助他，而不是批評自己，例如建立一群朋友網絡、練習放鬆，如瑜伽或冥想，都能在他深陷痛苦時給予支持。我們都認為有必要確認他有無自殺的念頭，設法找他妻子和家庭醫師談談。深陷痛苦或許離自殺還很遠，但他母親曾自殺未遂，提高了他自殺的風險，而不幸的童年也會增加風險。我想盡一切可能保障他的安全。

我向伊夫表達了我對他酗酒的擔憂，並且問他有無自殺的念頭。他朝我惱怒地揮手，彷彿我是個惹人厭的老師。儘管他這種回應刺傷了我，我知道自己必須保持同情心，和他培養友善的關係。他正在嚴厲地批判自己，因此，重點是讓他覺得我在這件事情上站在他那邊，讓他明白我非常擔心他，不會疏遠他。我們都知道他因母親的行為而受害，他是無辜的。但他不知為何深感羞恥，彷彿自己有錯或有缺陷，而家人和周遭的人也都用異樣眼光看他。

這場風暴有它自己的生命：它在伊夫身上肆虐，最終總算止息了，但他顯得筋疲力盡。稍微恢復平靜的伊夫說，這風暴可能在他心中已醞釀了幾十年。或許多年來的否認在他的心中不斷累積能量，猶如好幾層的沉積物，早就需要爆發開來。他依然喝酒、抽菸，但有辦法入睡了，也能夠專心做事，而最令人感動的是，他覺得跟兩個孩子變得更親近了。最終讓他穩定下來的是孩子的愛，不是我的那些工具。

伊夫曾築起一道防衛牆，和孩子保持距離，但現在他們闖進他的心，給他溫暖的擁抱。這就是愛的力量。孩子經常擁抱他。傑思洛說伊夫的親生父親只是捐精者，羅蒂也告訴他：「爹地，一切都沒變。結果出來以後，你百分之百還是同一個人。」當他質疑諾福克究竟算不算是他的根時，他們都笑了。「爹地，別傻了！當然是啊！你在那裡的時光和回憶，足以讓它成為你的根，以前是這樣，現在也一樣。」孩子們很聰明，令我著迷的是，他們不加矯飾的坦率讓伊夫向他們敞開了心扉。

傑思洛的變化最教伊夫感動。他告訴我：「傑思洛十五歲時，躲在房裡打了兩年的電動，我們都非常擔心。他對我們說，人生不值得活。我們試著讓他接受專業協助，但他不肯去，跟任何人都不肯溝通。但是，當蘇姬建議大家一起看《摩登家庭》時，他居然答應了。我們大多在晚上看，看完十一季、兩百五十集。我們沒怎麼說話，但他會坐在蘇姬跟我中間，我們也慢慢變得親近。他一年內長高了八吋，現在五呎十吋了，算是滿高了。他去年離家去上大學，這孩子變了，交到一大群朋友，他以前從來沒享受過友情。」

沒人能夠預測什麼能帶來療效。《摩登家庭》為他們提供了一個聚在一起的框架，沒有情感上的苛求，同時提供了共同的焦點和連結。

我對伊夫之前沒有提到傑思洛青春期的焦慮，並不感到驚訝：雖然這讓他很擔心，但我認為他並沒有深刻感受到這一點。如今他身上的保護層已脫落，現在他更能誠實面對內心的各種情緒了。

＊

亨利仍對他們先前的爭執感到憤怒，決定親自去找伊夫，要求他歸還一些威恩家的財產；他現在不是威恩家的人了。我感到震驚，但伊夫毫不意外。他先前就跟蘇姬說過，想必會有手足來討回財產。他知道他那個家的運作模式。

尤其諷刺的是，居然是亨利出面追討；他早已繼承大部分的家產。伊夫笑說亨利愛怎麼堅持是他的事，但他無權強制執行，因此伊夫拒絕了他，並為此感到有些高興。他對亨利感到氣憤，但他不是受害者。他知道兩人會疏遠一陣子，但最終還是會跟對方說話。他們的家庭模式就是這樣：怒氣沖沖、大吵一架，接著幾個月都不說話，直到其中一人先開口。沒有討論任何事，問題也沒有解決。最近一次的爭執在舊恨上多添一筆怨仇，就這樣繼續下去。

伊夫接著說：「但生平第一次，居然有家人向我道歉，亨利寫了一封真情流露的道歉信給我，我們和解了。我覺得跟他變得比較親，感覺不錯，其實可以說令人驚訝。」

我將亨利的行為解讀成他習慣性的應對方式，他對伊夫的攻擊源自於內心的匱乏。家裡給的愛那麼少，財產便是愛的象徵，亨利因此想得到他能得到的一切。他繼承了大筆財產，但再多財產也無法讓他免於匱乏的感受。我無從得知是什麼促使亨利道歉，改變了家庭模式，但我想應該是他妻子跟他談過，灌輸他一些理性和同情。或許那次交流為伊夫建立了一座重要的新橋梁。雖然DNA報告顯示他和手足的血緣關係有點遠，但或許他可以在情感上跟他們拉近距離。

幾個星期後，我跟伊夫一起思考整件事，清楚地發現他們家的盲點在於重視頭銜、土地、金錢和地位，卻不重視家人。在他們眼中，「事物」或「東西」要比人更可靠，但誠如專欄作家阿爾特．包可華（Art Buchwald）所言：「人生中最棒的東西不是物品。」物品可以展示給別人看，也可以兌現。家人則將人視為潛在的危險：他們有可能傷害你，然後離開你；這比物品危險得多。

我把這家人和另外一個「身無長物」的移民家庭（也是我那時的案主）做比較：他們的家庭成員比任何東西都重要，他們隨時願意為了家人犧牲一切。對他們而言，人是財富也是保障，要活下去必須依靠他人。他們知道自己無法在陌生的土地上單獨生活。若沒有親密而充滿愛的紐帶，誰也無法安然度過人生的風雨。

伊夫和我的總結是：身為人，我們需要能夠信任某些「人事物」，如果不是周遭的人，就會是其他事物。對我來說，**當家庭中的人位居次要、其他事物更形重要時，就是功能失調家庭的一項特徵。**

＊

經過多次討論後，伊夫決定邀請母親加入我們和其他手足的會談。此外，我建議伊夫找出幾張馬克的相片，用閒話家常的口吻寫信給他。因為，我們都已經發現，雖然他不是伊夫的親生父親，卻始終是伊夫從小熟識也有感情的父親。他算不上稱職的父親，但他知道伊夫不是自己的骨肉，卻仍撫養他長大，讓他姓家裡的姓，拿錢栽培他。伊夫在父親晚年時，和他培養出了比較好的感情。

顯而易見，我們的工作是為伊夫失去了的父親哀悼，並在伊夫內心建立一個新版本的父親。伊夫似乎能夠用不同的眼光來看待父親了：「隨著我長大、離家、工作順利，不再需要向他伸手以後，我們變得比較親近。我們理解了對方的立場。其實他從來不曾明說，但我知道他以我為榮。我在他心裡跟其他手足是不一樣的，但我知道他用自己的方式來愛我。他只是不知該怎麼表現出來。」

我這一代對於這種雖然慈祥、但極少參與孩子生活的父親，並不陌生。他是那個時代的產物，不了解情緒為何物，也不懂得用言語表達。他很可能不敢面對情緒。我能想像他根本不知道該拿伊夫怎麼辦，這孩子是妻子不忠的證據，但孩子是無辜的，況且他表現得很好，種種感受在這名父親的內心湧現：憤怒、恥辱、愛，但也有驕傲。

*

伊夫的母親潘妮洛普和妹妹卡蜜拉答應跟我們會談，令我既訝異又惴惴不安。亨利原本也願意來，但經過討論，三名手足覺得他們三人全都出席可能會對母親構成太大的威脅，她會進行攻擊。

我想跟伊夫釐清，他希望從全家人的會談中得到什麼。跟先前一樣，我花了些時間才掀開他防衛的假面具，他用一種有距離但朝氣蓬勃、幾乎是不由自主的聲音說：「我想跟他們坐下來談，不要連開口的機會都沒有，就覺得快溺死了。」

我點點頭，心想：這句話本身就意味深長，但我們晚一點再回來談。

他繼續說道：「我希望母親告訴我真相，給我個解釋。如果她肯道歉當然最好，但更重要的是，我非常想知道整件事的始末……至於卡蜜拉，我不知道。她不快樂。有煩惱的人會製造麻煩，所以我明白她為何做人刻薄。我很希望我們可以談談這件事，但她不要用言語攻擊我，別再幸災樂禍。如果她能夠對我的處境有一丁點理解，就是很大的收穫，但我覺得不太可能。」

那天早上，伊夫、潘妮洛普和卡蜜拉的團體會談即將開始，我心情緊張。我一方面想保護伊夫，卻又害怕自己若不能讓對話順利進行，就無法給伊夫想要和需要的結果。

潘妮洛普拄著枴杖走進我的諮商室，大聲喘息，身上有梔子花的味道，身材嬌小。伊夫曾向我形容她「非常美麗、非常沉著，儀態自然，總是笑容滿面。」她裹著絲質披巾，看起來很沉的金鍊子上掛著十字架吊飾，脂粉未施。藍色雙眼閃爍望著我，看起來氣勢不凡。

卡蜜拉比較高，由於母親覺得化妝是粗鄙的行為，她也沒上妝，而且樸素到讓我忍不住以為她沒有好好照顧自己。她泛白的頭髮綁成馬尾，鬆垮的運動衫和長褲罩在龐大的身軀上。她面容蒼白，臉頰上浮現青筋，一對藍眼珠有些嚇人。她沒問要坐在哪裡，直接坐在離門口最近的椅子上，方便快速離開。

潘妮洛普說話時準確發出每一個母音，咬字清晰，讓我想起過去的年代。「噢！根本沒必要來這一趟，麻煩透頂！一路上的交通，光是停車就快把我逼瘋。」伊夫的右手用力擰扭左手的大拇指，目光在母親和地板之間移動，對我投以一瞥，彷彿在向我求助。我感受到壓力，覺得呼吸變得比較淺。卡蜜拉也面露緊張，身為「尖酸刻薄的妹妹」，我原以為她是對自身基因上的優勢充滿自信的一個人，但她很小心地坐在椅子邊緣，與任何人都沒有眼神交流。

會談一開始，我先陳述我所知道的事實。幾名手足的基因檢測顯示馬克並非伊夫的親生父親。伊夫小時候就問過這個問題，但遭到欺瞞，而現在他的問題很明確：父親究竟是誰？我單刀直入問潘妮洛普：「伊夫的父親是誰？」

全部人都轉向她，而卡蜜拉用渾厚低沉的聲音說：「沒錯，媽，你已經騙了我們幾十年，跟我們說實話吧。」

潘妮洛普瞪著她說：「你一向愛欺負人，現在還是一樣。」

我擔心這場談話即將演變成短兵相接的爭執，正打算介入時，潘妮洛普接著說：「艾靈頓莊園（他們小時候的家）真的很棒。你的童年很有趣啊。貝瑞特小姐來了，我第一天早上就知道她幫得上忙。你本來到處胡蹦亂跳，把大家都吵醒，但她來我們家以後，隔天早上你一醒來，床邊就放著一顆蘋果跟一杯檸檬汁。」

卡蜜拉和伊夫互相使了個眼色，彷彿在說：「她今天要裝成這種樣子。」我又問了一遍，潘妮洛普說：「我不記得了。」然後自顧自地講起完全不相干的話題，提到自己小時候的家，有幾名傭人，以及她年輕時在巴黎那段時光的回憶。她有時候喃喃自語，好像迷失了方向，但隨後又說起另外一段往事。

伊夫試著插話：「媽，我沒生你的氣。我不覺得你差勁，但我很想多知道一些事。」她對這些話的反應是使勁搔抓手臂上看起來會痛的紅疹。

卡蜜拉說：「媽，別再抓了。這樣它會更嚴重。」潘妮洛普沒理會。

我發現潘妮洛普的防衛機制是如此牢不可破，我們說的話她根本聽不進去。她儼然置身於戒備森嚴的砲塔裡，只有屋頂開了幾扇小窗，以防外力入侵。八十七歲的她長年酗酒，她的積習似乎使她的頭腦沒那麼清晰。

卡蜜拉對伊夫說：「她不准我告訴你，但我以前就知道那個人是羅伯特。」對話就此有了突破性進展。

潘妮洛普猛地起身，把披巾甩到肩上，拍拍伊夫的大腿說：「噢，他是個討厭鬼（用的是法國口音，一種做作的咒罵，是她那種背景女人的典型防衛方式）。」然後走了出去。

九十分鐘的會談已經進行了半小時，但我覺得自己好像在跑一場原地踏步的馬拉松。伊夫說：「喔天啊，真奇怪（這是他的萬用詞，用來形容他不理解和無法克服的一切）。」

卡蜜拉往後靠在椅背上說道：「嗯，至少她承認了。」確實如此，伊夫現在知道親生父親的身分，診療室裡的氛圍有了轉變，稍微輕鬆了些。卡蜜拉和伊夫又開始你一言、我一語嘲弄母親有多扯，還用黑色幽默的口吻列出其他可能是父親的名單，那些人對伊夫來說可能糟糕得多。

卡蜜拉的語氣突然一變，說到自己有可能遺傳到父親的癌症和心臟病，但伊夫逃過了一劫。伊夫只說：「別這樣說。」

她回答道：「什麼？」這感覺就像是他們小時候常出現的鬥嘴又上演了。

揭發父親身分的人是卡蜜拉而不是母親，想必讓伊夫耿耿於懷。但我認為此刻不適合討論這個。

每當我問伊夫有關他母親的事，他總是仔細描述他們兄妹接受了正式的教養、父母忙於社交生活，而且從他們十幾歲以後就沒再跟小孩一起用餐。但除了他非常擅長否認——他從母親身上學會如何自我治療難以忍受的感受——我看不出母親對他實際上有何教養。

卡蜜拉說話比較直接，也更氣憤：「我媽從以前到現在都是愛小題大作、經常抓狂的那種人，你剛才也看到了。她隨時都需要別人關心、以她為重。但她也有談笑風生的時候。她酒量很大，容易情緒爆發，算是挺沒用的母親。沒錯，她長得漂亮，但美貌也讓她有更多出軌的機會。她一向對我很差，從來沒誇過我漂亮。她讓我覺得自己又胖又醜。我以前吃東西時，她會用一種奇特的眼光看我。也因為這樣，我對食物有種偏執，也會強迫自己。我從來不哭，從不流汗，也不大便。我從沒生過病。你可以說我很壓抑。」

我正打算開口說話，她又說道：「你用不著覺得我可憐，或者認為我在扮演受害者。」

這句話讓我當場打住要說的話。我不曉得該如何回應，於是便援引諮商基本技巧，試著說出我聽到她說了些什麼。她點點頭，狀似滿意地說：「對啦，差不多是這樣。」

伊夫附和道：「我覺得她對你很壞，而且我不記得有什麼溫馨的時光。她可能有些老派，我也不記得媽說過『我愛你』。她沒有擁抱過你，但她常會握住你的手輕撫著。我記得我常常獨自看好幾個小時的書。」

卡蜜拉回應道：「你覺得她對你視而不見，你存在只為了取悅她，否則就只是個麻煩。」我注意到卡蜜拉用「你」這個受格來描述自己，而非用「我」這個主詞，給我的感覺是他們之間的所有互動都充滿距離感。

伊夫對母親有一個印象。她對兩個兒子比較好，沒那麼疼女兒，因為對女兒的容貌感到失望。他有一個「不同」的母親，儘管是同一個人。我忍不住思考這個美貌女人虛偽的一面，她崇尚自然美，卻讓女兒覺得自己肥胖醜陋。

我從伊夫那裡得知，卡蜜拉跟父親比較親近，便請她跟我說說父親的事。「他很疼我。好吧，他不善言詞，但是我們一起做某些事，像是尋找野花，也不需要說話啊。我們只要在彼此身旁就覺得高興，還有各種儀式喔，像是拿出我們的書，把花壓在裡面。他畫素描的功力非常好，我有很多他珍藏的畫冊。要是下雨了，我們就會髒兮兮地回來，吃圓煎餅配上熱巧克力。如果天氣酷熱，我們就喝自製的檸檬汁。」她說話時流露出之前沒有的活力。

儘管伊夫有些落寞地點點頭，他笑著同意妹妹說的話，她繼續說：「大家什麼都不說。我父親很怕惹惱母親，要是惹她生氣，每個人都得遭殃，所以他很早就學會低調，明哲保身。我們家以前常說：『換個話題吧。』不管是政治、貓咪或天氣我們都可以談，但從不談真正重要的事。」大家都贊同，母親利用亂發脾氣這招駕馭全家人。他們的父親性格軟弱。

我運用說話的語氣讓他們知道，我真心同情他們的處境，也了解到他們都缺乏安全的童年。

*

似乎有必要從整體脈絡來看他們受到何種教養，這並不是要淡化他們的痛苦，而是要幫助他們體認到，考量到父母的身分和背景，他們的父母其實已經盡力而為了。我認為那個世代大多數的人根本不知道怎麼處理人際關係。他們不表露情緒，善於忍耐，那是生存的必要機制，畢竟那一代的人是由第一次世界大戰的老兵撫養長大，接著又經歷並參與了第二次世界大戰。

我請他們說說父母的童年。卡蜜拉和伊夫在描述父母艱困的幼年生活時，態度變得溫和。威恩家的祖父在第一次世界大戰中飽受驚嚇，回來後變得脆弱不堪。馬克的哥哥一九四四年在戰場上死亡，馬克曾在英國皇家空軍擔任飛行員，表現優異。他那時一定很勇敢，但他很怕妻子。

潘妮洛普六歲時，父親過世。她二十三歲時，某天母親的鄰居致電說她發現潘妮洛普的母親躺在床上死了。我猜想這件事可能導致潘妮洛普極大的罪惡感，好比說潘妮洛普為何沒去看她、為何發現母親死亡的人不是潘妮洛普。但她的母親是個酒鬼，驗屍結果認定死因是肝硬化，意味著三代人都依賴酒精。潘妮洛普為何沒去看過她，或許有很多說得過去的理由。

潘妮洛普小時候曾被送去威爾斯，那段時間很痛苦，因為那裡的家人說威爾斯語，還拿走她的配給糧食，所以她總是饑寒交迫。伊夫和卡蜜拉都表示她經常說謊，所以無法確定她的話有多少可信度，但有件事千真萬確，那就是她跟馬克結婚後，再也不跟兩個兄弟往來。兩人都認為潘妮洛普是想逃離童年的一切，盡可能不要跟目前的生活扯上關係。**我評估潘妮洛普應該是發展不全：她的脾氣就像一個沒有被傾聽的小孩**。我聽過不少父母仍像個小孩，對自己的子女造成難以形容的傷害。

我告訴伊夫和卡蜜拉，他們描述了兩個家族經歷了多代的創傷，**但沒有一個創傷被承認或得到處理**。創傷被定義為「對於難以承受的可怕事件之情緒反應」，它烙印在腦中，超越了語言能觸及的範圍，因此無法透過認知來處理。此外，可以理解的是，承受創傷的人想要忘掉，所以不會說出來。但**創傷會改變大腦，受過苦的人會以不同的眼光看世界，覺得危機四伏。創傷若未經處理，最可能產生的防衛機制是關上心門**，馬克的反應正是如此；**也有人用藥物或酒精來麻痺自己**，例如潘妮洛普。

我想到伊夫也飲酒過度，便去尋找遺傳性酗酒的相關研究，發現基因以複雜的形式直接導致酒癮，涉及多種基因的遺傳變異組合。目前的看法是家庭內的酒癮，如同其他會遺傳的事物，是環境和基因相互作用的結果。透過觀察家族幾代人的成癮歷史，有助於讓我們認識到自身的風險。如果你無法遏制喝酒的欲望，覺得它比關係和人生的優先事項更加重要，就要保持警覺。

馬克和潘妮洛普的另一個問題和階級有關：他們認為除了幽默或愉快，任何情緒表達都有點令人厭惡或「庸俗」。表達受傷的情緒被視為軟弱。人們會藉由模仿照顧者的應對機制來設法對付難題，照此看來，伊夫藉由酒精和尼古丁來緩解痛苦，並不令人意外。

我的看法是，亨利、伊夫和卡蜜拉看起來生在擁有財富和地位的家庭，生活安穩，然而他們和父母的關係卻極不穩定，**酗酒而喜怒無常的母親和極少參與孩子生活的父親，造成了心理創傷**。雙親無疑都愛自己的孩子，甚至也有表現出溫柔慈愛的時刻，卻沒有能力為功能健全的家庭提供安全的基礎。

卡蜜拉發出沙啞的笑聲，用一種彷彿不期待回應的語氣說：「或許這就是為什麼我覺得心碎，或許我目前淪落到這般田地也沒什麼好驚訝：跟那個混蛋離婚，自己一個人住。我一直以為自己會和丈夫、孩子住在鄉間，有個漂亮的花園。我不敢相信我信任的人都離開了我（前夫和某個摯友不再跟她說話），那個討厭的大嫂（亨利的太太）也好不到哪兒去，不讓我進艾靈頓的家。」她停頓了很久，才說：「我真想做個不一樣的人，但不知道該怎麼做……。」

我看得出光是說出心中的痛苦就讓她震驚不已。她似乎隨時警惕著是否有危險，但弔詭的是，這意味著她無法尋求溫暖或照顧。她習慣性地搓揉鼻子，免得兩手閒著沒事做。我承認她身旁沒有小孩、獨自居住一定很辛苦，她哥哥們似乎過得比較快樂。如果她不喜歡大嫂，情況顯得更困難。她點點頭，照例發出沒半分歡欣的笑聲。「我認為生存是偶然，本身沒有意義，現在再加上大量失業、氣候變遷什麼的，簡直沒救了。」

伊夫也笑了：「謝啦，卡蜜拉，真令人振奮啊。」但我看得出他感受到她的心痛。

卡蜜拉改變了話題，問我們接下來要採取什麼步驟。她建議伊夫和親生父親羅伯特見面。伊夫皺眉扮了個鬼臉，彷彿光是想到羅伯特就讓他想吐。「我已經努力套出媽的話了，算是聽到某種真相。我只想繼續過生活。」雖然卡蜜拉不同意，不過兩人會談結束後，說好要一起吃頓豐盛的午餐。我有點擔心萬一午餐有供應酒，會演變成什麼局面，但我提醒自己他們都是中年人，不是青少年了。

我看著他們離開，稍微輕鬆了些，便去公園散步，釋放壓力。我想了很多卡蜜拉的事，希望這次會談能促使她找到新方式來滿足內心的需求，得到更多快樂。

＊

這次會談後不久，伊夫跟母親見面，但她沒有問起他們的會談如何。他無法從她口中得知所發生的事情。潘妮洛普曾走出她堅固的防線，但又迅速封閉起來。伊夫知道他已經不需要再問她進一步的問題了，明白這一點讓他如釋重負。他已經知道親生父親是誰，他現在該怎麼做，就看他自己了。伊夫投入工作，藉以逃避並展現自己的掌控力。他給我看一組他親手做的餐椅，流露出自豪。我想到佛洛伊德（Sigmund Freud）的話：「工作與愛、愛與工作，那就是人生的全部。」伊夫透過工作讓自己覺得更有力量，這是幸福的重要面向之一，他也向家人尋求支持。

蘇姬和孩子給他的支持極其重要，伊夫用帶著試探、略有羞愧的語氣說：「我最近幾個禮拜不好相處，或許我的確有一些母親的壞毛病吧，像是愛動怒、亂發脾氣。」我問他是否覺得改得掉，他認為自己可以，但是「越是根深柢固，要改變就越難」。的確是這樣。我們最後認為若能請他的家人參加一次會談，應該會有幫助。

就傳統的治療而言，讓不同的家庭成員加入主要案主的會談極為少見，而我數十年來都遵循這種傳統做法。但近幾年，我領悟到每個人自身、家庭和自然世界之間的緊密連結，這份領悟改變了我的觀點。伊夫對於自己身世的態度，取決於他最親密的人在他跌倒時是否能扶住他。於是我們談妥時間，邀齊大家來會談。

如今回想這次會談，就像從我的記憶庫中提取出陽光一樣，儘管過程中有些難處理的時刻。跟伊夫母親加入的那次會談相比，不論是談話的品質或診療室的氣氛，都有明顯的不同。

伊夫走進來時雙眼閃爍著光芒，看起來害羞又有些緊張。蘇姬跟在後面。她坐下來時，將原本垂在胸前的金髮撥到肩膀後面，望著我的眼睛，露出溫煦的笑容，穿著合身的襯衫、牛仔褲和娃娃鞋，一身輕便。傑思洛和羅蒂顯得謹慎，但臉上帶著微笑，難掩好奇。我見到年輕的光彩和未受傷的率真，感到特別暖心，因為我在工作上接觸到的人，幾乎都是一臉心碎。我忍不住仔細審視兩個小孩比較像爸爸還是媽媽，傑思洛長得像爸爸，羅蒂的雙眼像爸爸，但有媽媽纖細敏健的體型。

我請他們告訴我，得知伊夫的身世後有何反應。蘇姬一副想開口的模樣，但轉頭看著孩子。傑思洛先說道：「我覺得這根本不算一回事啊。顯然你得到最好的基因，比其他人更有趣也更聰明。」被問到是否對堂兄弟姐妹產生不同的感覺，他同樣給出有力的否定答案：他們愛彼此，跟以前沒有不同。

羅蒂輕聲說話，輪流看著哥哥和父親：「爸爸，我愛你。這件事令人困惑和費解，但對我們來說，實際上並沒什麼改變啊，但我對奶奶有點生氣。」

伊夫臉上洋溢著孩子對他的愛。他跟孩子一起思考是否要沿用原本的姓「威恩」。孩子屬於年輕世代，不像父母抱持著非黑即白的觀念，他們都覺得姓什麼都沒差別。父親是威恩家的人，始終都姓威恩，用這個姓把他們撫養長大，一切都沒有改變。

傑思洛又說：「我之所以有點音樂才華全是因為你，而你是從你父親、也就是馬克爺爺那裡得到這種能力。」

伊夫露出驕傲的微笑：「我爸爸對音樂有股熱愛。我小時候就很會唱歌，那是我人生中最棒的事情之一，對我來說很重要……我知道這是爸爸給我的，覺得很感激。」伊夫憶起此事時顯得興高采烈，而這也發生在傑思洛身上，看到這一幕讓我很感動。

蘇姬是紀錄片製作人，散發出平衡與溫暖的氣質。那股能量難以解釋，但她全神貫注地聆聽。這種強烈的專注力讓人感到安慰。我看得出她本著關愛，帶給伊夫與人連結的能力，那是他過往人生中所缺乏的。

我談論我對此事的理解，她思索我的話之後，做出回應：「我認為最有意思的是你所說的關於伊夫的自我認同，他的自我意識和內在結構，都是由他父母的 DNA 所組成，但遠遠不只如此。應該說，這是由他生活中的人與家庭之間相互交織的各種關係所組成。我們每個人對他的態度，無論是愛、殘酷、冷漠、遺忘或不可靠，以及他日常生活的經驗，都形塑了他。」伊夫點點頭。他比以前快樂得多，但仍舊緊張地在椅子上動來動去。

我問在場的人是否還有需要進一步討論的事。羅蒂猶疑了一下才說：「爹地，你可以設法控制情緒，不要那麼容易爆炸嗎？」蘇姬輕撫伊夫的腿，要羅蒂說得明確些。羅蒂舉出幾個例子，都是有關家務的小口角，但伊夫就會生氣，在廚房裡發飆，對每個人吼叫。

伊夫僵硬地坐在椅子上，他覺得受傷，看起來生氣了。但他正在接受治療，有我在場，迫使他嚥下差點衝口而出的話。他轉向蘇姬說：「我知道我按捺不住脾氣……我想改變，但不知道是否辦得到。」

我派上用場的時候到了，我想知道他們是否能達成協議。既然每個人都有自己的情緒，他們身為一家人，是否能嘗試用新方式來應對情緒？當情緒化的言語或行為要爆發時，可以試著創造出一個空間。吸一口氣，緩一緩，反思一下。離開現場、喝杯水，之後再回來，斟酌你要說的話：**這些話要能表達你的感受與需求，但不具攻擊性**。這是一種簡單但有效的策略，可化解火爆的場面，大多用在對待小孩時。

現在伊夫的怒氣稍稍減退，他顯得受傷。他的眼神越過孩子的臉龐，看向後方牆面，避免眼淚落下，慢慢地說：「天哪！我就像我媽。喔老天，我不想像她那樣……」他手指按著太陽穴。「如果你們願意耐心對待我，我會努力改進的。」羅蒂跳起來，給可憐的爹地一個擁抱，他很需要有人抱抱他。

傑思洛接著談到另一件事：他想認識羅伯特的家人，想了解他們，也希望結識可愛的堂兄弟姐妹。伊夫仍跟之前一樣頑強，並不想跟他們見面。蘇姬委婉地表示，他們也是孩子的家人，他有權設定界限阻止他們見面嗎？伊夫不得不承認自己沒有這個權利，但因為前陣子已經有太多的混亂和變動，他沒辦法面對更多。傑思洛和羅蒂明白這一點，也都說或許以後再來談這個問題。

我針對每個人給我的資訊，做出總結。他們是功能健全又強韌的家庭，彼此相愛，並共同經歷了一段停滯的時期，從某些方面來說這讓他們更加親近。

後來我得知，蘇姬在牆上貼了一張劃記星星的表，能設法控制脾氣的人可以得到一顆星星。這麼做挺幽默，也溫馨提醒大家要記得控制脾氣。透過跟我的會談，促使這家人能夠說出意見相左的事，也說出深厚的感情，並希望不要重蹈上一代的覆轍。

羅蒂和傑思洛咧開嘴笑了。他們既樂觀又有活力，拉著疲憊的父親和明智的母親去吃披薩。這一家人認為做完心理治療後，可用美食當作獎賞。其他人可能會想把學到的道理記下來，或者找伴侶或朋友談一談。威恩家的做法則不同，他們會一起去用餐。

*

伊夫遇到危機後向我求助。當他知道養育他成人的父親並非親生父親時，深受打擊。他覺得與他的本質有關的東西就此消失。他不想面對這事實，但其他人堅持找出「真相」，更加深了他的痛苦。我記得他有次語氣強烈地說：「它滲透到我的每個角落，不留一點空間容納其他感受，尤其是愛和與人連結。」解決這個問題是痛苦的改變過程，他必須承受自然的拉力與推力，才能夠適應。他的新自我認同逐漸形成：改變沒那麼快，心急也沒用。這使他的親生父親在他心中占了一個小小的位置，儘管他這輩子只認馬克這個父親，也愛著他。

伊夫的確在努力調適，不論在家裡或工作上都表現得更好。他和母親與手足回到以往的互動模式，但重更要的是，他覺得自己屬於那個家，儘管那是個功能失調的家庭。他不覺得自己是外人。伊夫把這件事告訴朋友：有些人嚴肅看待此事，其他人一笑置之，也有人對先天與後天這個古老的問題著迷，但沒有一個人對伊夫有不同的觀感。他們這樣的態度讓他更有自信。

伊夫的童年經驗造成的許多問題仍未解決：他還是抽菸、喝太多酒。打從一開始到結束，我們就持續討論他利用酒精、工作、香菸、食物和忙碌來麻痺難以忍受的情緒。他從小就看到父母這麼做，有樣學樣。**我想如果我們去審視一下自己的家庭或自身時，都會發現這些熟悉的防衛機制。我相信，豐沛的情緒有助於改變根深柢固的模式**。但伊夫告訴我：「坦白說，我就是無法面對它。」

這不能怪他，因為他並未從父母身上學到如何處理痛苦的情緒，因此他缺乏內在機制做到這一點。他的成長過程形塑了他。如今，他學到了許多比父母更好的方式來解決難題，但有些事他仍辦不到。我最近讀到關於人在何種情況下容易改變的理論，是由理察・貝克哈德（Richard Beckhard）提出，他指出對現狀的不滿、對未來的願景和跨出第一步的意願，必須大於對改變的抗拒。換句話說，**你得對改變後的情況有所期待，相信這值得你付出一切努力來實現**。我認為伊夫那時可能不相信自己能夠有所不同。

危機讓伊夫打開心房。他已改變了，但有許多事仍是他力所難及。他看不出做出改變所需的心理努力有什麼意義。感受根深柢固的傷痛和心靈深處傷痕的痛苦，對他來說太難了。但他已足以應對自己的危機，這樣便已足夠。

美國心理學家詹姆斯・波羅恰斯卡（James Prochaska）與卡羅・迪可蘭門特（Carlo DiClemente）提出「改變階段模型」（Stages of Change model），描繪出改變發生的階段，從覺得不需要改變、意識到需要改變、準備改變，到實際採取行動，再到維持，或回到原先的樣子。此模型強調行為改變並非一蹴可及，須歷經六個階段。伊夫似乎是處於「意識到需要改變」的階段，正在仔細評估改變的好處是否大過於目前行為帶來的痛苦。但他內心的衝突尚未解決，仍未考慮做出進一步的改變。某些人可能在這個階段停留許多年，甚至一輩子，在「考慮」和「不想這麼做」兩端擺盪，有時甚至回到「覺得不需要改變」的否認階段。

*

先天與後天的問題仍在爭論中，大多數專家認為，生物和環境因素都會影響我們的性格與一生。或許這根本就不是一個正確的問題，因為沒有簡單的方法可以解開形塑我們的多種力量，況且生命中還有許多的偶然與機運。在我看來，伊夫畢生最重大的決定是跟蘇姬結婚，可說改變了他的一生。那麼，是基因、運氣、環境還是教養，影響了他的決定呢？

就我而言，該問的是：考慮到我們來自哪裡、我們是誰、我們面臨的挑戰和機會，我們如何才能最好地支持自己，以獲得最佳結果？證據明擺在眼前，**我們的「關係」從根本上影響著我們的健康、財富和幸福**。我們的社會、社區、家庭和每一個人，都有責任將關係列為優先事項。

辛格與凱利家

如何處理人生中的大事：透過收養小孩成為父母？

個案背景

迪方吉．辛格（Devanj Singh）是律師，四十三歲，和愛爾蘭人安格思．凱利（Aengus Kelly）結婚。安格思四十五歲，是平面設計師。兩人交往了十五年，二〇一四年同性婚姻合法化後便結婚。兩人決定收養一個小孩，並且在正式收養之前先尋求支持，處理這件會影響一輩子的大事，再收養女兒瑞秋（Rachel）。儘管迪方吉先前遲遲不敢出櫃，兩人現在跟父母、手足都有和諧愉快的關係。兩人皆未經歷重大創傷或缺陷，這預示著他們和女兒會有美好的未來。

在我和這家人碰面之前，我先試著思考他們的情況，那一刻我清楚察覺到自身的無知，很怕自己因欠缺知識而導致偏見。我之前很少有協助同性伴侶的經驗，這個新領域對身為心理師的我來說是學習的機會，讓我躍躍欲試，但我也害怕犯錯。我驚訝地發現自己最先想到的竟是「冠誰的姓」這種微不足道的問題。他們結婚後，是否用連字號串連兩個姓？抑或保留各自的姓？假如他們成功收養了小孩，小孩要跟誰的姓？姑且不論我該不該問自己這些問題，在我更自信地跟這對伴侶會面之前，還得多掌握一些資訊。此外，我並不是家庭收養孩子問題的專家，因此在跟督導討論後，我必須多吸收這個領域的知識，並且在諮商過程中，隨時留心自己的專業能力是否足以幫助案主。

我花了些時間潛心研讀學術論文、英國數家收養機構的網站內容（如 Adoption UK and Coram）、探討多元性別（LGBTQ）的書籍，以及莫辛・扎伊迪（Mohsin Zaidi）的回憶錄《順從的小男孩》（*A Dutiful Boy*，暫譯），敘述他在充滿愛的穆斯林家庭成長，卻是個男同志，為了忠於自我，一路上面對了各種障礙，最終發現了最真實的自己。「英國國家統計局」（Office for National Statistics）的研究顯示，「同性結婚的伴侶」是成長速度最快的同性家庭類型。在英國，同性婚姻和收養孩子仍屬於較新的領域。二〇一九年，英國有二十一萬兩千個同性家庭，比二〇一五年增加了四〇%。自從二〇〇五年通過《收養與兒童法案》（Adoption and Children Act）後，同性伴侶和單身的多元性別者已可合法收養。由雙性戀、男同志、跨性別者和女同志收養的兒童人數每年都在成長。二〇二〇年，每五名收養兒童就有一名安置於多元性別的家庭中。

在看到數據後，我狠狠戳了自己一下。我一直以來只活在異性戀的世界裡，儘管知道已經通過這些法律，卻尚未體認到它們對於多元性別者及其家庭帶來的巨大轉變。如今我已比較了解箇中情況，這為我提供穩固的基礎，能夠歡迎迪方吉（以下簡稱迪夫，Dev）和安格思來進行第一次會談。

*

迪夫與安格思走進諮商室時態度輕鬆，討論了要坐哪裡，接著輕鬆坐下去，彷彿先前已經坐過許多次——對於第一次會談來說，這是少見的自信。身材高挺的迪夫穿著優雅的西裝和藍襯衫，一頭黑髮往後梳。他的膚色偏棕色，輪廓鮮明的英俊臉龐上掛著燦爛的笑容。

安格思一身輕便穿著：T恤、卡其褲和運動鞋，可能跟他的職業有關。他皮膚較白，臉上布滿雀斑，下巴上的鬍鬚剪得整齊，紅褐色的頭髮閃亮有光澤。我注意到他坐下以後，突然轉向我，幾乎是驚訝地發現自己竟來到這裡，一雙引人注目的藍眼睛不安地看著我。

他說：「現在要幹麼？」

我說，也許我們可以從他們來諮商是想得到什麼幫助開始。我直覺上就對他們有好感。我不曉得諮商會有多大的進展，但他們散發出一種能量，讓我相信我們會度過一段有趣的時光。

我感覺到我們能夠培養出足夠的信任，讓我們能踏入未知的領域。我渴望了解他們想從治療中獲得些什麼。

安格思說話帶有愛爾蘭口音，讓我覺得很溫暖，因為我小時候在愛爾蘭度過許多快樂的假期。我明白人和人之間的反應是受到過往生活經驗的觸動所引發；亦即我們的反應，不論是好或壞，或許跟眼前的這個人沒有關係。

安格思對我說起他們結為終生伴侶，每一步都經過籌劃，並非倉促決定。他們交往了十五年，於二〇一四年修法後結婚。漸漸地，他們做出了想成為父母的決定。

我們都同意這部分並非我專精的領域，倘若進行到某個地方，超出我的能力範圍，我會將他們轉介給其他專業人士。了解他們做決定的過程很重要，但首先我需要了解他們過去的人生。**我們都背負著過去，它影響著我們的現在和生活的每個面向。大多數人前來尋求治療，並非因為過去所受的傷，而是因為那些舊傷對當下的生活造成傷害**。為求準確地理解他們，我得先掌握他們做出此重大決定的來龍去脈。他們皆已體認到收養小孩會引領他們走向人生的下一個階段，是需要花時間處理的大事。這種態度預示了他們會成功。通常最需要協助的人，反而沒有去尋求支持。

*

迪夫向我簡單敘述兩人的關係時，對安格思露出微笑。十五年前，他們在某個同志驕傲晚宴上認識。「當我遇到安格思，一切都豁然開朗了。」在那之前，他的感情路一直很不順利：認識了某人，以為對方是那個對的人，卻從不回覆訊息。他已經單身了很久。安格思則有過兩、三次穩定交往的關係，但沒有遇到真正對的人。迪夫還在想是否要傳訊息給安格思，就收到他傳來的訊息：「你想來我家吃飯嗎？」兩人不約而同覺得這次「不是玩玩而已」，而且不必猶豫是否要等一星期後再回訊息。

安格思很快就在迪夫住的那條街上租了住處，之後不久，兩人便住在一起。雖然兩人外表看起來很不同，但他們有很多共通點：都是家人至上，有相似的價值觀，雙方的感情是建立在包含了尊重、共同興趣與幽默的友誼上，而且都明白彼此必須透過溝通和實際解決問題，來努力維繫感情，因為關係的問題並不會自行修復。

這對我來說特別有趣，因為他們來自兩個不同的文化背景，分別來自印度與愛爾蘭，各自信奉印度教和基督教，有可能導致信仰上的衝突，引發一些問題，諸如「我們平常要遵循何種規範？」「由誰主導？」安格思笑著說道：「我們會設法解決很多事。」我能感覺出來他們之間的感情，也想到心理學先驅安．巴洛（Anne Barlow）所提出伴侶可以互問對方的十個問題（詳見附錄）中的第一個：「我們合適嗎？」藉此探索他們是否有機會擁有一段愉快健康的長久關係。他們的得分想必很高，這一點很幸運，因為收養孩子的旅程需要有深厚的感情相互支持，才走得下去。正如迪夫後來所說：「這就像是一個心理實驗。」

*

我問他們先前是否做過心理治療。安格思搖搖頭，簡單表示：「沒有。」

迪夫把頭髮撥到後面，似乎是在鼓起勇氣回想過去發生的事。他對我說起十年前他經歷了一場危機：「某天早上我一醒來就哭。想到要去上班就覺得受不了。安格思叫我請病假，去游個泳。回想起來，並不是工作壓力有多大，而是我的大腦迫使我去成為不一樣的人。多年來，我從未對別人說起，只向安格思傾吐過。真的是很可怕的經驗。只有親身經歷過的人才知道這種感覺有多可怕。工作時，我很難做決定，甚至連回一封電子郵件都辦不到。工作越堆越多，我陷入在家也要上班的狀況，最後工作時數變得很長，而且我一直在想工作的事。」我說這聽起來就像是要溺水了。他點點頭，我能感覺到他因想起那段經歷而感到悲傷。「隨著日子過去，我越來越意識到當你不知道自己是誰時，你很難做決定。我不知道自己有什麼感覺。我不知道自己是誰了。」

迪夫曾在「我是誰」和「我應該是什麼樣的人」之間，出現內在分裂。但這並沒有出現在他和安格思的關係中，只有在他必須對外界展現自我時才顯現出來。

我問他是否知道分裂的起源，迪夫說起他從小受到的教養。他們家從好幾代以前就在印度經營絲綢生意，相當成功。一九六〇年代，當時他父親朗漢（Ranghan）只有十幾歲，跟著父母從孟買來到倫敦。他的祖父和父親將事業版圖拓展到歐洲。在他們適應異國文化的過程中，經濟上的寬裕給了他們有力的保護。就我所了解，朗漢必須在印度文化和西方生活方式之間取捨，經由多次抗爭，才跟父母爭取到他想要的生活方式。這意味著儘管迪夫面臨某些挑戰，但融入英國文化對他而言並不太難。他保持著印度教信仰，這是他身分的重要組成部分，但他的信仰並不太教條主義。朗漢非常勤勉地工作，經常出差，參與各種全球性的議題並發表想法。他是盡責的父親，竭力為四個孩子（三個兒子和一個女兒）著想。迪夫有兩個弟弟。但他父親生性安靜，在家很少說話。照迪夫的說法，「他的額頭上刻著：『我想要安靜過生活』。」

他的母親派拉雅（Priya），也幫忙做家裡的生意，並掌管家中大小事。迪夫之所以面臨危機，跟母親有較大的關聯，促使他接受心理治療，以釐清是哪裡出了問題。

迪夫說：「我們成長的方式是母親分派任務給我們。」她會說：『你參加這次考試，只要用功，一定會拿A。』讀大學、找工作也是一樣，就好像『你就走這一條人生道路就對了。』我的職業生涯也被指定好，要加入家族企業，我得奮力才能夠當律師。雖然我有辦法堅持當律師，但我所做的決定大多都是為了討好別人，而不是我真正想要的。我在『應該』的系統下過生活，總是追求完美，當然，那是我永遠無法達到的。」

「如果工作上出現了一個很大的壓力因子，我心裡就開始慌亂，無法做任何決定。我會不假思索跟我媽尋求建議。不用說，她的建議幫不上忙，因為她無法設身處地替我著想。她不是我。我透過心理治療才了解到我一直都在進行自我審查……。」他吸了一口氣，眼中流露出痛楚。他表示隨著成長，他感覺到自己的內心世界與外界對他的要求，是多麼的衝突。

迪夫告訴我，儘管大學畢業後他公開了同志身分，但內心仍充滿了童年時期因隱藏自己的性傾向而未能表達出來的情感。他描述內心的羞恥感：「我生活在完全是異性戀的世界中，沒有同性戀這回事。我在青少年時期竭力扮演另一個角色，要讓旁人刮目相看，因為我似乎是不正常的。我甚至對自己也隱瞞了很長時間。」

我無法想像必須隱藏自我認同的重要部分，會是什麼樣的感覺。我腦海中浮現的詞是「毒藥」。我說：「聽起來它對你的人生下了毒。你因為跟別人不同、害怕被批判，而戴上羞恥的面具，聽到這種事令人觸動又心痛。」我感覺到這份強烈的情感積壓在我的胸口。

迪夫說話時，時而看著窗外，時而盯著地毯。回想起痛苦的記憶，聽到我說這是多麼困難的時候，他看看我，又轉頭瞧安格思，彷彿望著給他安定力量的庇護所。

安格思溫暖地朝他點點頭，彷彿在說：「是的，以前是很辛苦，但你現在沒事了。」這只是一瞬間的事，雖然只有幾秒，卻強而有力地傳達出安全感：除非我們感到安全，否則我們無法冒險探索內心痛苦的所在。

迪夫因此有了信心，開始描述他母親對他的同志身分做出的調適，這花了很長的時間。他告訴我：「我出生時，媽想著：『我兒子長大以後會成為成功的執行長，去牛津過著快步調的生活。』而我到最後卻不知道自己是誰。我媽最初並不支持我的同志身分。她沒有說難聽的話，但我們生活在她不接受的地獄邊緣中。我說了一些話，然後我們就吵架，接下來就不說話了。她希望我能回到異性戀：『你會度過這個階段的。』我記得有次我說週末要去一家髮型沙龍做兼職，她激動地說：『不，我覺得不好。』」

「我們的對話都是關於什麼對她的寶貝兒子合適、什麼不合適。我知道一部分原因是因為身為印度裔，必須融入社會、不要被人批判。我們已經跟別人不同了，她很怕會變得更加不同。她不肯退讓。比方說，有次我們去度假，我告訴她想對小弟說我是同志，她說：『你不能說，還不行，他還太小。』但我還是告訴了他。我覺得厭煩之極。他那時已經夠大了。其實主要是因為她心中有一個『我應該成為什麼樣的人』的版本，她才能去告訴親朋好友，覺得臉上有光。但這個版本不包括我這個人的真實樣貌。」

我們談到印度教信仰對他的重要性，以及他所意識到的緊張關係。對某些印度人來說，同性戀是難以接受的，有違「自然」之道，因為男人和女人必須結婚生子。另外一些人認為同性戀在社會中應占有一席之地，因為廟宇中的古代雕刻有同性歡愛的圖像。與所有宗教一樣，有人反對同性戀，有人大力支持，也有許多人維持中立，或像迪夫的父親那樣默默支持。迪夫知道自己不能左右旁人的意見，對他而言，重要的是不帶批判地面對自己，以同情的態度堅持自己的信仰和信念。

迪夫全然跌入記憶之流當中。「當然，我爸一次也沒提過這件事，它本身就很難說出口，但儘管他算是比較傳統保守的人，卻意外地在這件事上支持我，而且他其實並不在意。如果他覺得不妥，一定會說些什麼。我們從沒聊過天，就是那種父子間的談心……大概會尷尬到不行吧……。」

迪夫轉而提起媽媽，她為他做了那麼多，對他關愛至極，但他總有一種不安的失敗感——「幾乎我所做的一切都不夠好」，這種感覺源自於他必須將真實自我的某個重要元素隱藏起來。自我認同有個極重要的面向是：覺得自己被愛，而且有歸屬感。迪夫的感覺恰好相反。「她對我的人生規劃容不下我的男同志身分，而她的反對讓我覺得受傷。」這意味著他沒帶過男朋友回家，也讓他無法付出心力經營一段關係。「我從來沒有真正喜歡過一個人。」

認識安格思以後改變了一切，讓他有信心去挑戰母親。他讓她做決定：要不她選擇跟安格思見面，否則他不回家，連印度光明節也不回去。她實在無法忍受兒子不回家，因為她深愛他。某個冬日，她跟安格思見面了，「她驚喜地發現安格思這個人這麼好。我們之間不再有問題了。她喜歡他，很願意跟他多相處。」

我聽迪夫說話時，心想父母對孩子是同性戀的反應有成千上萬種版本，這並非因為他們不愛孩子，而是因為他們愛孩子。這是出於強烈的保護心態，他們想像世人對同性戀有偏見，不希望孩子面對這種偏見。當然，這麼做會讓同性戀的汙名永遠無法消除。

同樣重要的是，**培養有自信的孩子和青少年的首要原則是要了解自己的孩子，發掘他**

們的本質，支持他們做真實的自己，而不是要求孩子成為你心目中的模樣。蜜雪兒・玻芭（Michele Borba）在《茁壯成長！成功孩子的七大性格力量》（*Thrivers: the Surprising Reason Some Kids Struggle While Others Shine*）一書中，詳述了支持此觀點的相關研究和專家意見。

迪夫的過去塑造出今日的他，意味著他很容易因批評和成為局外人而受傷。但這不是他的全貌。現在他年歲稍長，以身為同性戀為榮，也因為經歷了這一切而變得更堅強。他也逐漸培養出應對壓力的方法，像是規律運動、找時間放鬆、坦率表達心中的感受。他接受心理治療後，更加了解自己，自尊也獲得提升。他證明了一個道理：**重要的不是你發生了什麼事，而是你如何應對它。**

*

安格思一直專注聆聽，並給迪夫鼓勵的眼神或手勢。我將注意力移到他身上，問他對於多元性別及差別待遇的看法。當我聽到他說愛爾蘭是世界上第九個支持同性婚姻的國家，我感到很驚訝。

他父母那一代對於多元性別議題的態度，已經從極端保守轉為世上少見的自由開放。他們一開始就接受他的性傾向，也透過投票支持同性婚姻修法來表達立場。安格思很自豪自己的父母開明又勇敢，願意為了他和同志社群出力，進而改變這個世界。他對於迪夫的母親敢於改變看法相當佩服。他說，到了他們要結婚時，兩人跟對方的家人已經很親近了。「我記得我在婚禮致詞中說我永遠無法理解丈母娘講的笑話。我們都很開心能融入對方的生活和家庭。」

*

接著我們進入他們提出的問題：收養孩子。不同於一些夫妻，他們並沒有預設他們會有孩子。安格思對我說：「身為同志，生兒育女並非人生的選項……。雖說民意調查顯示人們已普遍接受同性戀，但我個人的經驗是，當你說自己已婚時，人們會感到不自在。當同性戀者想要當父母時，會是很不好又令人難堪的事。」我認真思量他這番話，儘管他們公開過著愉快的同性戀生活，有親近的家人和許多朋友，人們心中仍有一道藩籬，批判著同性戀的身分，尤其反對同性戀當父母。**這顯示出文化氛圍的改變相當緩慢，而我們對於所謂「正常」的看法牢不可破**。我們這些非多元性別者必須了解到，他們正因社會的偏見而受苦。

迪夫看著我的雙眼，娓娓道來他們這幾年來的討論。他們最早的對話開始於：「你有想過當父母嗎？」當兩人都表示想要小孩時，就問對方：「要怎麼做才能當父母？」他們檢視了各種不同的選項，發現代理孕母或「共親職」（co-parenting）（即一名女人生下他們的小孩，由他們兩人共同撫養）不適合他們。

他們兩人的觀點非常一致。沒有一方特別渴望將自身的基因傳給小孩，可能是因為他們年輕時沒有想到這種可能性。他們做了大量研究，參加了很多課程和研討會，兩人的想法逐漸改變，最終決定透過地方當局收養小孩。他們發現兩人必須擁有一個適合孩子的房子，以顯示他們的關係穩定，還得透過工作來證明經濟無虞，能負起撫育責任。這些方面都已經得到了確認。

儘管有些擔憂和拖延，他們最近聯繫了地方當局，有位叫甘蒂斯（Candice）的社工負責協助他們。

他們的家人很高興。「我們雙方的父母知道我們提出申請後，都非常高興。」安格思說。但必須告訴父母，這個過程不可能一帆風順，路上一定有路障，他們不知道自己是否會得到核准。一旦獲准，他們也無從預知會收養到哪個小孩：這個小孩可能有其他手足，也可能是殘障。收養嬰兒的機率不大，若他們堅持只收養嬰兒，就得等上五年，而他們不想等那麼久。他們不想收養一個存在憤怒問題的孩子，並且已釐清了他們的能力和限制，這是收養程序中的一個重要步驟。

我能為他們提供的比較像是一個反思的空間，而不是密集的治療。我們約好每月碰面一次，倘若出現危機，再視情況增加會談次數。

*

過去四十年來，根據「英國國家統計局」的數據，英國在英格蘭和威爾斯兩地，一九七八年有一萬兩千一百二十一名兒童被收養，到了二〇一七年，只剩四千三百五十名兒童，但送去兒少福利機構的人數卻持續增加。原因很多，其一是試管嬰兒的成功率從七%上升到三〇%。關於收養成功與失敗的數據很難衡量，因此任何統計數據都只是大略估算。收養新生兒的失敗率只有一%到三%，但年紀較長的兒童收養失敗率卻高許多，有高達三〇%被收養的青少年重回福利機構。由於這些兒童與少年經常遭受虐待或忽略，可能導致很難信任養父母，而他們的行為也可能難以管教。

＊

迪夫與安格思跟我談話時，我逐漸明白他們很肯定如果要建立家庭，收養是首選。這對他們來說就像一份禮物。兩人在出櫃時都認為自己沒有機會成為父母，所以對此沒有任何期待。

滿足期待是幸福的指標，而期待落空是痛苦的根源。對許多人來說，收養是無法自然生育的B計畫。這些人必須面對不同的悲痛：不孕、流產或死胎。他們不得不接受無法生下健康的孩子的事實，這和他們原先的預期不符。這是一趟艱難的旅程。他們的自尊和自我認同有可能在某些方面嚴重受創，衍生出各種情緒，像是憤怒、失敗感和嫉妒。

幾年前我曾去Adoption UK進行訪問，討論了痛失孩子的父母是否能在收養時付出感情。我們探討了孩子死亡過了一段時間後才能進行收養的好處與影響。這項評估絕非質疑他們是否有能力透過收養建立充滿愛與快樂的家庭，只是他們原先建立家庭的夢想破滅，需要時間方能從悲痛中復原。

*

在第一年，我對於迪夫與安格思必須通過那麼周延的審查程序感到佩服，甚至有些嚇到。我忍不住思考，或許所有父母都應該經歷類似的審查，反思自己有無撫育孩子的能力、創造溫馨家庭的能力、他們是否獲得旁人有力的支持，以及想要小孩的原因。他們會在反思的過程中回顧自身的童年，汲取正面的經驗，捨棄不太好的部分。對於任何未來的父母來說，這似乎是一個簡單但有啟發性的練習。

我每個月都聽到迪夫與安格思提及他們得克服某項新障礙。迪夫仍未擺脫幼年時必須做到完美的陰影，覺得這種情況讓他焦慮，一直在衡量怎麼做才最好：應當保持誠實，抑或有所保留，以免太誠實導致喪失機會。

兩人和甘蒂斯建立起良好的關係。那一年，她變成他們生活中的重要人物。如同安格思所說：「我覺得自己必須小心翼翼，以免說錯話。我不知道他們審核收養人的標準是什麼、他們的思考過程是什麼、他們用何種方式比較收養人的優劣。每次會面都像考試。」

有幾次當他們走進諮商室時，我感受到他們內心的不確定與渴望。某次會談，安格思認為自己搞砸了，因為他被要求舉例說明他父母面對壓力的反應：「我妹跟我鬧到不可開交時，把我媽惹毛了，她就開車載我們去育幼院，說：『你們要是不乖一點，就要進去喔！』我們整個星期都在哭，也變得很乖。」

迪夫看著他，扭動著雙手：「噢老天！育幼院！我好怕下次的會面！我們是不是完蛋啦？」每個月都會出現新的地雷，讓他們擔心是不是搞砸了。像是他們得完成深度調查的問卷，或是他們無法取得海外的工作證明，以證實他們沒有犯罪紀錄。幸好最終全都獲得解決。

有次會談，他們描述了超現實的一天：甘蒂斯走進他們家廚房，花了幾個小時逐筆檢視銀行對帳單，細問每一筆收支項目的意義。

安格思說話時不停搔著後腦勺，緊張情緒顯而易見。每次會談，我都坦言他們承受的一切非常沉重，建議他們可做一些有助於保持穩定的行為。但有時候，我同樣感到無力。我不想把這份無力感傳給他們。

我察覺到自己對於他們能否成功非常掛心，我對案主一向如此。我並不是一面螢幕，只對他們的經歷提出解釋。我的宗旨是伸出一隻腳站在他們身邊，另一隻腳保持自己的立場。我希望讓他們知道我有多麼相信他們，但同時保持足夠的獨立性，以便能有效地支持他們。我必須檢查自身是否失去平衡，透過督導以及運動和冥想等習慣，重新調整自己。

＊

迪夫與安格思遞出申請近十一個月後，某天他們步伐輕快地走進諮商室，嘴巴咧開到耳根，在各自的椅子上坐下——人在選好位置後，會習慣坐那個位置，以獲得安全感。他們簡單敘述了兩人坐在十五人的陪審團前面有多恐怖，包括主席、先前的收養人、觀察員和甘蒂斯。

迪夫說起內心的欣喜：「那天有可能是我們人生中最悲慘的一天，假如桌子後方某一人說：『我們不批准你收養，因為某某原因。』這可能意味我們不能有小孩。」

安格思相當興奮。「我們得到批准了！我真是太興奮啦！高興到不行。我們還不能跟別人說，因為我們得先想清楚要怎麼實際與小孩一起生活。」

我也十分高興。這一路走來十分辛苦，屢屢帶來情緒上的波動，而我們都確實感到彼此鬆了一口氣。我很好奇獲准收養是否類似於在期待懷孕時被告知你懷孕了：你真的有可能成為父母，但仍未完全確定。此刻充滿未知，內心的恐懼在騷動，還得忍耐一段時間。

在尋找要收養的孩子時，迪夫與安格思說起他們一段感覺不太真實的經歷。他們在一個網站上註冊，上面有幾百名兒童的個人簡介，他們從中做了挑選。他們向地方當局提出了幾位孩子的名字，但沒有收到任何回覆。

六個星期後，兩人告訴我，他們對一個三個月大的嬰兒瑞秋表示了興趣。這麼小的孩子很少被收養。她是被母親棄養的小孩。他們知道有許多家庭提出收養她的申請，而迪夫與安格思被選中了。我原先以為會看到他們滿是喜悅，但前一天的收養會議帶來的壓力在他們身上顯而易見。會議長達一個半小時，兩人咬緊牙關挺了過去。安格思顫抖著聲音說：「我們已經看到這個小娃兒的三張照片，她好漂亮……真不可思議……。」他的藍眼珠中泛著淚光，似乎有點不知所措。迪夫和他從此將有不同的未來，要他們消化目前發生的一切絕非易事。

迪夫與安格思被告知，瑞秋一開始會先寄養在他們家，十個星期後，他們便可正式提出收養。甘蒂斯告訴他們，他們有兩星期的時間為這一切做好準備。

我很欣慰他們已經掌握了數種良好的應對機制，以保持自己的情緒韌性。迪夫照常去做瑜伽、游泳和冥想，安格思則靠寫日記、慢跑和上健身房來穩定心情。這些機制將在未來的幾個星期和幾個月中受到考驗。

身為新手父母，他們發現許多朋友、同事紛紛提出權威性的忠告，且都確信自己是對的。但兩人都覺得「不知道」滿好的，不拘泥成見使他們能對瑞秋的需求保持敏銳。最重要的是，他們有一群往來密切的家人和朋友，樂於提供支持。他們邀請了八位親友當顧問團，每個人都具備特定技能或知識。他們有信心向顧問團尋求幫助或建議，因為這是一個提供資訊、鼓勵反思的團隊。或許每個人都該有一組後援團。正如非洲俗諺所說「養大一個孩子需要全村的力量」，確實如此。

*

自從我為迪夫與安格思進行諮商以來，我注意到我對同性父母的態度有了轉變，變得更加開放。我以前認為自己是沒有偏見的，但顯然不是，因為我現在會被那些以前我不曾「注意到」的文章所吸引。我尤其感興趣的是，我的情感反應變得更加強烈，不再像以前那樣只是有點興趣，如今我渴望讀更多故事、看更多節目。我對全新的學習抱持開放的態度。

這也促使我思索「差異」，以及為什麼它會造成與他人互動的障礙。我們對於差異的第一個反應往往是恐懼，消除恐懼的良方是接觸和了解。當我們遠遠看著某人，給對方貼標籤時，容易流於負面評斷。但當我們朝對方走近，看到實際狀況時，威脅感就減輕了。我們的心理構造為了適應演化的目的，會將「差異」視為潛在的危險，就像「危險的陌生人」。對人類祖先來說，身處部落之外可能有性命之憂。過去一世紀以來，人類社會經歷了快速變動，我們的世界透過全球化、科技與旅行，產生緊密的連結。我們所面臨的多樣性與差異，在七十年前是無法想像的，但人類內在系統尚未適應這些急速的變化，因此「差異」仍可能引發內心的負面情緒。人們經常選擇留在舒適圈，躲在所謂「正常」的牆壁後面，而所謂的正常正日益消失，無知造成了批判。我知道對我（或許對所有人）來說，保持好奇心、多方探索、了解世上各種不同的生活方式與存在，是至關重要的：**因為忍受不適會帶來成長**。我真的很感謝這對伴侶拓展了我的視野，為我注入新的能量。

＊

迪夫與安格思取消了之後幾次會談，因為他們專心處理收養小孩的事。我想念他們。兩人傳了幾則簡訊告知近況，讓我略感心安，但直到我們透過 Zoom 視訊（考量疫情），看到他們並肩坐在沙發上，後方有嬰兒用品，我才知道他們前陣子經歷了些什麼事。我們望著對方笑開了，我看著他們後方的遊戲墊，想聽聽他們遇到了什麼事。我很高興得知隔壁房間裡睡著一個女嬰，他們的小女娃，瑞秋。

在他們要去見瑞秋的那天，甘蒂斯致電表示寄養照顧者身體不舒服，取消這次會面。這個消息讓他們大失所望。他們一直處於緊張中，難以入睡，但還是買好了嬰兒床和其他用品。他們開始擔心，立刻覺得出了什麼問題。和我們所有人一樣，他們會把氣出在對方身上、為了家務瑣事起爭執、等消息等到心焦而氣呼呼走開。等待分娩雖然也很緊張，但毫無疑問，孩子必定會出生。安格思將手托住下巴，對我說：「地方當局將寶寶的需求放在首位，之後是親生母親的需求，我們排在比較後面。如果親生母親改變主意，這事對我們來說就完了。」正是這一點，讓兩人接下來一星期都非常不安。

迪夫也說：「我們根本無能為力，只能提醒自己，在跟甘蒂斯溝通時要保持理智，別對任何人發脾氣，只要說謝謝你告訴我最新情況，然後繼續等待……。」他們好不容易建立起來的應對機制很不錯，確實派上了用場。

最後，他們被傳喚進辦公室，跟負責瑞秋的社工會面。他們見到了瑞秋，驚喜交集。與慣例不同的是，瑞秋沒有跟寄養照顧者住在一起，目前是住在某個朋友家。安格思回想此事，說道：「那一刻，所有混亂全都消失了。瑞秋在嬰兒車裡，我們目不轉睛地看著她。那是最神奇的三十分鐘。」

迪夫說：「我們那一刻就愛上了她。她對我們微笑，抓住我的手指。」想到他們敞開心房等待了那麼久，而她一下子就深深走進他們的心，讓我們熱淚盈眶。

安格思代表兩人說：「抱著她、跟她玩耍，真的太棒了。我們確實感受到她和我們之間有種連結。那是愛，這份愛已變得更深厚和強烈了，但仍在持續增加。這跟我們以前感受過的愛都不一樣。」這是真正的父母之愛，是父母對小孩止不住的愛。我親身感受過，也聽到和讀到過親生父母對孩子的愛，現在知道養父母也有同樣豐沛的愛，我深受感動。

翌日，他們又跟瑞秋見面，發現她的尿布濕了而且還有一股味道，讓他們略感不安，不過還是很開心跟她相處了五十分鐘。安格思說覺得自己當爸爸了，滿心只想帶她回家。一名資深的社工把他們叫到一旁，表示過渡期縮短了，他們隔天便可帶瑞秋回家，但不可把此事告訴和她一起來的那個人。兩人覺得這樣很奇怪，但聽到消息都非常高興。

迪夫與安格思比預定時間提早很多，帶著新的汽車座椅和折疊式嬰兒車來到聯絡中心。「那是我們的大日子，就跟婚禮當天一樣重要。」結果卻很悲慘。寄養照顧者沒來，也聯絡不上。兩人在辦公室裡越等越心焦，晚上九點時被告知情況變糟，她的案子升級為「失蹤兒童」，警察正在找她。事實是她被綁架了。迪夫與安格思心亂如麻，迪夫說出了兩人心中最深的恐懼：「寄養照顧者有可能抱著她跳下懸崖。我覺得自己被掏空了。雖然這個孩子在法律上還不是我們的，我們幾乎不認識她，但她就像是我們的孩子。」想到可能發生的事，我們都打了個寒顫。我看得出他們餘悸猶存。我看著遊戲墊，提醒自己她還活著，而且過得很好。

那天午夜，兩名警察來到他們家，態度很親切。其中一名警察微笑著將瑞秋遞給他們，說：「來抱抱你們的寶寶吧。」

＊

接下來幾個星期，兩種劇情同時在進行：養育瑞秋，以及在法律上成為她的父母。她是個開心、愛笑的嬰孩，會對他們做出回應。兩人認為照顧她滿輕鬆的，我笑了出來。當孩子不惹我們生氣的時候，我們都覺得自己的小孩非常特別！慢慢地，兩人只要看到她某些動作，就知道她是餓了還是累了，也學會應對半夜餵奶的情況。收養她一事有點複雜：她就像是他們的孩子，但在法律上她卻不是。他們無法愛她更多，又害怕親生母親改變心意，把她從他們身邊奪走。

安格思嚴肅地說：「我們是父母，但又不是父母。」他們試著「保留愛意」，來保護自己免受潛在的傷害。但沒有一個人能夠為了避免受傷，而衡量出剛剛好的愛；愛是有風險的。他們所做的每一件事都要讓社工知道：記錄每一次餵食、睡眠時間、換尿布。新手父母通常覺得自己能力不足。他們正在學習新語言和新技能，但他們身為需要被觀察和評估的新手養父母，壓力勢必會更大。據我了解，迪夫與安格思渴望證明自己有資格當父母。安格思說得鏗鏘有力：「被評估讓你覺得自己是『他者』，你需要被督促，你們不是真正的家庭……這非常累人。」

收養是個艱巨的挑戰，以獨特的方式要求他們擁有巨大的力量，以保持堅韌、敏銳和愛。在他們撫育瑞秋的同時，他們還得面對法律訴訟，因為寄養照顧者違反規定提出收養瑞秋的申請。幸運的是，迪夫與安格思的主張獲得採認。後來，安格思去了法院，成功取得瑞秋的完整收養權。「我站在高架橋上哭到不行，把所有的壓力、憂慮、失眠統統哭出來。」兩人隔著螢幕對我露出笑容。現在她在法律上是他們的寶寶了，「但是花了好長的時間。」

＊

我是在傳統框架內當母親的，沒被問過具侵犯性的問題，因此迪夫與安格思帶著瑞秋出門時，得面對路人非常白目的行徑，這讓我覺得不安。迪夫對我說：「我們越來越常發現，人們看到兩個男人帶著一個小孩，就盯著我們瞧，而且我們住在各色人等混雜的地區……有位老先生看到我們，下巴真的快掉下來，他一直看著我們，讓人不舒服。他也有可能是正面的意思，但我覺得不是……有些千禧世代對你微笑，總之就是很怪。」

還有一些事也令人困擾。有個學齡前遊戲小組的領頭媽媽問瑞秋：「你媽媽呢？」完全不看迪夫一眼，彷彿他不存在。有次，一名藥師問起她母親在哪，聽到他們說她是被收養的，說道：「真可惜！」還有人問：「她是英國人嗎？」暗指她較深的膚色。非常荒謬。當他們回憶起這些經歷時，我隔著螢幕都感受得到他們的不安。安格思看著地板，下顎緊繃，而迪夫用一隻手撐住下巴，望著窗外，時而互看對方一眼。

我覺得他們必須跟這種記憶保持距離。因為跟別人不同而被盯著瞧的經驗，讓他們格外不安。安格思解釋道：「我從小受到的家庭教育是不在公共場合表達愛意，所以我們看起來不像同性戀伴侶。我們在外面不會牽手。但帶著瑞秋出去，好像再次出櫃似的。我覺得在很多方面受到異樣眼光。」我仔細體會他們話中的含意，第一次清楚看到同志父親在當今社會是何種處境。我們的社會總是會注視並批判那些被歸類為「異常」的人。我看得出這類經驗觸動了他們的敏感神經，他們需要一段時間才能逐漸適應。

在這個從聖母瑪麗亞以來，以母親和孩子為主的世界裡，同志父親的身分拓展了人們對親職的看法。生活中許多方面都出現了變化，但我們的行為還沒跟上這些變化。即使女性在職場上占了半數，大部分的親職工作仍由母親負責。迪夫與安格思某個事業有成的朋友說：「我先生分擔部分的家事，我們說好要平均分擔親職，但有些事他沒看到，有些事他虎頭蛇尾，簡直是難以想像。我才不信這一套。」

安格思指出：「我上班的地方沒有跟我一樣的人，覺得很難融入。」安格思跟同事提過星期五不想開會，這樣他才有辦法多照顧瑞秋，但沒人記得這件事。他未被視為「父母」，而他的女同事都覺得自己不能在五點時開會，因為她們得為了小孩趕回家。

在親職和工作上尋求平衡，仍是難以實現的目標，而且這是基於性別的。有小孩的職業婦女被視為對孩子有責任，較難升遷。女性擔任高階主管的比例始終較低，到二〇一八年才上升到二二%，或許部分是因為需要照顧孩子的緣故。有孩子的男性被視為有能力應付工作和家庭生活，通常是因為他們不必兼顧兩者。當然，像迪夫與安格思這樣的父親是例外，但他們未被視為擔任親職的父親。雇主和政府還有很多空間要努力，讓父親和母親既能工作，亦能扶養孩子。迪夫說得一針見血：「我認為人們並不了解我們正經歷的問題。我了解一般家庭遇到的狀況，但大家不了解同志伴侶收養小孩要承受的一切。」

＊

要當瑞秋的父親，他們必須學會接受兩件事。最重要的一件事是：他們要打從內心接受自己是合法的父親。有部紀錄片敘述一名同志父親有了新生兒之後，他的大腦像母親一樣逐步發展，分泌出更多催產素，那是聯繫親子感情的荷爾蒙。迪夫與安格思興奮地說起自身經驗，和研究結果吻合：他們的聽力變得敏銳，更能注意到瑞秋的哭聲。我想知道這是否會給他們帶來信心或合法性。而「合法性」是我們接下來必須設法解決的問題。

第二件事是他們打算成為怎樣的父親。迪夫描述他們的立場：「我們的好處是沒有榜樣教我們該怎麼做，也沒有公式。不像異性戀婚姻和親職有一套公式，我們享有極大的自由，但也教人害怕。如果要細分的話，我比較直來直往，而安格思非常溫和，但這些差異不是重點。有個鄰居問我，瑞秋生病時會找誰，我說她會找我們兩個。他說他的孩子一定找媽媽。這套『常規』在我們家並不存在。」

兩人對於控制的看法也有了改變。迪夫清楚表示，為了收養瑞秋，「我們控制得十分到位。過去我們強調控制，表現在我們無法滿足自己在現實中對完美的需求。」如今她已經是他們的小孩，他們必須找到新的平衡點。正如安格思所說：「我不想事事插手。我想保護她，但我沒辦法一直這麼做。當父母的都會擔心這種事，理解到這一點挺好的。」他微笑著嘆一口氣。

他們是對的。**養育孩子都會歷經這些過程：有時要抓住，有時要放手；想要控制以保護孩子，卻又體認到自身的限制；想維持親密，但又要留出空間。**

*

我在回顧這次的諮商過程時，忍不住思考「正常」與「異常」的意義，懷疑兩者之間是否有道分界線。我對人們無知而欠缺體諒的行徑感到氣憤，然後意識到我在遇到迪夫與安格思之前也是這樣。我還思考了許多人以為自己有權刺探別人小孩的情況。迪夫與安格思的經歷顯示出，收養孩子有另一層侵犯隱私的問題：人們覺得可任意對瑞秋發表評論，因為她不是親生的。這對同性伴侶遇過某些人當面說：「我要把她從你們身邊帶走」或「可以讓我玩一下嗎？」彷彿瑞秋是任人奪取的物品。這種感覺很難說明，迪夫說：「這是一種微歧視，這類情況很難具體指出來。如果你指出這樣是不對的，大家就說你難相處，他們只是開玩笑而已。」按照安格思的說法，這是「自以為的群體或所有權的概念」。他們跟其他的養父母討論過，大家都有類似的經驗。聽起來很折磨人，而且令人惱怒。

我們在幾次會談中討論了這種情況，讓迪夫與安格思反思並設立更清晰的界限，想出既有禮貌又能保護女兒的回應方式。安格思對我說：「有次我幾乎說了太多，還好及時制止自己。我想：『不行，我們只是站在溜滑梯旁邊而已，以後不會再見到這些人。』雖然這是小事，但感覺事情朝更好的方向改變了。」此事表示他們更有信心當瑞秋的父親，他們無須為自己辯解或對任何人負責。瑞秋就是他們的小孩。

*

他們和瑞秋的未來會怎樣？對迪夫與安格思來說，最大的問題是全力支持她茁壯成長。他們希望能幫助她成功。安格思說出兩人的擔憂：「我們要怎麼確定自己目前有盡到全力，讓她日後成為她自己？她以後可能需要面對哪些問題，而我們現在可以採取哪些措施來支持她？」

他們明白養子女可能一輩子都活在兩個家庭裡。第一個家是現實裡的生活，第二個家是幻想中的生活，跟被理想化的「真正」父母在一起。養子女持續在「被親生父母拋棄或出養」和「歸屬於養父母」兩端之間進行對話，需要養父母運用縝密的思考和心理上的智慧，參與並支持孩子度過這段動盪的過程。

我聽過許多養父母的故事，他們一味傾注愛在孩子身上，用愛淹沒孩子，好讓孩子忘記被收養的痛苦。當他們發現這樣還不夠時，都難過不已。愛無法填補失落的空隙。我們在感受或表達痛苦時，需要愛給我們支持，而這麼做又可讓我們再次去愛。

但迪夫與安格思的情況並非如此。他們做了一個大的帆布袋，上面有瑞秋在母親膝上的照片。她去哪裡都帶著它，從小就訓練出對親生母親的記憶。他們希望透過這麼做，表示有盡力與她的生母保持連結。他們持續要求社工員代為聯絡她，卻總是被告知她沒回覆。他們沒有瑞秋生父的資料，對此感到困擾。等她再大一點，他們希望能夠如實回答她所問的問題，但他們沒有答案。

我們一直在原地打轉：他們想像瑞秋日後可能會問這個問題的情況，接著又因為自己不曉得某些資訊而一籌莫展，這只會加劇他們對她的擔憂。我要他們列舉目前知道的事實。瑞秋的母親為她寫下了三分之一的人生故事書，附上幾張她和她父母的照片，看起來就像是一個「很普通的家庭」。

迪夫與安格思無法接下去寫這本書，正如迪夫語帶焦慮地說：「瑞秋的母親寫下『你的兩個爸爸更能夠說明這些』，而他們知道自己辦不到。不過，他們在安置瑞秋那天寫了一封信，在正式收養她那天又寫了一封。我堅定地告訴他們，想像的故事情節可能會把自己逼瘋，他們必須找出一種方式平靜面對瑞秋的身世，不論是已知或未知的部分。他們隨即露出明朗的神情。

他們樂於接受新點子的態度讓我刮目相看。身為父母，我們經常抗拒其他人的想法，覺得這樣是在貶低自己的想法。但這兩人不一樣。在出櫃的數十年裡，他們非常了解自己，所以很有自信，不會一味防衛。我建議他們創造一種儀式，代表收養了瑞秋，以標誌這段關係的開始，正如其他標示人生轉捩點的儀式一樣——慶賀出生、婚禮、十八歲或二十一歲生日派對。我發現他們的心情有了變化，安格思說：「我們可以等瑞秋大一點，為她舉行儀式，搞不好她可以按自己的方式做……如果她母親就這樣躲起來，我們也只能抬起頭自豪地說，我們確實盡力了。我們也有無力的時候，像是無法預測瑞秋會有什麼感受。」真的是如釋重負。我們都認為，在她為親生母親悲傷時，他們可以從旁支持，她不必向他們隱瞞這一點。

*

接下來那次會談有種解放感。透過螢幕，兩張微笑的臉看著我，在開始前還說了幾個笑話。迪夫先開口，幾乎快要從椅子上跳起來：「上次會談時有提到她若詢問過去的事該怎麼回答，我們意識到必須讓她度過失去至親的過程。我們沒辦法給她解決方法。關於她的事，我們想了很多，我們甚至還有個儀式，把一些象徵性的東西帶進家裡。」

我等不及知道那是什麼。迪夫筆直注視著我（每當他要我專心傾聽時就會這樣）接著說：「這不僅僅是給她答案而已。這是在某種程度上讓她放下過去的身世，繼續前進，而不是把她保護得密不透風，就照我們的方式去做。沒錯，我們彷彿再次出櫃了。我們被視為與眾不同。但我們不再花大把時間想這種事，也不再屈服於這些事，我們需要將它放下。我們得創造、塑造和擁有自己的故事。」

我露出贊同的笑容。或許我們每個人都可以這麼做，打造我們自身的故事，而不是以為自己必須符合某種完美的敘事。作為父母，我們可以相信自己的信念和價值觀，不要和別人比較，否則只是自尋苦惱。我們大可允許自己「夠好」就行了，創造出自己家中的儀式，象徵彼此之間的牽繫和特別的時光。

他們興奮地一起說著。瑞秋的過去壓在他們的心上沉甸甸的，他們不想假裝過去不存在：他們要與過去共存，但也不想向後看……安格思說：「我們想到了水晶，因為它是……」

迪夫興高采烈地插話：「它是一個標誌：明亮、魔幻、有靈性。」

安格思繼續說：「具備靈性有很重大的意涵。這東西（水晶）很特別，將某種能量帶進屋子裡，我們和它一起生活。我們圍繞它進行儀式，用語言表達出來。」迪夫接著繼續陳述，兩人真的聲氣相通：「我們在儀式快結束時，朗誦一首詩，然後儀式結束。我們放下了一些東西，標誌著它的結束，劃下了一道界限，一個不可滲透且重要的界限。」

迪夫的觀點改變，還可以從一件小事看出來：他在社群帳號上貼了一張他和瑞秋一起唱歌的溫馨照片。他以前很謹慎，極少這麼做，這個小小的舉動顯示出他認同自己是她父親的事實。現在他已經打從內心將她的出生和收養整合在一起，他能夠將兩者聯繫起來，意味著他和安格思是她合法的父親，將決定她的未來。

*

在跟他們進行諮商的過程中，我覺得最感人、最富啟發的面向，是見證到兩人在親職上的進展。我的觀點是，對他們而言，正如所有人一樣，**成為父母是生活中最具挑戰的事情之一：帶著期盼、有意義、重要、充滿喜悅和慈愛，同時又非常艱難，有許多煩惱、疲憊、未知、失誤、恐懼和挫折**。而且他們身為伴侶必須互相好好配合，想清楚兩人要共同扮演什麼樣的父母，要成為什麼樣的家人，而這一切會受到各自的教養、性格和環境所影響。

對迪夫與安格思來說，仍須釐清一些複雜的事。瑞秋是被收養的，意味著他們會持續受到評估，必須在旁人的目光中做她的父親，留意、修正自己的行為。但一旦克服了這個障礙，還有另一段路要走，如同迪夫所說：「解放我們自己來養育她」，體認到他們愛她，是她的合法父親，他們並無不足。

事後我思考著，或許所有父母都有類似的歷程。**父母能夠給予孩子的最大禮物之一便是信心，而無疑地這種信心是父母透過言教和身教來傳遞的。當父母能了解並信任自身的長處和弱點時，便可能成為最好的自己。**

我詢問迪夫他內心是否仍覺得痛苦，他開心地搖搖頭說他們現在已經很有經驗了。他以前沒發現自己的內心那麼緊繃，但是把他們兩人的故事說出來以後，他覺得輕鬆了許多。對治療師來說，聽到這些話讓人滿意：這表示治療正在發揮效果。

*

迪夫與安格思回顧了這段諮商的時光。在我們諮商工作的第一部分，讓他們得到支持以保持穩定是很重要的，而第二部分則讓他們有機會反思自己作為父母的角色，這促使他們明白兩人是一個團隊。他們思考了家庭的意義，這不只是血緣而已：當瑞秋和堂兄弟姐妹在一起時，她和他們之間有比朋友更深刻的連結。他們也感到越來越自由，能坦然做自己。安格思笑得很開心，說道：「我媽看著我，非常以我為榮，看到瑞秋愛我，她開心到不行。這樣的時刻非常動人，幾乎像是靈魂出竅，你透過另外一個人的雙眼看自己。」她相信他能扮演好父親的角色。

對一個人的信任能發揮魔法般的威力，足以刺激信心，讓受到激勵的一方有更強韌的根基。

迪夫笑著看著我的雙眼，散發出自信的風采：「感覺很不錯，我們自己成長了，變成不一樣的人，同時看著她在改變。她充滿活力，完全就是我們的女兒，模仿我們的舉止。她跟我一樣，走路時兩手放在背後，我爸也是這樣。真是美好！」

我最後想對他們說：瑞秋有他們這樣的父親很幸運。未來或許沒那麼簡單，但是會有快樂和愛。我有信心他們都會茁壯成長。

湯普森家

如何在放手的同時，與孩子緊密相依？

個案背景

湯普森家的母系成員包括希拉芮（Hilary），七十六歲、女兒凱特（Kate），五十五歲，以及凱特的女兒黛西（Daisy）和伊芙（Eve），分別是十八歲和十五歲。希拉芮婚後三十年，丈夫吉米（Jimmy）才出櫃，於是兩人分居。他五年前過世了。希拉芮已經從電影分鏡導演的職位上退休。凱特原本是出色的記者，但生了孩子後就離開職場。她的丈夫約書華（Joshua），五十五歲，是辯護律師，經常四處出差。我們的諮商著重探討希拉芮、凱特和黛西之間的關係，以及她們在黛西離家上大學之後，如何調適心態。

我認為孩子離家是一種生活中的失落，它具有悲傷的特質，但其複雜性常常被忽視。我個人對於「空巢期症候群」（empty- nest syndrome）一詞頗為反感，因為它顯得不近人情。孩子邁入成年或多或少會影響到家中每一個人，程度從輕微到難以接受都有。當家人分隔兩地的棘手部分被埋在地下、不聞不問、不被承認時，問題就會浮上檯面。

父母思念孩子時，經常會深感焦慮、悲傷、孤單與憤怒，但也因為家務和照顧的擔子減輕而感到輕鬆。此外還會隱隱擔心孩子是否安全、過得快樂。身為父母，若有來往密切、充實愉快的人際關係，尤其是跟伴侶之間關係良好，能在其他方面建立自尊，經濟狀況穩定且身體健康，就不至於在這個轉變期崩潰。父母要避免以專橫的態度對待孩子，而是給予支持，協助孩子有所發展與探索。研究顯示，在人生重要的轉變期及早進行介入，有助於防止心理健康和生活上的長期風險。

凱特來找我的原因是，她的女兒黛西即將離開家去上大學，她希望我能幫助她了解自己，她很想知道跨世代的家庭模式和信念是否正在發生作用。儘管在大多數情況下，我希望全家人都參與治療，讓大家一起經歷改變的過程。但對湯普森家來說，這主要是女性面臨的問題——關於母職和放手——所以她們在治療過程中處於核心位置。

我們都同意，約書華和伊芙如有必要，可加入會談。但儘管他們未加入談話，一定會被告知目前的進度，因為他們都會受到家人的影響。家庭系統的動力因為幾名家庭成員而有了新的配置時，會影響到家庭中的每一個人。若未告知他們會有反效果：治療內容祕而不宣，會導致家人之間的關係緊繃。我在會談時見過約書華和伊芙，但沒有正式談過話，他有時打個招呼，或在走過去時揮揮手；伊芙會湊過來說聲哈囉。我透過其他人也認識了他們，而他們雖未參加治療，卻也從中獲益。

她們三代人的容貌十分相像。希拉芮有一頭濃密的捲髮，留著齊耳短髮，任由白髮生長。她膚色蒼白，臉上沒什麼皺紋，塗著大紅色口紅。凱特留著長長的金髮，有瀏海，一襲俐落的白襯衫，鈕釦直扣到脖子，戴著長長的銀耳環，顯得很時尚。黛西坐在母親和外婆之間，看起來有些猶豫，常常撥頭髮，露出銳利的藍色眼珠。她沒化妝，耳朵上嵌著小小的碎鑽，塗成黑色的指甲修得很漂亮。

她們那炯炯有神的眼睛和愉快的感覺，吸引了我，我發現自己想跟她們當朋友，一起消磨時光，但我得謹守界限：我是她們的治療師。這意味著儘管我希望在我們之間建立一定程度的開放和親近感，但這段關係的本質是：我提供服務，滿足她們的需求。

她們決定做短期密集治療，當作某種預防醫療。她們想透過諮商會談，確保互相了解對方，以及理解彼此有不同的應對方式，以免將混亂的情緒發洩在對方身上。

在人生的舞台上，無論是職業婦女或全職媽媽，都要承擔母職的角色。黛西長大離家，對凱特和黛西來說都是重大的人生轉變，而且還會影響到每一個家庭成員。

此一轉變往往和其他變化同時發生。母親可能正經歷更年期，還得應付日漸年邁的雙親，同時還要重新調整伴侶關係。全職媽媽可能會失去每日的結構和目的感，對於有孩子的職業婦女來說，這種失落同樣深刻。父親通常較少表達情緒，但心中的感受未必比較少。他們日後可能會懊悔自己錯過的一切。

對於年輕人來說，離家之後邁入新階段的人生，也具有重大意義，一方面興奮，另一方面又害怕。年輕人必須設法應付課業和社交壓力，包括約會，同時逐漸成長為成年人。

＊

凱特在十年前遭逢危機時來找過我治療，那時她深愛的弟弟湯姆有古柯鹼的毒癮，她稱之為「他可怕的癮頭」。那次治療成果很棒，讓她能對他因吸毒導致的可怕後果發洩怒氣：欠債、友誼破裂、屢勸不聽的無力感，以及對雙親的折磨，兩老擔心他會死。最後，他搬去跟凱特住，大部分時間坐在沙發上邊吃東西邊看烹飪節目，最後變成了大胖子。

那段時間很難熬，但凱特很自豪她挺了過去。她對弟弟的愛堅定執著，加上她兩個女兒毫無心機的天真，治癒了他，促使他想像自己真正想要的未來是何面貌。她和丈夫力勸湯姆加入戒酒無名會（Alcoholics Anonymous）。十年過去了，他沒有重染惡習。

我記得在那幾次會談中，凱特對於自己的進展有深刻的洞察力，也有能力和他人建立起互信的關係。她常低估自己的長處，對於自己的勇氣和應對困難的能力感到驚訝。

＊

我首先問黛西對於要離家的感受如何。她似乎面露躊躇，並非因為不能說出口，而是要在母親和外婆面前對一個陌生人談論這些感受。我為了要讓她覺得輕鬆自在，笑得有些過火，但要是我說：「像這樣跟我說話好像有點奇怪噢！」她可能會更加不自在吧。後來回想，我要是先跟凱特說話，或許情況會比較好，讓黛西透過觀察我跟她母親和外婆談話，來了解我這個人。

黛西說，因為新冠疫情，她上星期還在考慮是否要晚一年上大學。她說話聲音輕柔，一面梳理思緒一面說，語氣逐漸變得有自信，對我們說儘管她很興奮，但覺得先降低期待比較好。她最大的擔憂是孤獨，因為一般的聚會和新生活動都不會舉辦，她的所有課程都將在線上進行。她先前有幾次焦慮症發作，其中一次她在宜家家居（IKEA）賣場逛了一圈又一圈。我大力點頭，其實我一直都覺得每一間宜家家居的出口都該設有免費諮商站。

希拉芮很有自信與活力，主動加入談話，對我說黛西上牛津大學是她母親和外婆從未夢想過的成就。我饒富興味地聽著希拉芮說故事。人是透過故事來了解自己，而且我們得花時間檢視這些故事，否則就會錯過重要的智慧。希拉芮的外婆住在格拉司哥（Glasgow），是清潔工，她在她女兒艾爾西（Elsie，即希拉芮的母親）五歲時過世了，之後希拉芮的外公鬧失蹤，而艾爾西是由自己的姐姐撫養長大。

二戰剛開始時，艾爾西愛上了亞瑟（Arthur），倉促嫁給了這個還不夠了解的人。亞瑟屬於另一個階級，說話方式也不同。在亞瑟休假時，她懷了希拉芮，但戰事進尾聲時，這段關係便已告吹。希拉芮說：「我知道爸爸是誰，但我不認識他……不過我還是有受到他的影響。他帶我去登記出生時，寫錯日期了：我的生日是那個月的十二號，而他寫成十四號。」我當時意識到，對她來說，不了解自己的父親一定比他弄錯她的生日更重要。我決定等適當的時機再深入探究。

希拉芮繼續說下去。即使母親上法院要亞瑟支付每星期一英鎊的贍養費未果，她對丈夫始終沒有怨懟。「她的餘生始終對他懷有浪漫的幻想。她臨死前還提到那個男人……。」亞瑟在希拉芮十歲時跟母女倆同住了一小段時日。她說：「兩、三個月以後，他永遠離開了我的生活，我從未感到悲傷，只是鬆了一口氣。」

那時他已經是個酒鬼。希拉芮如此形容：「我可憐的爸爸苦苦抓住從未有過的東西……我很久以後看到他的死亡證明才知道，他在一間旅館當過酒保，曾開煤氣爐自殺，那是一九五〇年代流行的自殺手法。」

凱特插話道：「他們家都愛喝酒、自殺，他母親、父親、姑姑都是。他們是上流階級，我外婆覺得他的出身滿光彩的。」

我指出希拉芮和她母親的人生都沒有父親參與，她點點頭，彷彿兩代人父親的懸缺是希拉芮無以名之的空白。但凱特知道該怎麼說，轉向希拉芮說道：「外婆保留了對你父親的浪漫回憶，同時卻讓你與他保持距離。」她面對著螢幕說：「她對我媽媽的愛與保護，勝過她自身的幻想，這意味她不讓亞瑟跟我媽媽培養感情。」

希拉芮補充道，有種不必多說的況味：「我救不了他，他過世時我才十一歲。」

我看得出黛西聽得津津有味，儘管她以前就聽過這些故事。我正在想希拉芮似乎對父親失去了同情，她又說起母親的故事：艾爾西一直保持單身，直到希拉芮跟吉米結婚後，她才又結婚。我沒細究為何艾爾西那麼長一段時間都沒再婚，但我推測是因為她沒有情感需求，也沒有精力來應付另一個人；直到當她發現只剩下自己時，才決定再婚。她人生的首要目的是作為母親，把丈夫擺在次要。

過了十年，由於吉米的工作，希拉芮舉家離開英國前往雪梨。針對此事，希拉芮推測道：「我媽媽的生活越縮越小……她根本失去了自己。她在社會住宅區有很多朋友，搭公車去做看護的工作，但在那八年間，她慢慢地崩潰了……那幾年，她竭力遏制可怕的失望和失落，但最後她瘋了——被診斷出妄想型思覺失調症。」

艾爾西的精神病表現出兩種人格：一個是壞心眼的勞工階級婦女會對人吼叫，說一些令人震驚的話，像是說她是女同志；另外一個是對人很好的上校。希拉芮和凱特描述起這些人格的力量，而艾爾西猶如被他們附身，裝出他們的口音。雖然她們現在笑著說出來，但那段時間想必很令人擔憂。

希拉芮強調，她母親和凱特的關係讓她在幾近瘋狂時稍稍恢復理智，凱特也同意這一點，但兩人對於此事如何發生有不同看法。凱特認為是在她十八歲時，母親要她從雪梨回倫敦照顧外婆，但希拉芮否認這種說法，堅稱是凱特自己要這麼做的。黛西往後靠在椅背上，避免被戰火波及，但它來得快也去得快。我注意到她們在敘述艾爾西的故事時，相左的觀點變得無足輕重，似乎這種爭論已經發生過多次，兩人都覺得再吵下去沒好處。兩人露出微笑，都表示艾爾西由凱特照顧之後，「她的情況好多了，她為自己神智不清編出一套說詞，將其封存，再也不提這件事。」

我心裡想，身為父母或祖父母，被人需要、感到人生有目標和意義，那是幸福的原則之一。或許艾爾西覺得必須為某人保持正常，就不再瘋狂了。

外婆、母親和孫女三代回憶起先人時，臉色都亮了起來。凱特說：「無法不親近外婆。」比起父親，她對外婆的回憶比較多。三人都覺得有她在身旁就覺得安全，她極為鍾愛晚輩。凱特想起外婆生前的一切，興致勃勃地說起外婆的種種：她當看護，住在社會住宅，但是「她非常迷人，很會打扮。直到九十一歲過世時還塗著紅色口紅……她總是穿搭得體，塗上口紅，戴上頭巾，穿著米色風衣和美麗的短靴。我們會看肥皂劇《加冕街》（*Coronation Street*），她覺得劇情很寫實，非常愛看。」

她們都笑了，讓我想到一句俗話：「天堂存在於他人的記憶裡。」艾爾西過世後多年，她的愛仍活在她們心中。她們都贊同她傳遞給後代的訊息是：對母親而言，家庭是神聖的制度。

黛西一直都在思考，沒怎麼說話，但她說道：「我喜歡曾外婆的故事。她的童年很悲慘，外婆和媽是她生命的全部，她們若離開，真的會把她逼瘋。」她停頓良久，說：「媽，你不會這樣，對嗎？」

凱特凝望著女兒的雙眼，微笑道：「我很頑強，一定會確保自己沒事。你不需要擔心我。我花了很多年——她朝我點頭，表示認可我們的治療——才真正明白我比我想像的更強大。」

希拉芮插嘴道：「我跟我媽不一樣，我會反覆思考。我希望我可以把事情鎖進箱子裡。把事情包裹、封存起來，是有好處的。」凱特不贊成這種說法，對她說，她們倆都有能力克服困難並保持快樂和樂觀，而且她從不怨恨。她又說：「你有時陷入嚴重的低潮，但你會挺過去，重新開始。你不會像外婆那樣透過幻想來解決。」她接著將注意力放回自己身上：「毫無疑問，我是倖存者；我得說我是意志堅強的人……。」相信自己承繼了堅強女性的血脈，這對黛西來說非常重要。

黛西還需要知道她的父母關係穩固。年輕人不肯離開家，有時是因為擔心父母沒了孩子，婚姻就經營不下去。近二十年來，五十歲以上夫妻的離婚率成長了一倍，多半是在孩子全都離家後，發現讓這個家不致散開的黏合劑已經消失，原本是因為家中充斥孩子的聲音、要為孩子忙碌，才掩蓋住死氣沉沉的關係。關於這一點，凱特也向她保證沒問題。

*

不消說，同時和三個人做治療比一對一的治療更耗心力，容易顧此失彼。此過程會揭露更多事實，同時需要管理不同的關係和額外的觀點，意味著我可能會沒留意到某些重要線索。我直到第二次會談才想起來要問希拉芮是如何排解父親過世的悲痛，以及為何凱特對外婆的記憶比較多，而對父親的記憶比較少，儘管她在他死後非常思念他。

希拉芮輕描淡寫地回答我，表示她不太認識父親，因此對他沒有思念。反觀凱特，表示父親過世帶給她的悲痛是「非常孤單又淒涼」。

那次會談只有我們，黛西離家上大學了。我提出「父親缺席」的問題，以及這對她們與男性的關係帶來何種影響。凱特稍微加重語氣說：「我們家的女人幾代以來都對男人感到失望，從我媽媽的媽媽開始，全都被男人拋棄。比起我，我媽對男人比較有信心——她喜歡她的叔叔——雖然爸離開後，她有不少怨恨。」

希拉芮表示自己一向對男人充滿興趣（她稱其為「他者」），但是當吉米公開男同志的身分時，她非常氣憤，因為他硬生生終結了兩人三十年的婚姻，實在太過殘忍。

對凱特和弟弟湯姆來說，最難接受的部分並非父親是同志，而是父母分開時引發了痛苦和巨大的憤怒，而且再也沒有熟悉的家可以回。希拉芮若有所思地點頭，沒有擺出防衛姿態，容許對方說出此事的真相。她用一隻手按住額頭仔細思索，一邊斟酌用字慢慢說：「我不得不放棄多年來一直給自己的各種辯解。我曾問自己『他是同性戀嗎？』甚至還問過他是否想過另一種生活，但他說『不』。」

有意思的是，希拉芮嫁給了跟父親一樣在情感上逃避的丈夫，儘管是出於不同的理由。我經常見到這種似乎違背直覺的道理：人只要沒有意識到過去造成的影響，很容易重蹈覆轍，而非有意識地做出有利於自身的選擇。希拉芮說：「所以我們又繼續在一起過了好些年，在我五十歲那年他才離開我。那很痛苦。我希望維持一個正常的家庭，不想放棄，我不想跟我媽一樣當單親媽媽。」

我們靜靜聽著她說的話。**這麼做本身就有助於維持家庭的健康：讓每個人陳述自己主觀經歷的事實，而其他人也都承認這個事實。**

她們繼續談論到吉米。我聽得出凱特的聲音裡流露出感情。這次會談談到失去爸爸，她很難平復心情，因為她前幾天打開了他的箱子，那是她多年來無法面對的。關於父親的談話，給了她力量走向記憶中的他，但這令她心痛。我開始了解吉米這個人：他在充滿打罵、貧困的家庭中長大，每天都可能遭到痛斥或責打。他盡量避免這樣對待家人，但他時不時就會爆發，正如希拉芮所說：「我們都小心翼翼，深怕激怒他。」

凱特說：「我父親是自學，有股奮力前進的渴望，我們也是。他一直在追逐機會，未曾停歉，但我認為他從未獲得一心想要的成功。」更重要的是，她們一致認為他多年來都在努力對抗自己的性傾向，但他後來發現隱瞞不了身為同性戀的事實。凱特相信這使他找到了新的歸屬和新的生活方式，但始終填補不了他從小因遭到遺棄而在內心留下的缺口。

吉米出櫃後的頭幾年，他開始了一段一個人的旅行，想找出新的生活方式。值得慶幸的是，他建立起新自我之後，在他生命的最後幾年跟她們變得更加親近。

這些對她們和男人的關係有何影響？她們咯咯地笑了起來，凱特說道：「我媽會主動跟男人示好，到現在還是，但我不會這樣。我沒有很多男性朋友。我常搞不懂約書華，可能因為是英國男人的關係吧，而我在澳洲長大，我跟澳洲男人在一起比較自在，更能做自己，因為我理解他們。」她接著說約書華在某方面像她父親，是個追尋者，總是追求關注。他會離開一陣子，然後回來需要更多關注。他非常有趣，會讓家人豐衣足食，願意「為了我們開車去南極，但他給人一種感覺，跟我爸一樣，像缺少了什麼，顯得焦躁不安。」

在他們少有的獨處時刻，他給凱特非常多關注，讓他們培養出親密感。凱特望向窗外沉思道：「這些人格特質讓人上癮，但我不太了解他。」

她是對的：**變動的獎賞、不知何時能得到渴望的東西，會讓我們上癮，一直在尋找、渴望、忖度著；而那些令人滿足的片刻又會重新啟動這個循環**。有一個心理上的觀點很有意思，說明了這種重複無意識的行為。這是由伴侶治療師兼作家哈維爾・漢瑞克斯（Harville

Hendrix）提出的理論，認為**我們希望在關係中找到某樣東西，能夠完成我們童年時未完成的事。但這多半不會成功，只是重複同樣的痛苦而已**。

我發現這家人對性別的觀點特別有趣。希拉芮十分了解情感，似乎早已知道丈夫是同性戀並隱瞞這個身分。但他多年來的否認，可能讓她對自己看人（尤其是男人）的眼光失去信心。也許是她丈夫對她的態度，讓他顯得更難理解。或者，她根本就不想知道。將男人視為「他者」，似乎是她閃避和男性交往時麻煩的那一面。自古以來，男人就是這麼對待女人的，把她們視為「他者」，就不用把她們視為同類來互動。「他者化」源自恐懼：害怕差異、無力感，但可透過好奇心來消弭：想去了解、也被人完全了解，包括神祕的部分。希拉芮和凱特都沒做到這一點。

希拉芮把頭靠在桌上，左右搖晃。我問她怎麼了，她只是說：「男人！」

凱特湊近螢幕說：「沒錯，男人！要不是有幾個女性好友，我根本活不下去。多虧跟幾個女性好友密切來往，我的婚姻才持續至今。」

她體認到一個事實：**沒有一個人能夠滿足我們所有的需求。女性好友、工作、婚姻之外的生活，都是維繫一段良好關係的要素**。她們母女倆對視，擔心她們和男人的關係可能在黛西身上重演，但她們相信黛西有更多的自覺與自信，比起她們，更能讓自己的需求獲得滿足。我點頭微笑，心想這是她們給黛西的禮物。

*

有時家庭成員一起和治療師會談是有好處和成效的，有時則最好是個別會談，兩者之間有微妙的平衡，尤其在幾代人之間更是如此。開放和誠實的溝通是家庭建立信任的基石，但這並不表示隨時都要毫不保留地坦承。父母如何知道什麼行為越界了？這很難以定義。比如說，讓小孩或年輕人目睹父母苦惱的模樣很重要，這樣他們才知道表達情緒是無妨的，但怎樣算是太超過呢？當你感到悲傷時，讓孩子安慰你是很美好的，但向孩子尋求情感支持就稍嫌過分。親職教養必須持續調整校準，進行言教與身教，而不是讓父母與孩子的角色顛倒。

凱特和我討論是否該在黛西面前說出她內心對於女兒離家的真實感受。我們都同意黛西需要知道媽媽會想念她，但不要因為凱特所承擔的痛苦而感到有負擔。我認為許多家庭內，父母會採取犧牲者的被動攻擊立場，嘴上說「別擔心我」，其實是表示「請擔心我」。

凱特和我進行了幾次一對一的會談。她登入後，有氣無力地和我打招呼，隨即開始哭，痛苦地啜泣。她不時擦擦鼻子，看著下方，搓揉眼睛，低聲說：「喔天哪！」直到這波悲傷過去。她安靜一會兒，調整呼吸，抬起頭朝我羞怯一笑：「呼！好累。」

的確是。讓悲傷在體內流動好比跳水，不論生理或心理上都經歷震盪。但這也讓她敞開心扉，去了解內心深處到底發生了什麼事。

凱特花了些時間找到適當的字眼，有時直視我的眼睛，有時看著旁邊。我得知凱特和約書華開車載黛西去大學，在車子裡試著保持愉快，聽著一首首歡快的歌曲。凱特忍住眼淚，約書華不停說話，黛西則安靜坐在後座。他們匆匆道了再見。

回程的路上，凱特面無表情、一語不發，約書華有時理解，有時露出惱怒的神色。他強調黛西進入一流大學讓他由衷自豪，對她來說真的很厲害，她一定會度過愉快的時光。凱特沒提出反駁，但感覺到失去親人的失落感。她氣他沒有像她那樣強烈地感受到悲傷。

她發現自己對約書華發飆。她知道他們在黛西青春期時，逐漸鬆綁了對黛西的控制；那時黛西試圖爭取更多自由，為了使用手機的時間、回家時間而爭吵，但如今她的離家是另一種層次的悲傷，這比過去幾年還嚴重。**凱特強烈感受到失去了依賴她的孩子，排山倒海似的空虛為她親力親為的育兒工作劃下句點**。她從母親的崗位得到認可與力量，那時她知道自己人生的目的：「我相信人生最重要的事是養育孩子，沒有比這件事更重要的了，在我的生活中沒有哪件事可以相提並論。正如我媽對我們說過，養育小孩是神聖的工作。」

我能在心裡感受到她所說的話的重要性，並且不得不拋開自我批評的念頭：我從來不曾像這樣全心投入做一名母親。

有那麼一會兒，她靠在椅子上，感受到怒氣，那是她不願意揭露的情緒。她在臉前晃動雙手，彷彿要讓發燙的手冷卻下來似的，激動地說：「我以前不知道它在那裡……我在生氣，可能沒那麼強烈。生氣，是的，我也嫉妒她正要走向世界去發現和探索新事物，而我卻在人生的另一端……。」

我佩服她有能力讓自己明白一般人通常想要否認的事實：對剛長大的孩子感到嫉妒。但向自己揭示這一點，表示她不會把氣出在摯愛的孩子身上。**這不是一種需要「修正」的感受，而是需要容許、甚至親切接納的感受，這樣才能向她傳達自己生命的珍貴**。

在我們交談的過程中，凱特時而感到深深的失落，時而感到自豪以及為人父母的成就感。她對我說，當她看著黛西，她知道自己的教養很成功，她是個優秀的孩子：敏銳、好奇、勇敢、充滿愛心又聰慧。她拭去幸福的淚水，說道：「我看著黛西和伊芙，驚訝地發現她們已經是能獨自走出去的個體，而且比我所想的更全面和平衡。她們會讓世界變得更美好。」

我發現自己望著她的眼神也流露出驕傲。我從父母那邊聽過太多罪惡感，現在聽到一名母親真心相信自己做得很好，不僅令人耳目一新也很愉快。我想，如果我們能聽到更多像這樣的聲音，也許我們都會更樂於慶祝親職的成功。

*

父親和母親的育兒工作極少達到平衡。之後的某次會談，凱特承認約書華是很棒的父親，但「他和兩個女兒的關係從未像我那麼親近。他沒辦法像我這樣深入參與女兒的生活。他認為家庭很重要，出外打拚賺錢，但對日常瑣事感到不耐煩。他感覺不到這份失落，儘管他覺得難過。」她說，有時候，他看她的眼神彷彿她瘋了——當他看到她在床上激動地啜泣，或在他開車時，發現坐在旁邊的她突然掉淚。他想讓她好過一些，但發現自己不知怎麼幫她、她也不肯讓他解決她的問題，這讓他感到有些惱火。

傳統上，父親會鼓勵孩子離家——這讓凱特有點生氣，想必很多母親也一樣。他們會溝通，也跟伊芙一塊共度週末，但是當孩子逐漸長大，兩人之間確實有不太契合的地方。凱特嘗試專注於自己的新身分，這是一種內心的拉鋸。從一方面來說，她需要了解自己的成就：「我很榮幸成為她們人生中的那個人，而現在我必須跟她們建立不同的關係。我將不停尋找像那個一樣重要的角色，但我知道我永遠找不到。我根本不太知道自己是誰。」她也知道伊芙很快就要離家。她討厭空巢這個老掉牙的詞，但家裡變得比以前安靜，讓她感到失落。另一方面，她有時也抱著希望：「我有個想法，該來的總會來，有些人似乎能夠順利重新定義自己，但我會慢慢來。肯定會有某種新生活吧。」然後她笑著說：「×的，但不會是園藝。」我們都噗哧笑了。

現今很多老一輩的人看到這一代的年輕人，會說：「我在你這個年紀已經有工作、結婚了……。」但美國心理學家傑弗瑞．亞奈特（Jeffrey Arnett）認為，年輕人得等到近三十歲才完全成為大人。當中這段期間，他稱之為「成年初顯期」（emerging adulthood）。他指出這段期間是新的發展階段，肇因於西方世界過去七十年來巨大的社會變遷，包括女權運動、婚姻與教會等社會制度的力量日漸薄弱、壽命延長、大學教育普及以支持經濟從工業轉向技術的轉變，以及日益高漲的居住成本。亞奈特認為，年輕人在這幾年間享受接下來不太可能再有的自由是正確的：嘗試新事物、探索不同的自我，在進入更安全的成年期之前會處於一種變動狀態。

我想了解湯普森家是否符合世代之間發展的規範。一九六〇年代初期的女性認為最好在二十一歲之前結婚生子。希拉芮就像她那一代大多數人，十七歲離開家。她開始了跳踢踏舞和做「極其無聊的事情」的生活，對於自己想要的人生並無計畫。她二十歲結婚，二十一歲生下凱特。凱特剛成年時，女性主義的地位已經確立，她的人生有了更多可能。

照希拉芮的說法，凱特一直都很獨立。「她還在襁褓時，我餵她吃玫瑰果糖漿，我忘不了她看我的眼神，從那麼小的時候就告訴我：『我自己作主』。」

凱特反駁道，她覺得母親會在不恰當的時候表現出無能為力的樣子，還會採取被動攻擊，希拉芮說：「唉唷！」她們習慣這樣一來一往：展現自己的意志、說出不快的事、表達感受，最後一起笑出來。但凱特提出了重要的一點：父母需要維持權力；若將權力交給孩子會讓他們不知所措，甚至會顛覆父母的角色。希拉芮承認她說得對：「我有幾次讓你非常失望，我為此後悔。」

凱特用力點頭：「對啊，你那時候做得不好，但我覺得自己二十一歲時也不會是好媽媽。」不出幾分鐘就講開了，這是一種「破裂與修復」（rupture and repair）模式，但直到我指出來，她們才發現「講開」讓她們感到放心。「破裂與修復」是心理學詞彙，描述常見於關係中的狀態：有破裂，之後透過承認來重新連結。**造成永久創傷的不是破裂，而是沒有修復，尤其是母親對孩子做出的修復**。凱特咧開嘴對母親笑，輕戳她的手臂說：「真的，我們從來沒有鬧翻。」

凱特說起她從青少年變成大人的經歷。她十八歲離家，去倫敦照看她外婆，跟男友一起住在一間空屋裡。母女倆回顧這段往事時都有點震驚，凱特了解到她那時跑到地球另一端，沒想過父母的感受，而且一連幾個月沒跟父母聯絡。希拉芮說道：「天知道她當時有多大風險。我真的很幸運。」

凱特說那幾年十分混亂，當時遇到的危機主要跟男人有關，但她並沒有想太多，因此反而在某種程度上得到了保護。她不去想自己是誰的問題，而是一邊過生活，一邊決定要成為什麼樣的人。這一點很有趣也很複雜，但我那時沒看出來。不去想太多讓她可免於對自己的處境感到恐懼，但這也有風險，這可能反映了她缺乏內在的自我保護和照顧。這並沒有簡單的答案，人生一點也不簡單，而風險和安全之間的平衡很難拿捏。我們有時候必須按個別情況在兩者之間折衝。

她們都在想，千禧世代的人是否擔心太多，沒「膽量」跳進人生的鍋爐裡。曾身為新聞記者，凱特的工作滿恐怖的，像是乘坐雲霄飛車，要應付難搞的上司、奮力找到自己的位置，遇到低潮時也保持信心，才會有勝利的時刻。她常覺得自己只是僥倖，但也很樂意承認自己的成功。她對過去的自己有些感嘆，好像看著一個陌生人：「我已失去了成功的身分。我很愛當母親，但這削弱了我做其他事情的信心。」

研究顯示，對於完全離開職場的女性來說，以後要重返職場會很困難，先從兼職開始，之後再找全職工作會比較容易。但凱特不打算這麼做。她不想同時兼顧母職和工作，也不願腦子裡不斷縈繞著「壞媽媽、壞員工」的斥責聲，但她也覺得自己很幸運，能夠去做選擇。她在思考重返職場時，有了新的看法：重新經營她的工作身分如同攀登大山，她得拿出勇氣。

希拉芮用一句俏皮話結束了這次會談：「如果我做過了，你也可以。」雖然我不知道這算是吐槽還是一種鼓勵。

凱特回嘴道：「媽，那都幾十年前了，現在是完全不同的世界。」

孩子離家不光是影響到父母，整個家庭的基礎都會受到影響。凱特注意到，黛西離開以後，伊芙想要重新界定有別於姐姐的身分：換學校，走自己的路。有趣的是，手足可透過彼此的關係來塑造各自的身分，不論彼此是敵對、對立或追隨的關係，而且可能就此定型。凱特停頓了一下，說道：「也許我跟伊芙一樣想改變……我突然覺得換個環境應該不錯。」

我對於接下來的發展略感不安。我想她有可能追隨父親的腳步，飛去紐約。這麼想顯示出我的偏見：我本能的反應是希望家人都在一起。

但其實我不需要擔心。

「我從父母身上學到該如何改變，」凱特繼續說，「他們有過沮喪的時期，也許就是我現在的感覺，但他們對生活充滿熱情，總是可以看到光明面，這對我弟弟和我來說有種保護力。他們經歷了黑暗，然後走向光明，我知道我也可以的。」

凱特談及此事時，既充滿信心又帶些感傷，那一刻我們都知道她一定會找到出路。過程中可能有痛苦，很可能要花上比預期更久的時間；但她父母為她樹立的榜樣，讓她能看到未來。**父母的生活方式，遠比他們所說的話，更能深植在孩子身上**。我經常看到父母對孩子說「我只希望你快樂」，但孩子若從未見過「快樂」，又怎麼會知道它是什麼樣子呢？

＊

凱特有了一些進展，但這個家該如何重新配置才能運作，仍有待努力。我和希拉芮、凱特會談，黛西並未加入，她忙著過大學生活。她們去牛津看她，希拉芮用帶著敬意的語氣說：「我覺得祖先走在我後面，在格拉司哥當清潔女工的外婆、在倫敦圖廳區當看護的母親，而我對她們說：『看，看！』我感覺到黛西變得不一樣了，才三個星期，她就有了改變。你可以看出她已經開始過自己的生活。」

她說話時，我感受到她話中的含意，而凱特點點頭說：「感覺有點不安，她看我們的眼光確實有點不同了。」

我注意到，**在黛西益趨成熟的同時，她的母親和外婆明白她們在她心中的位置變小了，她不再像以前那樣需要她們。然而，她身上繼承了前幾代的力量。**凱特既悲傷又欣慰，體認到她們必須找到不同的方式來建立彼此的關係。凱特撫弄著戒指，彷彿在檢驗心中的想法：在某種程度上來說，她也解脫了，她的大部分工作已經完成。

但她覺得困惑——當然，有困惑就表示進入了改變的過程：在放手與堅持之間不斷徘徊。過去的幾週並不順利。黛西有時哭著打電話回來，擔心課業或需要某樣東西，凱特會立刻幫她處理好問題。但接下來一連多日沒有她的消息，凱特開始想像發生了糟糕的事，利用iPhone的追蹤功能確定她還在城市裡。在我看來，這樣侵犯了黛西的隱私，但她們之前已說好可以這麼做，這也讓黛西覺得有安全感，知道母親找得到她。

希拉芮難掩興奮地表示黛西打過電話給她。她在一家商店外頭，想尋求買東西的建議。

「那是我最驕傲的時刻之一。」

我以為凱特會嫉妒甚至覺得受傷——同世代或不同世代之間對於愛和關注的競爭，可能會潛在破壞家庭生活。但湯普森家的人並不會。凱特回道：「這表示她知道怎麼照顧自己。她求助於外婆，因為約書華和我比較忙，但我媽像是定錨，無條件地愛她。我覺得這樣很好。」

希拉芮微笑時，我察覺到她挺起了胸膛。接著她便開口問凱特，她的母親艾爾西是否也有相似的重要功能。儘管希拉芮對於黛西跟她親近十分高興，她並非只想到自己，而是表現出對女兒的關心和溫暖。

這微小的片刻顯示出家庭模式可以重新調整，而彼此之間仍保有深刻的愛。凱特笑了，每當提到艾爾西，兩人都會笑。她說：「外婆瘋得厲害，但我的確在她身上找到了安慰。我喜歡去她家。如今回想起來，我發現有她是一件多麼棒的事，雖然我很難跟她聊些什麼，她話超多的！」

希拉芮皺眉，擔心自己是否也講太多，凱特告訴她不會。這種交流顯示出我們真的不需要完美；恰恰相反，我們就算「瘋得厲害」也沒關係，只要基本上有愛就可以。當這份愛是從善意出發，就是值得信任的，即使犯了許多錯也能承受。

*

之後的幾個星期，凱特向伊芙尋求安慰，享受照顧她的樂趣。兩人一起看電視，烹調溫馨的晚餐。但她在描述這些時，她想到伊芙以後也會離家，眼中泛起了淚光。希拉芮輕撫她的手臂，兩人在此刻心意相通，體會到女兒長大後離家的滋味。那輕輕一碰彷彿在凱特心中點燃了新的連結。她突然精神一振，對我說自己正在上一門諮商課程。短短幾分鐘內，她恣意表達悲傷，感受到母親的愛給了她支持，然後尋找新的生存之道。

人們很容易低估父母和成年子女之間的關係可以多麼持久和愉快。黛西讀大學時的行為和她母親如出一轍。她會哭著打電話回家，得到安慰後重振精神。凱特擔心黛西周圍都是聰明的同儕，她該如何維持學業與保持自信。希拉芮認為大學不只是衡量黛西的學業能力，也評估她是否足以自律。她們興致勃勃地談論從原本的貧困背景躍升到牛津「夢想的尖塔」的社會流動。凱特的臉湊向螢幕，彷彿在說這個訊息有多重要：「我父親的祖父是被領養的，不識字，是一生貧苦的礦工。但我父親一心想往上爬，也有勇氣去實現。他克服了自身的恐懼。他自學又白手起家，為了拓展生意帶著我們去澳洲。我父母的個性有很多面，但始終給我們安全感，他們有著非比尋常的生命力，而且……」她遲疑了一下，眼裡噙著淚水，看著對她微笑的母親，「你也一樣……你把它給了我，黛西也有，她也有那股力量。」她們互相抱了對方。

希拉芮展現出這種性格的力量，說起她迷上線上拼字遊戲，還提到比她大一歲的男人即將成為世上最有權勢的人：「如果拜登需要午睡怎麼辦？」

她藉此提起最近一直在想的事：「我人生的下一章是死亡。」她討厭人們說「心態年輕，人就年輕」，好像衰老是一種病。她厭惡像演員珍・芳達（Jane Fonda）那樣的人，她想看到衰老的臉，而不是把變老的臉藏起來，彷彿有多糟糕似的。她語重心長地說：「我想感受自己的年紀。我活了這麼多年，得到了一些智慧，你一定可以從我這邊挖掘出一些東西。」

凱特看起來極為難過，張嘴想說話，眼淚卻流下來，語不成聲。希拉芮撫摸她的手臂，繼續說出內心的想法。她噘著嘴唇，一手撐住下巴，表示她不怕死亡，但或許害怕垂死的感覺。她是「尊嚴死亡」（Dying with Dignity）組織的會員，不想因阿茲海默症而緩慢、悲慘地死去。她想要火化，讓自己的骨灰跟她母親和她們的狗的骨灰（兩者的骨灰罐放在她家的廚房裡——想不到有那麼多人選擇不灑骨灰），一起埋在某個林間墓地的樹下。

她有些不耐煩地轉向凱特說：「這些你都知道，東西都在你那裡，授權書啦、葬禮什麼的。」語氣就像在說明雞肉料理的做法。

凱特的臉漲紅，對她說：「你要是死了，我會受不了。你有時候讓人厭煩，但我只有跟你在一起時才能做自己。我們有共通的語言，經常一起歡笑。我的整個人生都與你有關。」

希拉芮看起來滿開心，但也有點不自在。有時候聽到自己最想聽的話很痛苦，只有在事後才能接受，但我知道她會覺得暖心。在我看來，儘管希拉芮有情感交流的能力，但她那個世代習慣壓抑內心深處的感受。這場談話很困難，但很重要，因為凱特日後就不會懊悔當初沒有這樣說，也為日後的談話鋪路。

*

黛西返家過聖誕節假期時，我們有幾次會談。新冠疫情越趨猛烈，黛西覺得自己已經正式邁入成年，卻只能被關在家裡。防疫的規定讓約書華和凱特之間的關係變得緊繃；約書華顯得焦躁，不斷確認新聞和統計數字，用 Zoom 開線上會議時音量很大。黛西覺得跟父母待在一起很難熬。當凱特和伊芙出現確診症狀時，黛西去了外婆家。希拉芮很高興有她在身邊。

凱特反覆撥弄耳環，看得出情緒波動。「當我去接她時，很高興她要回家了，可以看著她的臉……。」

黛西直視著我，然後用溫和而自信的口吻對母親說：「我跟你說過，學期結束時我回到家，覺得被忽視了，但現在沒事了。那時我覺得生氣，因為我本來可以留在學校，那邊還比較好玩。」

凱特臉紅道：「你看起來不太想跟我們溝通。你要是不傳訊息，我就很不安。那種感覺很奇怪。十八年來，我都知道你在哪裡、在做什麼，不管白天或晚上。所以這對我來說很難。現在我的手機晚上也開著，總是會擔心你。」

黛西插嘴說凱特本來就一直開著手機，但凱特說：「不，只有當你在外面時，我才會開著，否則不會這樣。但在我往後的人生裡，你都在外面了……。」凱特的臉沉了下來，黛西態度軟化道：「我能理解你很傷心。」

我注意到凱特越是焦躁，黛西就越難守住她們之間的界限，但凱特還是會平衡自己，然後她們就會重回正軌。凱特說，少了黛西，家人的凝聚力減弱了。全家人不再坐下來一起吃飯，大家都很想念她的活潑和朝氣。一個額外的好處是，雖然伊芙想念姐姐，但現在媽媽只屬於她一人。凱特指出：「一旦手足間的競爭消失後，她變得更隨和了。」

我可以看到她們試著尋找新的家庭動力，公開且誠實地說出內心感受。**我們如何表達自己的感受和需求非常重要，只要能清楚表達，痛苦和怨恨就會消失**。怨恨是家庭內無聲的毒藥，我最常見到的情況是在母女之間——母親以戲劇性的語氣說：「我把一生都給了你，現在你卻根本不在乎我了。」孩子則生氣地回答：「我又沒要你生下我，是你自找的！」當這種互動模式變得根深柢固時，嫌隙會加深，愛變成了恨。這對每個人來說都很痛苦。

湯普森家的女性藉由說出想法，找到了新的平衡。凱特發現下次可以用卡片和包裹進行不同的溝通。她傳達出的訊息是：你需要自己的空間，而我一直都會在這裡。

對父母來說，既想抓住又想放手的心態很強烈，迫使他們去適應。表面上看不出情緒，但話語裡潛藏著內心的動盪。**學會分開生活但維持連結，保持界限並允許差異，這是一項複雜的工作**，在分離後重新進入家庭也是如此。黛西想離開家，取得文憑、找到新的身分，而不是某人的女兒或姐姐。與此同時，一部分的她想要獲得讚賞、珍惜，而且最重要的是，被人放在心裡。對凱特來說，**黛西的離家帶給她被拋棄的刺痛，隱含不再被愛的恐懼**。或許這種心情讓她很難在黛西回家時表現出歡欣。

現在想想，黛西去跟希拉芮住似乎是對的，外婆很寵她，但若換成母親，她會覺得被當成長不大的小孩。孫子女和祖父母的關係比較沒那麼緊張。正如希拉芮所說：「我已經完成為人父母的工作，也犯過錯。我認為育兒是一項重大的責任，但人們經常把它看得太容易。凱特認真看待它，我非常以她為榮。現在我有了後見之明，可以做一個好外婆。當外婆輕鬆多了，責任小得多，沒那麼焦慮，痛苦也少了許多。」

是的，育兒很痛苦：當我們愛得最深，受傷也最重。在那個時候，希拉芮的家就是黛西該待的地方。祖父母穩定的愛是禮物，但極少孫子女體認到這一點。從跨世代的觀點來看，凱特很喜歡她的外婆，看到自己的女兒從類似的關係中受益，她也由衷感到高興。

封城尚未結束，黛西回家後變得更焦慮。她發現少了同儕的支持，課業變得越趨沉重，也對自己的身分感到困惑——在身為學生的新自我和身為家中小孩的舊自我之間擺盪。她的新羽翼被驟然剪斷，她對我們說：「我常覺得難過，在家感到窒息……但也安全。」她的聲音很小，說著便哭了，她立刻抹去眼淚，為哭泣道歉，說道：「我覺得迷惘，好像透過玻璃看世界……但我知道我已經很幸運了。」

希拉芮和凱特對她說，她的感受是正常且健康的。她們在她不安時給她安穩的力量。儘管她們的關係無法解決疫情帶來的後果，但她們退而求其次，提供她支持，相信當世界再次開放時，她將處於很好的狀態，去重新掌控自己的生活。

正如嘉柏・麥特（Gabor Maté）醫師在《抓住你的孩子》（*Hold On to Your Kids*，暫譯）一書中寫道：「以建立穩固關係為前提的父母憑直覺撫育孩子……他們根據理解和同理心採取行動。」我在湯普森家三代女性身上看到這種體現。希拉芮的話足以概括這一點：「家庭是強大的重心，家人都知道彼此屬於對方。」它界定了歸屬感，是心理健康的要素。

*

湯普森家的人並非為了解決家庭危機來找我。我見到的這三代女性有著充滿愛與緊密的連結，她們用這種紐帶來探索孩子離開家庭、尋找成人身分的苦樂參半的變化。

這場治療揭示了面對孩子離家感到失落時，基本上該做的事。**父母需要小心拿捏平衡，既要給予年輕成年人呼吸和嘗試的空間，也要讓他們知道這個家始終是自己的根，但又不致對父母感到虧欠，或擔心關係生變。**這表示成年子女與父母之間更新了契約，也與仍住家中的手足更新了契約：隨著家庭動力的重新形成，我們的新關係會是什麼樣子？而父母必須面對身分上的變化，努力填補生活中的缺口，找到新的目標、自尊和價值感。

在湯普森家的例子中，第二個問題是凱特最大的挑戰。為了讓自己有能力填補缺口，她得提醒自己要拿出源自於母親和令人懷念的外婆的「女力」，以獲得力量和勇氣，努力走向不同的未來，也讓女兒向前邁進，不需要頻頻回顧過去。

或許這就是我討厭「空巢」一詞的原因。**健康家庭中的巢絕不會變空，而是充滿了過往親子關係的精神，這讓每一個新世代都能展翅飛翔。**

泰勒與史密斯家

當繼親家庭的關係建立在既有衝突上時，該如何找到和諧？

個案背景

泰勒與史密斯家的人包括：保羅・泰勒（Paul Taylor），三十七歲的肉商，他的前伴侶茱莉・史密斯（Julie Smith），三十六歲的私人助理，以及兩個兒子：丹（Dan），十八歲；艾胥利（Ashley），十六歲。兩人已分居十年。茱莉有小孩的監護權，孩子在週末和假日時會跟保羅見面。保羅和莎曼珊（Samantha）同住，兩人有個九歲的女兒多麗（Dolly）。茱莉和伴侶查理（Charlie）同住，之前有嚴重的財務問題，造成極大的壓力，但隨著小孩長大，茱莉可以去上班，財務問題大致上已獲解決。他們來諮商的原因是艾胥利去跟保羅和莎曼珊共度聖誕後，脾氣開始失控，兩家多年來的衝突和緊張態勢因而一觸即發。丹已搬到柏林居住，保羅與茱莉擔心若是找不到辦法化解這些根深柢固的衝突，艾胥利也會離開。

每個家庭都有故事，訴說著自身的愛與連結，以及傷痕與痛楚；但某些家庭的故事比較複雜。泰勒家和史密斯家的故事，就落在偏向複雜的光譜端。

第一次會談時，我面前的三個人都避免注視對方，也不看我，我的心猶如被鉛塊壓住一般沉重。我得提醒自己要呼吸。保羅臭著一張臉看我。他肩膀寬闊，身材高大，時不時把紅褐色的頭髮撥向耳後，氣色紅潤的臉占滿了螢幕。我憑直覺知道，在那張臭臉底下是個可愛的男孩，經常有深刻的感受，粗獷的外表掩飾了內心的敏感。他說話時，我發現他稚氣的笑容和帶著疑惑的綠色眼珠，有某種迷人的魅力。我問他，來找我諮商的目的是什麼。他說自己已經和茱莉分居十年，「情況還是跟剛分居時一樣糟糕，而聖誕節的事讓我忍無可忍。我討厭聖誕節。」

茱莉點點頭，她緊抿雙唇，目光咄咄逼人，低聲說：「該死的聖誕節。」她開口說話時，脖子上的多串項鍊叮叮噹噹地響著。保羅低聲說了一句話就閉上嘴巴（我聽不太清楚他的話，但我猜大概是說這是他們倆唯一同意的事）。我想，**心中有恨是沉重的負擔，它阻礙了其他所有的感覺**。我同情他們，希望至少能夠減輕這份恨意。

我從他們口中得知，在保羅和莎曼珊家裡共進聖誕午餐時，艾胥利大發脾氣，因為莎曼珊的母親彷彿將他視為「隱形人」。茱莉咬著指甲，她的大拇指和手腕上有漂亮的蝴蝶刺青。烏黑的頭髮梳成辮子，襯托出下巴的稜角和象牙白的膚色，雙耳戴著多個銀色耳環，畫了時髦的黑眼線，相當吸睛。

當我知道她才三十六歲，卻有十八歲和十六歲的兒子時，我感到有點吃驚。這種情況對我來說並不常有，因為我在「國民保健署」（NHS）的產科部門工作時，見到的都是想生出第一胎的三十六歲女人。

我希望，既然保羅與茱莉算是相對年輕，或許比年紀較長的伴侶更具適應能力，這是人們擁有美好人生的關鍵原則之一。茱莉顯然脾氣猛烈，我知道自己必須保持鎮定，對保羅看似的「弱點」展現同理心，而不是評判。我得留意不要有先入為主的看法。我知道我對那些感覺很容易相處但選擇走阻力最小的路的男人有偏見。這種男人不為自己的行為後果承擔責任，只希望事情會「自行解決」。當然事情並不會自行解決，於是造成更多傷害。

我表示他們都遭受了很多痛苦，並說我希望創造一個能使他們以不那麼痛苦的方式一起合作的環境。兩人聽到這句話都鬆了口氣，稍微釋放出緊繃情緒，因為有人看到了他們的痛苦。讓我始終感到驚訝的是，**被允許表達感受會帶來很大的力量**。許多人仍然覺得感到痛苦是丟臉的事，彷彿代表了一個人的失敗。

我還希望兩人以我為媒介，說出他們的故事時，能夠開始卸下心防，對彼此的經驗抱持開放態度。茱莉一直以來只透過負面的模式表達感受，覺得受傷就辱罵人。保羅也一樣，他的行為模式是停止溝通。這意味著雙方均未確認對方的生命經驗，也就是排除了各自敘事的完整面向。**修復的可能性在於：兩人可以共同創造一份共享的敘事，納入彼此之間的差異和諸多面向。先試著不把對方視為「壞人」，兩人或許能建立新的合作關係，協力做好父母的角色。**

*

長子丹自從半年前搬去德國柏林後，幾乎跟父母斷絕聯繫。他離開時希望發展自己的音樂生涯，儘管他長期抽大麻。我注意到，他透過這種行為找到了一種情感和物理上的逃避。也許他年紀輕輕就離開家，足以促使父母採取不同做法，來改善彼此的關係。

弟弟艾胥利像母親一樣膚色白、髮色深。那時是上午十一點，他才剛睡醒，還穿著睡衣。艾胥利快速飄移的綠色眼珠像父親，流露出緊張神色，或許他感到不安。他的嘴唇線條顯示出他在生氣。我想他內心的世界並不平靜。

我們希望自己的情緒是簡單、容易辨別的，但通常我們會同時感受到多種情緒。我們知道自己心情很差，卻無法描述發生了什麼。儘管已經過了十年，艾胥利可能仍因父母分開感到受傷，他仍對此事代表的意義感到生氣，對各方交戰感到困惑，對自己無法擁有想要的家庭生活感到憤怒。他要跟同父異母的妹妹多麗爭奪父母的關注，還得學著長大，找到自我認同。

我在初步會談時跟保羅與茱莉討論過，讓艾胥利加入對他來說是否有好處。當他親眼看到父母爭吵，有可能受到二次傷害。但是保羅與茱莉希望他能在場。繼聖誕節那次大暴走之後，是艾胥利開口說要接受心理治療。他受到同儕的影響，了解心理健康的重要性，也知道自己需要改變。他無法忍受父母仍然互相憎恨。

雖然他父母知道艾胥利可以做個別治療，但他們明白他的煩惱大多跟他們有關。他們希望他能參與修復的過程。我認為這對父母的反應顯示出令人佩服的情緒智商。我向督導尋求忠告，我們都認為只要建立有效的界限，所有人都可能從中獲益。

我們提到保羅這十年來的伴侶莎曼珊。保羅與茱莉都認為她不需要加入治療；他們倆得釐清彼此之間的問題，並希望她也能受益。茱莉的伴侶查理顯然也很重要。他和丹、艾胥利相處融洽，而且因為他和茱莉沒有小孩（有小孩會讓事情變得複雜），所以目前不必把注意力放在他身上。

我從保羅的話推測，莎曼珊一開始是在不斷試探中找到自己的位置。身為丹和艾胥利的繼母，她不只需要經營新的伴侶關係，還得找出和繼子相處的方式。她要扮演什麼角色？她不能直接管教兒子，他們不是她生的，卻跟她住在一起，就在她身邊，還把家裡弄亂（即使只有週末）。莎曼珊似乎覺得他們闖入她和保羅之間：保羅只有星期日休假，而她只能跟他們共享這一點時間。莎曼珊生下多麗之後，更加感受到丹和艾胥利的威脅。至於茱莉，金錢的匱乏和保羅的時間都是非常現實的挑戰。

儘管人們經常會設法包容前任伴侶和繼親關係，但內心有一部分仍希望能消除危及關係的任何威脅。我們是動物，而在荒野中，新的雄性伴侶會殺死雌性動物的後代。根據「馬斯克·

普朗克學會」（Max Planck Society）的新研究顯示，「在動物界，雌性動物在面臨嚴苛情況、發現撫育後代的代價太高時，更可能殺死幼崽。」我想，這種本能的反應深植於生物機制中。我們會壓抑它，卻在不知不覺中表現出來。

*

我通常會在初次會談時問案主：「你小時候不高興時會去找誰？現在又是找誰？」我也會問案主，在壓力大時，會做些什麼事來安撫自己。

茱莉說話口吻顯得惱怒，她不想直接觸及內心脆弱的部分。「我真的很愛爺爺，但不常去找他。現在是伴侶查理，我的狗拉法也是一大安慰，我會把牠抱在膝上撫摸牠，或帶牠去散步。我比較愛狗，小時候每天都有好幾個小時跟家裡的狗吉利在一起。」

保羅則說：「我想我小時候沒有去找過誰，有時會找媽或爸，要看發生了什麼事。現在會找莎曼珊。不過，說實話，不管我有沒有壓力，都會玩線上遊戲，就像小時候一樣。」

我很想聽聽艾胥利怎麼說。「我媽和拉法。」我覺得他不敢說太多，深恐話語和感受從內心傾洩而出，而他不知道要拿它們怎麼辦。

他們的答覆雖然簡短，卻像一道門，讓我能了解他們的內心世界。**我們天生就有與人建立連結的需求，當人生順遂時，這些連結能幫助我們成長茁壯，而當人生艱困時更需要連結。**絕對不要低估寵物的重要性，牠們能撫慰痛苦的主人。在大部分情況下，牠們給予安靜的陪伴、展現關愛、帶來好心情，而且很單純，能給我們安慰和繼續前進的力量。雖說他們至少有一、兩個人和一隻狗可以倚賴，但這只是最低限度的支持。

茱莉怒氣沖沖地說，他們之所以預約諮商，是因為艾胥利在父親家吃聖誕大餐時憤然離席。

我望著艾胥利，問他怎麼回事。他久久不說話，垂著頭，手撥弄著袖子。茱莉一臉無奈地看著他，連連大聲嘆氣。最後，他開口說話，吞吞吐吐的，聲音幾乎聽不到。但我不想對他說「大聲一點」，以免他更加不安。我注意到他怯於表達己見，或許反映出他這些年來一直保持沉默，把沒人想聽的話語和感受都嚥下去。

他說：「聽起來滿蠢的，外婆沒給我半分錢，但我有看到她給多麗錢。我不知道……我只能跑出去。」外婆是指莎曼珊的母親派蒂（Patty）。

茱莉再也忍不住內心翻騰的情緒：「那個外婆是差勁的女人，跟她女兒一樣。」茱莉隔著螢幕指著保羅問：「為什麼你解決不了這件事？你每兩年才跟孩子過一次節，每次莎曼珊跟她媽都把孩子當成二等公民對待。老天，他們是你的小孩耶。想辦法解決吧。她們從丹和艾胥利小時候就認識他們了，是有什麼毛病啊？」

保羅沒說話，眼神冷漠。他的沉默讓茱莉覺得更加挫折，她搖著頭咬牙切齒地說：「喔老天！你老是這樣，什麼也不做，什麼也不說，完全沒有！」

在他們的故事中，我注意到不同的家庭成員是如何處理不舒服的感受。茱莉很生氣，要求保羅設法解決事情，而不是幫助艾胥利處理他的情緒。茱莉對此感到無力，除了責怪別人無計可施。艾胥利透過生氣、拒絕溝通來表現情緒，因為他母親沒有教他如何處理情緒，因此仰賴茱莉為他發聲。保羅變得沉默，或許是因為他從茱莉身上或小時候從他父母那裡學到，這是最不會引起爭議的選擇。

保羅與茱莉在一起的時候並未找到有效溝通的方式，而且這些年來，兩人溝通的能力益發薄弱，根本找不到共同養育孩子的方式。兩人的關係只剩下謾罵、憤怒和不信任，遑論展開任何對話。在我看來，顯然艾胥利、派蒂和莎曼珊之間的糾紛不只跟他們本身有關，而是保羅與茱莉之間衝突的延伸，且艾胥利陷入了忠誠困境：如果他和莎曼珊親近，就覺得自己對母親不忠心；但如果他和莎曼珊作對，就會跟她處不好。

家庭的健全取決於每位成員之間的關係好壞，不論是否住在一起。在分居家庭中，父母的衝突及其對共同養育造成的負面影響，預示了孩子日後會有不良的結果。我理解到這一點後，便明白我們的治療方向不是情緒表達和巨大心理轉變，因為缺乏情緒上的安全感，當事人甚至沒有意識到此一需要。如果我們能簡單改善保羅與茱莉的溝通方式——不要在為孩子做決定，或者跟孩子共同做決定時，都大吵一架——便是往正確方向邁進了一大步。有一點很重要：**兩人不再自責，也不再責怪對方**。我開始思考要達到這個目標，該怎麼做最好。

*

茱莉的個性難以捉摸。父母為她奠定的情感基礎支離破碎且缺乏安全感。在她還小時，父親就拋下家庭，而母親嚴重酗酒。**茱莉逐漸發展出某些應對機制，包括表現得剛強和具攻擊性，不允許自己展現脆弱的一面**。她目前為止只讓我看到這一面。她的童年經驗預示了她和保羅的關係會走到這一步：她選擇了一個無法給她想要事物的人，生活在持續不穩定的狀態中。我在想，也許在某個時候茱莉需要去面對這個創傷：遭到遺棄在她身上留下難以磨滅的傷痕，但這無法透過此次的家庭治療來處理。

不過，隨著她日益成熟，她已大致上克服了這種逆境。她沒有成癮——成癮是應對童年創傷的常見方式，很可能發生在她身上，畢竟她母親是酒鬼。此外，她有決心甚至有自信接受培訓，找到一份不錯的工作。目前她和摯愛的伴侶查理在一起。

下一次的會談一開始，我說出了內心的困惑。茱莉咯咯笑了出來，粗嘎的聲音富於感染力，我看到保羅和艾胥利都露出了微笑。「哈，就像你說的，我遇到很多糟糕的事，自己都不明白為什麼……。」我問她，人生當中是否有哪些人或經驗給了她正面的影響。「嗯，就像我之前說的，就是我爺爺。他在我十七歲時過世了。他住得有點遠，但我有時放假會去他那邊……我很愛去。他以前是軍人，很嚴厲，抽著菸斗，但他其實心超軟。他愛自己的菜園，我會跟他一起澆肥、挖土、除草。我到現在還喜歡手上有泥土的氣味。」

她臉上綻現溫柔的神色，整個人回到了愉快的過往。這提醒了我，每個人都有許多面向：那個「被疼愛的孫女」經常躲在她狂烈的自我底下，而她發展出那樣的自我是為了保護內心的脆弱。但那個「孫女」仍在那裡，她找得到「她」，而這麼做讓她變得心胸開放和情感豐富。我腦中的燈光亮了起來：這正是愛的源頭，讓她能夠去愛孩子和查理。

要讓人生的結果變好，只需要生命中有一個重要的人給予保護、對我們有信心，不論那個人是老師、上司或良師益友。擁有越多這種人越好，但有一個便已足夠。此外，茱莉曾在超市上班，那裡的經理也影響了她。他在她身上看到某種特質，對她有信心，還在她生下丹以及和丈夫分開之後，鼓勵她回大學念書。他始終勉勵她繼續前進，幸運的是，她也接受了他對她的信念。

身為繼子女很辛苦。我記得有個年輕女孩曾對我說：「我得跟不太喜歡的陌生人住在一起，她盯著我吃什麼、穿什麼，還搶走我爸！而我爸叫我要對她好一點。」這些話總結了丹和艾胥利的經驗。茱莉身為前任伴侶，必須讓孩子進入另外一個家，忍受他們週末不在身邊。她心中希望他們過得快樂，但她大概沒意識到她要孩子的心向著她、跟莎曼珊唱反調，造成了他們之間的衝突。

我知道這是繼親家庭常見的狀況，總有人被排斥並為此生氣。我想要改變他們之間這種有毒的模式，但我知道這很困難，後續的干預不太可能成功。我希望他們能夠發展出新的相處之道，以充分理解目前情況為前提，打破隔閡並相互尊重，進而促進雙方家庭的合作，而不是造成衝突。

我沒有認為任何人是好的或壞的，這是我訓練的基礎。但並非總是如此。我的主觀經驗也影響著我，難免有偏見或強烈的反應。我想深入探索繼親家庭，揭開充滿迷思的表象，因為我察覺到自己正落入陷阱：父親總是軟弱或缺席，母親既是受害者也是糾纏不休的惡婆娘，繼母是邪惡的女巫，而好一點的繼父是無能，糟糕的繼父則是惡霸。

某種程度上，**繼親家庭的難處跟人們受到威脅的反應很像，會產生痛苦的情緒，而我們的內心需要被愛、找到歸屬。**

*

我想最好先別直接談論目前的危機，讓每個人先退一步思考問題，分別告訴我來找我的原因。我希望透過他們說出自身的故事，跟我建立出信任感，也許還讓他們有機會以一種前所未有的方式傾聽彼此。有時候，公開討論事情的經過跟找出答案一樣重要。**這個家庭大部分的經歷都藏在沒說出來的規則和執念當中。我希望透過集體聆聽，可以讓過去看不到的東西變得清楚。**

若我們無法從對方的角度看事情，很難建立起關係。以茱莉來說，她陷在痛苦中，誰的意見她都聽不進去。當他們知道自己的話有被聽見和被理解（至少我有理解，即使他們彼此之間尚無法理解），就能打破這個家慣有的傾聽和互動模式。這會讓他們產生一種被傾聽的感覺，也是我希望他們能為彼此做的事。

一開始，我很難拼湊這家人故事的全貌，因為保羅說到一半，就被茱莉狠狠打斷。她積了十年的怒氣需要宣洩，而保羅被迫面對自己十年來試圖躲避的憤怒。我經常不得不讓他們停下來，因為他們的炮火越來越猛烈，然後教他們基本的傾聽技巧：要求他們回想剛才聽到對方說了什麼。兩人不喜歡這種做法，但很快就學會了，讓緊繃的氣氛趨於緩和。

我了解到，在保羅十九歲、茱莉十八歲那年，兩人開始交往，那是在她爺爺過世不久後。保羅說起他們早年充滿心動的時刻：「我不敢相信她是我的女朋友，我為她神魂顛倒。她美極了。」

他說話時，茱莉點頭，咬住嘴唇。她不小心懷了丹，兩人都不想墮胎。保羅搬進茱莉母親的家裡，「他們湊合著過了幾年的日子。」聽到這句話，我眼前浮現一棟根基薄弱的房子。這對夫婦沒時間打好基礎，因為他們年紀太輕，而她太快懷孕。他們還來不及了解自己是誰、喜歡做什麼事、彼此的異同，還有最重要的是：兩人適合在一起嗎？

孩子大多由茱莉的母親瑪麗照顧，好讓茱莉回大學念書，同時在超市打工。保羅在父親的肉鋪幫忙，那是家族生意，他母親整天在店內工作，處理帳目，沒照顧她的孫兒，這是他們早期衝突的根源。保羅形容自己的家算是「傳統，我們會遵守規則。對我父母來說，婚姻和家庭是人生的一切……我爸教導我自立，努力工作。」

她懷上艾胥利以後，麻煩隨之而來。她母親非常火大，多一個嬰兒表示開銷增加，得花更多心力照顧。她有次酒醉發飆，對他們吼道：「滾出我家！」

保羅與茱莉租下一間很小的公寓，艾胥利在這裡出生。多出一個孩子，又少了母親幫忙，表示茱莉得放棄工作。當茱莉說起那段日子時，下巴變得僵硬。她開始說：「就是那段時間，我失去了……」她看到艾胥利驚訝地瞥她一眼，她停頓了一下後聳聳肩，繼續說：「我那時失去了自我……失去了我自己。保羅一直都在工作，但收入只比基本工資高一點。我沒錢，還有兩個小孩榨乾我的精力……確實如此。」我聽到她語氣中的殘酷，背脊一陣發涼。我想任何母親應該都有過茱莉的情緒，但她的情緒卻未隨著時間改變。

保羅出面打圓場，臉上微帶笑意：「沒這麼糟啦。」

茱莉哼了一聲：「對你來說當然不會啦。你還是有自己的人生。」這一刻很有意思，顯示出他們互動的其中一個面向。她心中充滿了正義的怨恨，她為了母職犧牲了很多。雖然她愛孩子，但她身為母親付出了不公平的代價，遠比保羅多。不光是日復一日照顧孩子很乏味，而且育兒工作是「隨時待命」的：無形的勞動偷走了她好幾年的歲月，以及她的職場身分，讓她無法自己賺錢。

有這種感受的父母絕非只有茱莉一人。線上論壇 mother.ly 的二〇一九年母職調查報告顯示，高達六一％的受訪母親表示，「處理大部分家務的職責落在她們身上；六二％的母親表示，一天當中屬於自己的時間不到一小時。」

對茱莉而言，無力感每天都在折磨她，而每一次折磨都增添了痛苦。保羅不知如何面對她強烈的情緒，他試著迴避，希望情況能夠好轉，但當然只是加深她的怨恨而已。與此同時，艾胥利接收了他們爭執的負能量，感到受傷且被捲入其中，讓他不知所措。接下來幾星期要把重點放在艾胥利（他歪著頭靠在手肘上）承受的心理負擔上。

就我所知，幾年來保羅與茱莉的爭執次數變多，卻從未解決，兩人之間變得更加疏遠。保羅的說法是：「我每天早上六點半上工，每天都在忙，尤其是週六。我要站一整天，那是體力工作，我爸越來越老，粗重的活多半是我在做。我大概晚上六點回到家，而茱莉期待我幫忙照顧小孩……我盡力了。我每週工作六天，累得要命，但茱莉始終覺得不夠：我賺得不夠、付出不夠、沒給她足夠的關注。她希望我爸媽讓我接管一部分的生意……但她花錢總是不知節制。我有時回家看到她穿新衣服，而我知道家裡負擔不起，但要是我講兩句，她就對我發飆。」

保羅說話時，我看到茱莉扭過頭去，用手摀住嘴，竭力壓抑心中的怒火，不讓自己叫出來。她按捺破口大罵的衝動，只說了四個字：「你真可悲。」

嚴厲的攻擊很難處理。身為心理治療師，我不喜歡處理這種情況，但我的職責是設法表明我看到了目前的狀況，用同理的態度來回應，讓他們可以開始對彼此、也對自己展現同理心。

我對兩人說，茱莉覺得保羅很軟弱，而另一方面，保羅認為茱莉欺人太甚。因此，**兩人在心理上始終處於戒備狀態，隨時準備攻擊或防衛，這阻礙了他們感到足夠安全，以建立信任和連結的能力**。這意味著他們倆從未找到一種合作的方式。良好的溝通，意味著有效傾聽與表達，而這是良好合作的核心。

養兒育女所帶來的挑戰、責任、投入的時間和金錢，統統變成他們的武器，而非兩人必須一起面對的難關。他們沒有坦誠地談過，沒有找到平衡開支的方式；在兩人精疲力盡時，也沒有尋求解決之道或表現出善意。我把話挑明了說，表示聽到兩個最初互相傾心的人變得怨恨對方，實在難受。最初吸引彼此的特質：她的強悍、他的溫馴，卻成為兩人分裂的源由，而兩人的處境，將剩下的一點點東西也破壞殆盡了。

這樣大吵了幾年，痛苦不斷加劇，兩人分居了。茱莉的大拇指壓住掌心，彷彿要驅散痛楚：「我們就分開了。」

保羅垂下頭。他不是很容易說出自己感受的人，但他的失敗感仍刺痛著他，從他的肢體語言中流露出來。分居讓他們不必每天接觸，但他們的爭吵仍沒有結束。《倫敦書評》（*London Review of Books*）前編輯瑪麗凱．威爾莫（Mary-Kay Wilmer）一語中的：「婚姻會結束，但離婚永遠不會。」由於保羅與茱莉並未結婚，在法律上，他必須扶養孩子，但毋須扶養茱莉。

保羅很快愛上莎曼珊，兩人決定同居，讓事情變得更複雜。她不到一年就懷孕，生下多麗。如今，保羅疲於應付茱莉和莎曼珊在經濟和情感上的需求。

輪到茱莉說出內心的痛苦：「他留我孤單一人，跑去跟莎曼珊同居，又有了另一個小孩。幾乎不給我們錢。我獨力帶大兩個兒子，幾乎快活不下去。他週六工作結束後，孩子會去看他，但莎曼珊是個爛貨……我有時朝他大喊：『你幹的好事，自己承擔吧！』我記得有些夜晚，我憤怒到睡不著，只能咬牙隱忍。」

我也切身感受到那股憤怒。她既憤怒又充滿無力感，讓我心痛。

茱莉那時獨自居住，照顧八歲的丹和六歲的艾胥利。在孩子去上學時，她會去超市兼差，但薪水不足以支付所有帳單。茱莉的母親瑪麗偶爾會去幫忙，但不太可靠。

在這幾次會談中，艾胥利都默不作聲。此時他說出了一個我從未聽過的真相：「我們從小到大都很窮。媽勉強養活我們。我記得有時我們買不起食物。我們老是沒錢……。」他看著母親，淚水在眼眶中打轉：「你一直壓力很大……。」在這幾句話背後，我能看到茱莉既疲憊又擔憂的模樣，努力保持鎮定，卻總是在面對單親的責任時惶惶不安，逃不開貧窮。

英國文豪山謬．詹森（Samuel Johnson）對困惑（bewildered）一字的定義是「在沒有路的地方中迷路」。茱莉無人可依靠，無處可去，也不知該怎麼應對自己的處境。她有時候會抱抱孩子，給他們情感的慰藉，但經常心有餘而力不足。保羅的臉更紅了，看起來很羞愧，說了：「對不起。」

那一刻我覺得他和茱莉的關係有可能改變，但她沒領會到他的真心誠意，仍然滿腔怒火：「你是應該道歉。」保羅退卻了。

為避免進一步爭論對錯，我盡可能用同情的語氣表示，他們在那段痛苦的時期裡都受到了傷害。

*

分居的伴侶希望在分開後，生活可以更加和諧。但對於爭奪日漸減少的愛、金錢和時間的拉鋸戰，往往令人不堪負荷。「塔維斯托克人類關係研究所」（Tavistock Institute of Human Relations）的報告提出有力的證據，強調分居伴侶的關係品質至關緊要，不僅會影響原先約定好的經濟支持，也影響雙方家庭是否會生活在貧困中。父母和孩子的生活，基本上取決於雙方的關係和經濟上的支持。

「英國國家統計局」的一項統計顯示，二〇一九年有一百八十萬名單親父母，其中九成是女性。母親在分居後更可能陷入貧窮，因為她們在照顧孩子時無法工作。「女性預算團體」（Women’s Budget Group）二〇一八年的報告指出「近半數（四八%）的單親家庭生活貧困，但雙親家庭僅四分之一（二四%）屬於貧困。此類家庭中，絕大多數（八六%）的單親家長是母親。」儘管女性幾十年來，一直在努力解決無薪照顧責任和有薪工作之間的分歧，但這個問題始終未獲解決。

在統計數字背後是一個不曾改變的現實，需要系統性和政策性的解決方案，但這些解決方案並不存在，個人最終會將其歸咎於自己的失敗。分居伴侶通常為了孩子會試著和睦相處，這是合理的，不過他們忽略了一件事：**關係和睦也會改善他們的生活**。恨你的前任，總是想跟他們吵架或實際上跟他們吵架，對每個人來說都很累人，也破壞了生活的穩定。

我把這項統計數據告訴保羅與茱莉，希望他們知道自己並非失敗者。根據我的經驗，若案主的經歷獲得研究支持，會覺得自己被認可。我說得很慢，因為我希望他們理解這些話：「你們處在非常不利的體系當中，都已經盡力了。我想，要是我處於你們任何一人的立場，大概會做出同樣的反應。」我不常提出我的主觀意見，但我覺得在這個情況下，這麼做有助於減輕他們的自我批評。

茱莉眨了眨眼。她習慣於保護自己免受攻擊，無條件地受到重視讓她震撼。保羅嘆氣道：「嗯，我從來沒這麼想過。」艾胥利沒說話，但他稍微往螢幕靠近了些。這一刻全家同心，我希望以此為基礎來修補他們的關係。

*

現在我要把他們的故事完整寫出來。茱莉有五年時間是單親，那幾年對每個人來說都很辛苦。她經常為了應付丹和艾胥利的需求，忙到不可開交，也常因為探視權和金錢問題跟保羅吵架。前三年，她只能找到暫時棲身的地方，搬了四次家，讓情況變得更糟。在她情況最困難時，丹班上有個家長引介她向「薑餅」（Gingerbread）求助，那是幫助單親家庭的慈善機構。「它拯救了我。」她加入了一個團體，在他們的支持下，她堅定地與保羅達成公平的孩子撫養費協議。這群人的重要性不容低估，多虧他們和茱莉建立起關係，讓她變得強大。

令人感動的是，她難得展露脆弱的一面，看著艾胥利說：「身為母親，我一直都做得不夠好。有些時候，我覺得自己做得很棒，覺得跟你們關係親密，甚至感到快樂，然後就會出事。像是你們其中一人生病了，我不能去上班，或是為了讓你們滿足，讓我覺得壓力很大，把事情搞砸……。」艾胥利低下頭，眼中充滿淚水，露出了微笑。我察覺到他們這次會談有了火花，我無須多說什麼。

茱莉覺得孤單，偶爾試著約會，卻未能找到好對象。她竭盡全力滿足別人的需求，卻沒人照顧她。「我受夠了孤單。」此時我請她暫時打住，請她告訴我內心是否有感受到什麼。「我不知道，」她嘆口氣。「我覺得有點生澀，空空的，對了，就像被掏空。」我讓大家慢慢理解她話中的含意，她繼續連結她的記憶：「我記得那種全然孤單的感受，好像我在一座島上，只有我和兒子們，對抗著全世界。喔天啊，我記得我獨自一人去參加親師會，我很害怕，覺得自己徹底失敗。」那一刻，我對茱莉有了新的觀感，察覺到她憤怒底下的脆弱。我想跟她面對面，靠近她，給她溫暖，但我無法這麼做，只好透過聲音表達這種情感：「是，我真的可以感受到你的孤立無助，這麼長時間都是一個人。我覺得跟你更親近了，請再多說一些。」

她的憤怒讓我與她保持距離，這絕不是因為她，而是我的問題。我瞥了保羅和艾胥利一眼，他們眼裡充滿著情感。

茱莉接著說：「等小孩長大一點以後，日子變得輕鬆了些。我不再那麼擔心，接受了培訓，找到一份私人助理的穩定工作，它給了我自信和可靠的收入。我開始相信自己能過好日子，生活逐漸好轉。我在三十一歲那年遇見查理。我花了很長時間才能夠喜歡和信任一個人，然後嘗試再次戀愛。但我的人生已經不同了，改善了很多。他愛我。他是非常好的繼父，孩子真的很愛他。」

現在我想知道幾件事。首先是愛的療癒力量：她和查理的關係是否有助於治癒父母和保羅對她造成的傷害？治癒了一部分。因為他的愛讓她重獲自信。但儘管茱莉目前快樂許多，她和保羅之間糟糕的互動並未好轉。她對他的憤怒使他躲避，而丹和艾胥利為此付出了代價。

我感興趣的是：我們會對某個特定對象的有毒情緒，受困到什麼地步，以及有毒情緒有多容易被觸發，甚至快到我們來不及處理這種情緒。這意味著儘管茱莉目前過得更安穩和快樂，她對保羅的憎恨和輕蔑仍猶如炸開一般，而保羅拒絕溝通或退縮的態度得負部分責任。人類天生會留意危險，以保護自己。恐懼會在人的大腦裡啟動警報器（茱莉也不例外），提醒我們此刻該戰鬥、逃跑，還是呆立不動。茱莉選擇了戰鬥，保羅則是逃跑。問題在於，他們陷入了一個迴圈，我得設法給他們支持，讓兩人釋放過去的痛苦。

讓我先釐清悲傷（grief）的意義，以及遭到濫用、常被誤解的「悲傷過程」（the process of grief）一詞。茱莉因失去一段感情和她期盼的家庭生活而悲傷。記住並專注於失落的事物，是悲痛的核心。但記住和感受痛苦有兩種不同的形式。其中一種（即茱莉採取的形式）是重複的情緒迴圈，讓受苦的人深陷其中。這通常是「複雜性悲傷」的根源。

當我們得到支持去感受痛苦，並隨著時間獲得治癒時，幫助我們整合經驗、適應失落，以及在生活中繼續前進的記憶就會產生。在這個過程中，過去和現在的兩端不停在拉鋸，讓我們得以適應新的現實。

當我在治療泰勒家和史密斯家時，我知道凡是談過感情的人都有類似保羅與茱莉的故事。我們不都是經常想逃避衝突，更經常憤怒地想攻擊我們最愛的人嗎？不論是同住或分居，伴侶間的爭執不都是為了金錢，或者誰沒盡到本分嗎？也許這是一種刻板印象，但通常是女性面臨工作和育兒的兩難，或為了照顧小孩而辭去工作，不是嗎？許多男人覺得既要賺錢，又要當關心小孩的父親，負擔太過沉重。這會影響夫妻養育孩子的方式以及他們成為慈愛父母的能力，並可能引發對孩子的愛和關注的競爭。若雙方分居，還有了新伴侶，這種競爭自然會加劇。這導致了我想大家都曾有過的感受：**憤怒或不滿，它們汙染了其他情感，阻斷了所有連結的可能性。**

二十一世紀有半數的工作人口是女性，我們樂意相信現代人已經解決這古老的兩難局面，但是並沒有。保羅與茱莉的問題主要在於錢，這並不是一種誇大的擔憂，而是一個非常現實的障礙。當然，他們的反應受到過往心理問題的影響和阻礙。

＊

我和督導討論起這家人時，我們都認為一開始我得先加強他們現有的長處，或許可以促使他們敞開心胸接受改變。如今，我確信丹離家遠赴柏林給了他們動機，緩解彼此間的衝突。最佳起始點是兩人對孩子的愛，以及兩人都希望孩子過得好的心態。茱莉有個讓她安心的伴侶，或許有助於她排解保羅觸發的情緒。她已經克服被父親遺棄、母親酗酒的問題、跟保羅分手的痛苦，也和查理相愛。儘管她內心可能有憤怒，但基本上她是有韌性的，能夠成長和改變。研究顯示，分居後進入另一段穩定關係的前兩年最辛苦，也最容易分手。保羅和莎曼珊在一起已經十年，表示他有能力經營穩定的關係。儘管這段關係看似複雜，但仍是有希望的。

我告訴保羅、茱莉和艾胥利，他們家的故事比較困難，包含了許多變動的因素。我們已經完成一項重要任務，找到了有連貫性的敘事。當保羅與茱莉開始約會時，他們並沒有強韌的心理基礎，也沒有支持網絡。由於時間、金錢和情感資源的缺乏，兩人分居後帶來了更苦澀的感受，這意味著每個人都受到了影響。為了不讓大家掉入責怪和憤怒的兔子洞，我要求他們把重心放在艾胥利和不在場的丹身上。艾胥利依然不說話，但保羅與茱莉點頭首肯，我感受到他們的溫情。

正在轉型的家庭是否有好結果，端視它有無支持和指引，但保羅與茱莉先前都不曾有過。現在兩人鼓起勇氣跨出舒適圈，為了兒子尋求幫助。

我試著尋找一個框架，它有助於創造一個我們四人可以共同努力的共同願景。在此之前，他們並沒有共同重視的目標。重要的是**他們必須擺脫單一視角、「被困住」的故事（在這個故事中，他們都是憤怒的受害者），將其轉變成更開放、合作的家庭敘事，具有多重視角，也讓他們各自的傷被「看見」**。我認為這是改變家庭動力的關鍵：**讓每個人擺脫不良的思考習慣和破壞性的行為模式，使群體形成更廣泛、一致的目標**。我希望這能改善他們的家庭系統，讓他們認識到這是一個持續的過程，而不是一次性的事件。或許這會對丹產生影響，讓他回到家的懷抱。

派翠西亞·帕佩諾（Patricia Papernow）的書有助於了解「繼親家庭架構」（stepfamily architecture）。她表示，不論是親生父母或繼父母，總有人是局內人、有人是局外人。孩子必須選擇對某一方父母忠誠，為此左右為難。整個家庭都需要改變和適應，騰出空間接納新成員，讓他們在這個家找到自己的位置。

首先，這意味要對保羅、茱莉和艾胥利進行心理教育。我堅信，除非我們稍微掌握可能發生的事，否則不可能了解自己的內心有什麼變化。重要的是，**他們要體認到以他們身處的情況，經歷這一切是正常的，絕非他們本身有問題**。我喜歡「繼親家庭架構」一詞，因為它清楚明確，儘管當事人的經歷尚混沌不明。我以帕佩諾的專業知識為基礎，簡短介紹了他們可能遭遇的挑戰，附上文章的連結網址，他們有空時便可細讀。

繼親家庭的成員同住一處時，要找到歸屬感的確相當困難。比方說，艾胥利想在廚房吃東西，但莎曼珊正在那裡忙。緊張態勢會節節升高，直到憤怒演變成攻擊；缺乏歸屬感會引發恐懼和憤怒。此外，新成員走進某個房間時，其他人可能就會離開。這在很大程度上解釋了他們之間難以逾越的「僵局」。

親生父母分居會讓孩子感到悲傷，而孩子想要對父母雙方保持忠誠，這種心情就像一個無法解開的結。當丹和艾胥利離開原生家庭、住進繼親家庭時，他們在許多層面上體驗到生命的失落：他們對父母的愛的信任、他們的信念、他們的安全感、他們對「完整家庭」的感覺、他們的日常生活，甚至他們的身分都受到了影響。伴隨著失落而來的是歷經各種悲傷。忠誠的感情是很正常的，但父母間的衝突越演越烈，讓他們難以承受。依我的觀察，艾胥利和丹仍然對父母分開一事感到悲傷，**因為他們從未有機會表達出來**。

艾胥利點點頭：「我現在明白了，為什麼我跟爸爸在一起時會覺得胸口很緊，因為離開媽媽讓我很難受。」我聽到艾胥利說出內心的苦悶時，不禁鬆了一口氣，這份痛苦似乎一直被其他更大的聲音掩蓋住。每個人都有機會讓自己的經驗被聽到，是很療癒的。

分居的伴侶必須針對親職教養取得共識：誰負責做什麼、何時做、誰支付什麼費用等。對保羅與茱莉而言，親職分配帶來混亂和痛苦。**兩人仍堅持「你錯了，我是對的」的立場，沒有取得共識的空間，無可避免地影響了他們對待孩子的方式**。在教養上，太寬縱或太嚴厲是常見的難題。帕佩諾寫道：「大量研究發現，不論在哪種家庭類型中，孩子在父母採取恩威並重的教養方式（authoritative parenting）時表現最佳。恩威並重型父母既充滿愛心（溫暖、反應迅速、有同理心），也適度堅定（冷靜設定符合發展階段的期望，並監督孩子的行為）。我在艾胥利的臉上看到，他的人生中有太多獨裁式管教，儘管父母真心愛他，但父母的關愛方式並不一致。

建立新的行為模式需要化解多種差異，我認為有其難度。帕佩諾提到：「對繼親家庭而言，建立新的家庭文化是重要的發展任務。不過，對某個家庭成員來說像『家』的東西，另一人可能會感到陌生，甚至反感。」我在想，先前聖誕大餐的慘痛教訓是最好的例子，說明事情可能會出錯。或許我們可以化解這種問題，打造更好的家庭文化。

像茱莉這樣的前伴侶成為新家庭的一員，是亙古的難題。如果我們能做到這一點，將是成功的訊號，這意味著兩個孩子跟生活中所有主要成年人都維持不錯的關係。他們會覺得獲得整個團隊的支持。衝突顯然會對孩子造成傷害，尤其是當父母一方讓孩子與另一方對立時，因此二〇二〇年英國已將此列入法律規範。這項工作值得努力，使父母能善意地共同撫養孩子，直到孩子長大成人。儘管隨著孩子年齡的增長，傷害的遺毒並不會減少。

這場會談聊了很多，我能感覺到每個人都覺得接下來的工作不容易。我告訴他們，這次會談提出了彼此之間的歧異和難處，必須說出來一起討論，最好加以解決或至少要相互理解。我說這些話時，對他們露出微笑：「它給了我們一張地圖，我們可以用來發現新的理解。」我接著說：「我的看法是，如果我們能夠克服第一項挑戰，之後就簡單多了。」又補上一句：「當然，我無法預測終點在哪裡……。」艾胥利穿著學校制服，頭側向一邊，看得出來這對他並不容易。保羅與茱莉看起來輕鬆不少，雙肩下垂，大口呼氣，可能有點緊張。我希望他們在會談後去閱讀帕佩諾的文章，跟各自的伴侶討論，或許寫一些筆記，註明和他們相關的地方。我想，在會談之外的時間進行此事，能給他們一種自主感，不僅能獲得伴侶的支持，也開始明白這些年來在表象底下發生的一切。

*

之後那次會談，我要他們說出對於局內與局外角色的看法。茱莉不肯說話，看向保羅，他面露躊躇。我轉向艾胥利，心想他說不定有話要補充。他一臉尷尬，突然他的螢幕一片空白，我問道：「你還在嗎？」他隔了好一會兒才回答，我責怪自己把注意力放在他身上，把他嚇跑了。他輕聲表示自己想舉個例子，但看到父母望著他會說不出口。我覺得他能察覺到這一點很聰明。「爸，你還記得嗎？幾年前，我和丹想請你去吃披薩幫你慶生，你也答應了。但我和丹到了以後才發現莎曼珊和多麗也在，對我們微笑，而你只是聳聳肩……你再次做出選擇，她比我們重要……我不知道這算不算一個例子，但我知道我們倆都不太爽，我們想跟你單獨相處。」

我從早先的談話中感覺到，莎曼珊容易嫉妒和發火，因此不願留在家裡。她不能忍受自己像個外人，讓保羅獨自跟孩子見面。我看得出茱莉有話要說，請她等一下，讓保羅先說。「噢天哪！天哪！」他的臉變紅，被迫面對自己十年來的困境，他努力找詞彙來表達。「我老是覺得左右為難，我不懂……她根本不正常，對我很生氣。」我瞄茱莉一眼，示範深呼吸給她看；她應該很難受，但她呼吸著，沒說話。「我做什麼都是錯的。莎曼珊說我對她和多麗不夠好……我不懂，到現在還是不懂。」他握住雙拳抵住眼睛，以免多年來的痛苦傾洩而出。

這是我可以介入並確認他所處困境的時候。我盡可能簡單表示，是的，他在兩個深愛的家庭之間左右為難，深感痛苦。他必須允許痛苦和他對他們的愛：他不能指望自己的愛足以讓痛苦停止。

我從茱莉的眼神中察覺到矛盾的情緒。她能看到他的傷痛，但她仍想為他的失敗揍他。那一刻，我很想保護保羅，不想聽她即將說出口的話，擔心她本能的憤怒會粉碎保羅脆弱的內心。但我不能阻止她發言，於是我用稍微正式的語氣說：「茱莉，你從保羅和艾胥利那邊聽到了什麼？」她搖搖頭，耳環叮鈴作響。「糟透了……」我以為她要攻擊他，但是沒有，她接著說：「我們搞砸了……整個一團亂。你試著取悅每一個人，這些年都在努力……就像可怕的車禍現場，你很難做些什麼……在某種程度上我也做不到。」

對此我感到很滿意，**茱莉正在反思，不再只看自己的需求，而是站在高點俯視她和保羅的處境。這將是他們重新建立家庭文化的關鍵因素**。

我說出他們共同的立場：「這次會談很辛苦，也很重要。你們第一次得知原來你們應付不了分居帶來的考驗，這意味著你們都以相當具有破壞性的方式行事。而且坦白說，任何人往往都會這麼做。你們一直以來要應付的事太多，內心有許多感受：被遺棄、孤單、憤怒、嫉妒、悲傷、羞恥，這些只是一部分而已。你們之間的裂痕持續擴大，有時令人難以忍受，甚至會把人逼瘋。艾胥利，我要特別稱讚你有勇氣說出來，我也認為你的父母今天有把你說的話聽進去。」他打開網路攝影機，靦腆地微笑著向我揮手。這次會談到此結束。

*

我希望大家能夠從這次會談中獲得力量，持續有進展，卻又擔心會出差錯——因為這段過程很脆弱。我先請大家回報近況，讓我知道他們過得好不好。保羅比較晚上線，一臉不好意思。茱莉神采奕奕，她天生是行動派。艾胥利在之後的會談中都沒有露臉，這麼做效果似乎不錯，有點像是在門後聽大人說話，但會在必要時插話。這也表示父母可以專注在對方身上，不會把他捲入難堪的場面。

茱莉堅定地望著螢幕。「我想釐清保羅和艾胥利見面的事。我講話直接，但是保羅，我不是要反對你。」這是重大的一步，她對他的觀感顯然變得不同。「聽著，艾胥利需要你，他知道你現在跟莎曼珊在一起，但他不喜歡她，或者說他不信任她……。」

我真希望可以看見艾胥利的臉，不曉得他是否事先知道媽媽要說這些話。這是她還是艾胥利的心裡話？她是在操縱還是坦率？我無法肯定，只能順勢進行。

保羅盯著自己的手。我覺得心頭一緊，同時感到惱怒。我希望他流露出情緒。「保羅，我看得出你有點失落，還是不高興？怎麼了嗎？」

他沉默了好一會，才緩緩開口道：「我沒有贏面。莎曼珊在生我的氣。上次會談結束後，不知怎地，她覺得我背叛了她。茱莉，她覺得你對她展現惡意並不公平，當她試圖和你說話時，你就發飆。」

我回應道：「我想以前經常發生這種事，你們都想解決問題，但你們都陷入了困境。保羅，你夾在中間很為難，而茱莉想為孩子們爭取權益。讓我們用另一種方式來處理吧。」

於是我請保羅與茱莉先回想這陣子的討論，是否明白兩人目前最該做的事。兩人都同意讓保羅安排時間見艾胥利。我問艾胥利希望怎麼安排，他的回答同時回應了我先前的問題：「我對莎曼珊沒有反感。我知道她愛爹地，但她讓我害怕。要是她對我好一點，我會喜歡她的！但我想偶爾獨自見爸爸……。」他停了一下又說：「我以前就在想，他跟多麗和莎曼珊有時間單獨相處，我想要的只不過是他們擁有的而已。我認為這是公平的。」艾胥利比實際年齡成熟，或許超過他該有的成熟，因為會顧及母親，在她應付不來時讓她感覺好一點。他坦率明確的訴求改變了會談的氛圍。

我熱烈讚美他清楚的表達和發自內心的請求，向他父母示範該用這種方式回應他。我看不到他的臉，有種對著兔子洞說話的超現實感受，但當他說「謝謝」時，覺得和他親近了幾分。

他的父母有些可愛地朝著他空白的螢幕揮手，並說「謝謝」。

茱莉順著兒子的話，問保羅下個月何時有空和艾胥利單獨見面，甚至建議，如果兩人單獨相處一小時，可以去踢足球，再回家一起共進晚餐。

我向保羅建議，他與艾胥利的會面可比照「與莎曼珊共度的特別時光」，可以來一場晚間約會。他必須找個方式讓莎曼珊知道她對他而言有多重要，而當他去見艾胥利時，要對她「被拋下」的感覺表示同情和理解。這麼做或許有助於她相信自己很重要，也相信這段感情對他而言確有價值。我說話的同時，察覺到茱莉低聲喘氣，但我不想讓她趁機抒發怨氣，便結束了這次會談，並表示每個人都不一樣，都有不同的需求，關鍵在於容許這些差異存在，而非針對差異去爭執。

保羅似乎鬆了一口氣。他基本上是個好人，想當個好爸爸和好伴侶，只是不知道該怎麼做。

我在整理這次會談的筆記時，意識到：莎曼珊會因為「被拋下」而痛苦，很可能來自於幼年時期受的傷。我希望等保羅與茱莉能好好合作之後，可以花一點時間檢視莎曼珊脆弱的根源，或許茱莉和兩個男孩對她會展現多一點同情，即使她對保羅的占有慾很強。

*

我們有過幾次中立的會談，沒發生什麼特別的事。對我來說，這感覺就像是一個巨大的勝利。我們追求的正是中立，利用治療的機會了解近況，保持溝通管道暢通，處理令人不快的小事，以免演變成大爭吵。我請大家放心，我看得出他們都想在這個繼親家庭系統中，找到良好的合作方式。

某些基本原則逐漸浮現：他們不會在艾胥利面前吵架，也不在艾胥利、多麗或丹面前講對方及其伴侶的壞話，他們也更常用言語溝通、少傳訊息，因為訊息容易造成誤會。如果他們商定了一個計畫，但有人想改變它，當找不到替代方案時，他們會維持風度，照原計畫進行。我請艾胥利確認聖誕節的傷害是否仍有陰影，他搖了下頭說：「沒有，都過去了。」好多東西在這幾次談話中被釋放了。

我讓他們知道，**在小地方配合對方，或彼此做出微小的調整，會帶來巨大的成效**。大家都覺得很不錯。有時，我會把正在發生的事情和繼親家庭架構連結起來，幫助他們以平常心看待正在發生的事，並扼要提醒他們在治療開始時給過他們的一份清單，如果他們感到困惑，可以檢視這份清單。

＊

如今既已培養出相當的善意，溝通也有改善，我們得開始設法處理這對伴侶最大的難題：金錢。帕佩諾將金錢納入「家庭任務」和「打造新的家庭文化」課題中，因為找到實際的方式來解決錢的問題、養成新的態度極為重要。

我從我對金錢的看法開始談起。錢是禁忌話題，充滿著沉默。**有沉默存在的地方，就會滋生無盡的恐懼**。我們不知道該怎麼開口談錢，也不明白錢是如何影響和形塑自我，或是如何影響家庭。錢可以買到權力、地位和控制，也可能跟愛混淆。我們對錢可能有矛盾的情緒，或者既愛且恨。沒錢可能讓人感到羞恥，但有錢也可能如此。每個人跟金錢都建立起一種關係，而這種關係會受到我們的成長背景和生活環境的影響。順道一提，我記得有個案主曾說：「我對錢沒興趣。」我毫不留情地反駁：「那只是因為你不缺錢。不用考慮金錢是一件很奢侈的事。」多數情況恰好相反：每一件事的重點都在於錢。在匱乏的思維模式下，錢永遠都不夠。在繼親家庭中，這往往是最大衝突的根源。局內人與局外人的動態會產生各種爭端，某人會因為未得到自認為應得的東西而憤怒，大呼「不夠」或「不公平」。金錢對安全感、愛、感覺自己被重視的最深層需求，是一大挑戰。

我首先詢問保羅與茱莉，他們的父母和祖父母對錢抱持何種態度。兩人給的回答不太一樣，但都表示長輩從不談錢的事。

保羅一邊搔抓手臂，一邊整理思緒：「我從他們身上接收到不同訊息。其中一個是絕對不要借錢，要量入為出，努力工作。但我猜想這種類似恐懼的心是承襲自祖父母，他們經歷過戰爭，抱著『小心！前方有危險，物資匱乏』的態度。」

「我們現在的生活好過多了，但在那些我和茱莉在一起、之後和莎曼珊在一起的日子裡，我一直感到恐懼，好像有支鎚子不斷在我心裡敲打。無法聯繫茱莉，而我不知道要怎麼解決錢不夠的問題，所以就躲起來……對，我就是躲起來。」此時，他彷彿突然理解了什麼，臉色亮了起來，眼中閃著淚光：「我躲起來，對每個人來說都是最糟的方式。喔天哪！如果我當時能說出來就好了。但我覺得羞慚，我不夠格當個男人……。」淚水從他的臉龐滑落。「我真的很抱歉……我真的很蠢，是個白癡……。」我們所有人都感受到了某種連結和釋放。

我輕聲感謝保羅坦誠說出來，令人感到療癒。茱莉這次沒發言，她點了點頭，嘆了一口氣，和善地看著保羅。

我留了一些時間讓大家沉澱一下。之後轉向茱莉，表示我們也需要知道她對金錢的見解。她仔細瞧自己的指甲，陷入深思。就她所知，家裡一直「非常貧窮」，她母親藉由喝酒不讓自己多想，於是陷入借貸、恐懼和匱乏的惡性循環。「我覺得金錢會讓我生氣。沒錯，恐懼又憤怒……保羅，我把其中一些情緒轉移到你身上，有一部分也是因為你當時的作為。現在我一想到錢不夠，還是很容易激動。但是感謝老天，我們現在過得比較穩定了。」

艾胥利對這個話題有興趣，出現在螢幕上，說道：「我永遠都不要欠債。我絕對不要像媽一樣經歷這一切。」保羅與茱莉慈愛地看著他，贊成他說的話。

在那之後，他們找到了運用金錢的方式。著名的「三罐系統」（three-pot system）解決了其中一些難題。艾胥利和丹的花費（第一個罐子）由兩人一起出，亦即平均分擔日常支出、衣物和額外的花費（慶生、度假）。這些他們兩人都負擔得起，但如果他們的收入相差很大，可透過政府網站計算出每人應支付的比例。第二個和第三個罐子是指兩人目前的家庭。他們會討論艾胥利和丹的額外開銷，並就個別情況達成協議。

*

保羅與茱莉之間的敵對已經減少了許多。無疑傷疤和瘀傷依然存在，有可能再次發炎，但兩人原先充滿攻擊的關係已改善許多。

我很好奇他們的第二段關係是如何成功的。茱莉回答道：「我比較想要這段關係，我覺得跟查理在一起比獨自一人好得多，而對我來說最重要的是，我覺得他能夠照顧我……這意味我不用再一直發飆，而且就算我發脾氣，他也知道怎麼讓我平靜下來……通常他會逗我。」她說這段話的時候，臉上洋溢著溫暖的笑容。

研究顯示，像茱莉這種有依附缺陷的人，可以跟另外一個給他們安穩感受的人（如查理）發展依附關係。而查理穩定的經濟狀況也有助於促成此依附。有一項研究指出，影響關係品質的主因並非個人特質，而是當事人對於這段關係的觀感和想法，這在關係滿意度上有四五%的影響力，而伴侶的人格特質占五%，你個人的人格特質占一九%。這項研究的第一作者薩曼莎・喬爾（Samantha Joel）在科學雜誌 *Inverse* 中表示：「的確，研究結果顯示，我們選擇的人並不像我們建立的關係那麼重要。」我把這些告訴茱莉，她表示同意，聲音裡有一抹悲傷：「是啊，我能夠為查理付出，不知為何更願意和他分享自己的想法和感受，但我卻無從與保羅分享……而且他想分享的心意跟我一樣強烈。他對我說他愛我，想跟我一起努力，讓事情好轉。我信任他。但保羅和我，我們從未這樣過。」

我看到艾胥利的表情：看起來很悲傷，努力吞嚥口水。聽到媽媽說始終無法愛爸爸，這是很難受的。但我也認為，儘管這很困難，讓他聽到她說出口是好事一樁。在他的經驗裡，**他一定不停在想是哪裡出了問題。是他的錯嗎？孩子很容易因為父母離異而責怪自己。**現在他得到清晰的說法了，能夠讓自己去理解。

我們進行的討論很重要，尤其是這個家並未出現危機，兩方的經濟狀況都很穩定。透過找我會談、充分傾聽，他們對自己和對方的理解都加深了。兩人決定做心理治療，願意參與此過程也有助於帶動改變。

這產生了相互的同理心，讓他們在降低防衛的同時建立了更緊密的連結。我們談到他們過去承受的痛苦，他們找到了表達痛苦的方式。在釋放壓力的過程中，他們開闢了新的領域，來治癒和重建他們作為分居夫婦和共同父母的關係。他們已經了解繼親家庭架構和相關知識，有了一個可以建立的願景。丹和多麗需要再整合進這個新的狀態中。

他們為彼此新組成的關係所賦予的意義，不僅反映而且塑造了他們的行為方式。我們都認為經過這次治療，孩子和父母的關係變得不同了，或許這已經足夠，也或許日後會再進行治療。

我們的治療持續進行。大家都同意每個月會面，確認彼此的近況，持續有新的對話，直到他們對新方式產生信心。那時，我們會檢視情況，決定他們需要什麼樣的支持才能往前走。我相信關係需要持續的維護，因此我大概想像得到，在可預見的未來，我們每隔數月會面一次。這就像預防醫療，而預防是最好的治療。

布朗與法蘭西斯家

如何在失去孩子後繼續活下去；這又會如何影響和改變家庭動力？

個案背景

布朗與法蘭西斯家的成員包括：佩宣斯（Patience），七十八歲，黑人女性，來自加勒比海的島國安地卡，前夫雷蒙（Raymond）已逝世。她的小兒子凱斯（Keith）四十五歲，其伴侶安潔拉．法蘭西斯（Angela Francis）也是來自安地卡的黑人，她和前任伴侶所生的兒子林弗（Linford）二十六歲。凱斯與安潔拉育有一女萱蒂斯（Chandice），四歲。五年前，兩人的第一個小孩阿曼妮（Amani）因腦癌過世，年僅三歲。佩宣斯的長女梅莉安（Marianne）十二年前死於癌症。我們會面是為了討論阿曼妮之死帶來的長期影響，這導致了兩家人的裂痕。

在新冠疫情爆發前，我決定跨出舒適圈，走出位於倫敦市中心的諮商室，尋求新穎的觀點。我將跨越地理和心理上的距離，從我的世界走進案主的世界。

某個十二月的早晨，我來到位於佩卡姆（Peckham）的一間公寓，坐在全新的綠色沙發上，望著一家三代人。祖母佩宣斯靜靜地坐著，挺直背脊，請人幫她泡一杯淡茶。她穿著合身的海軍藍洋裝和擦得很亮的皮鞋。她用平靜的眼神環視身邊的人。她的兒子凱斯和伴侶安潔拉正為大家準備飲料，並愉快地交談著。幾年前，我曾為他們倆進行心理治療，因此我們之間有種溫暖自在的感覺。高大壯碩的林弗正大口吃著早餐瑪芬堡，心情看似出奇地好，畢竟現在還很早。萱蒂斯去了托兒所。

阿曼妮的死猶如地震摧毀了整個家，留下長久的傷痕。對大多數人來說，家庭是最重要的關係，也是最困難的關係。**在有壓力的情況下，家庭中已存在的裂痕可能因此會破裂，不幸事件往往引發防衛行為，導致家人漸行漸遠**。我想了解這個緊密團結的家庭是如何共同成長茁壯的，同時卻又與他們的原生家庭產生了分裂：凱斯與安潔拉在阿曼妮死後，極少和兄弟姐妹聯絡。

首先我想先探究兩家人的根源。凱斯向我說明他和安潔拉的出身很像。凱斯的曾外祖父約翰（John）是愛爾蘭人，住在倫敦，後來去了安地卡島就沒再離開。約翰的外孫女佩宣斯十七歲那年，踏上和外祖父相反的旅程。她告訴我們，雷蒙對她展開追求一個月後，就告訴她他打算去英國，還大膽地要她一起去。三天後，她做出決定：「我說『好』，於是一九五九年一月，我來到這裡。」

佩宣斯說話時，所有人都咯咯笑，我從佩宣斯的臉上看到當年那個浪漫少女的笑容。「我那時超愛他，所以我來了。我回想過去，覺得那個男人確實愛過我。我從來沒搭過飛機或船，飛到紐約後，再搭奧蒙德號來英國，花了十天才到。我嚴重暈船，不過總算平安抵達。天寒地凍，雷蒙帶了件保暖外套，來車站接我。我之前從沒見過雪，整天哭著說：『我要回家，我要回家。』但後來我對自己說：『別再提安地卡了，這就是我的家。』」

六十一年前，他們向一名愛爾蘭女人租下一間房，至今佩宣斯仍住在附近。我後來慢慢發現，這是佩宣斯的主要人格特質：她有勇氣，一旦她決心做某件事，就會貫徹到底。不過這也可能表示她的人生有太過僵化的一面。她和此地的人建立起深厚的情誼，而熟悉的風土人情也在她人生出現意外的轉折時，給了她支持。

安潔拉的祖輩也是類似的情形。她的曾曾祖父鮑伯（Bob）是在安地卡發跡的英國人。她對我說：「當你念出我的名字，人們會認為它有特殊的地位。我對此滿自豪的。」

一九五〇年代，她的父母來到英國，那時她父親十六歲，母親十八歲。凱斯與安潔拉的父母年輕時週六晚上常去跳舞，因而認識。我感興趣的是，身為一對伴侶，兩人的根源是如此相似：安地卡和英國的背景，而且兩人皆深知他們屬於這塊居住的土地，也屬於彼此。兩人的互動充滿幽默，恰如演奏音樂般協調。我從未遇過這麼愛笑的一家人。其中一人說話時，其他人就互相靠近，好像在跟對方說微笑吧，對方也本能地接受了。幽默可用來轉移談話的重心，以避開某些難堪對話帶來的尷尬，甚至讓人覺得事情沒那麼嚴重。我仔細留意是否有防衛性的笑聲，但聽得出那是真實、發自內心、具情感連結的笑。

數年前，凱斯與安潔拉由於阿曼妮因病夭折，來找我治療。我看得出來凱斯的變化很大。那時候，他的雙眼充滿悲痛，就連身上鬆垮的運動長褲和灰色運動衫都無聲訴說著他的痛苦。如今，他鬍子刮得乾淨，腳上穿名牌皮鞋，看起來愉快有活力。他露出微笑，轉頭看著安潔拉，說起當他的痛苦和憂慮慢慢減少、生活好轉以後，阿曼妮的精神在兩人的內心滋長。當孩子死去時，父母往往不肯放下痛苦，因為守著痛苦，孩子就好像仍在身邊。但對凱斯與安潔拉來說，當兩人的痛苦稍減，阿曼妮在他們的內心卻更加鮮活，他們因此獲得解脫，得以在生活中尋找更多快樂。

他們已得到充分的鼓舞去度假，那是他們第一次造訪故鄉安地卡。凱斯相信去年冬天的這場旅行至關重要。如今他變得更堅強了，因為他感覺到阿曼妮在督促他前進，說：「出去享受生活吧！」當安潔拉雙眼泛淚，伸手輕觸我的手臂時，我看得出來她的情況沒那麼樂觀：「有時候我很好，有時卻覺得有罪惡感。」在那一刻，我覺得凱斯在這個家裡是一股核心的力量，對其他人散發能量。我很想知道自己的判斷是否正確，他的康復是否進而對其他家人造成影響。

*

我問佩宣斯目睹兒子悲慟不已，而她也在哀悼孫女的死時，是什麼樣的經驗。佩宣斯坐直了身體，雙手在膝上交握，回想起凱斯總算成為人父時，她有多麼欣喜。接著，她的聲音變低，停頓了一下。她得鼓起勇氣說出阿曼妮的名字，它勾起無比深沉的悲傷。我注意到這個名字對他們來說一定有特殊的意義，在史瓦希利語（Kiswahili）中，這個字代表「和平」。

佩宣斯在回顧這起悲劇時，始終維持同樣的姿勢。阿曼妮出生後幾個月，她注意到阿曼妮不像同齡嬰兒一樣會表現出興奮，反應也較慢。凱斯插口說他母親曾是護士。即使已過了許多年，佩宣斯說起此事的語氣仍充滿憤慨。她提到帶阿曼妮去掛地方醫院的門診，也去過急診室無數次，每回都被醫生用退燒糖漿 Calpol 打發。我們當時沒有討論這個問題，但值得注意的是，二〇一八年的 MBRRACE-UK Embrace 報告發現，黑人女性產後的死亡率是其他女性的五倍。《英國醫學期刊》（*British Medical Journal*）二〇二〇年刊登的一篇論文也呼應了這一點，指出英國國家健康醫療服務中的種族歧視必須終止。

凱斯與安潔拉在不斷努力後總算預約到某位專科醫師的門診，而他一看到阿曼妮，立刻診斷出她有嚴重問題。經腦部掃瞄後，他們收到令人心碎的消息：阿曼妮有腦瘤。佩宣斯說到此處，原本默默哭泣的安潔拉開始顫抖。我停下來問她是否難以承受，她搖搖頭，表示希望佩宣斯說下去。

阿曼妮之後的三年在醫院進行治療，吃盡苦頭。儘管有幾次稍微緩解，但她從未真正康復。就像大部分家庭一樣，他們明知康復的機率微乎其微，仍希望她活下來，不敢放棄希望和信念，唯恐會加速她的死亡。佩宣斯緩緩說道：「在她最後那段時日，她不能說話、不能走路，完全不能自理。她斷氣時，我想我也會因心碎而死。我把她抱在懷裡，她的口水淌在我的開襟毛衣上，從那之後我一直沒洗過它。我看到她躺在殯儀館裡，心裡有多恨！她只有三歲……我想我這輩子都放不下。她是我的小天使。沒了她，我也不想活了。但我必須振作起來。在我的公寓裡，我有時會看到她，她看著我，跟我說話。我們將永遠記得她，絕不會忘記她。」

當佩宣斯說這番話時，絕望感在屋子裡迴盪。安潔拉啜泣著。我明白這對安潔拉來說是多麼沉重，她說：「聽她的描述，我可以倒帶還原每一分鐘的影像，好像看電影一樣。阿曼妮走的時候，我心想：『現在我是誰？我要為誰而努力？』」

當我後來回想這段話時，體認到安潔拉失去了人生的目的，並且深感內疚，對此我想進一步了解。佩宣斯不僅因孫女過世而悲痛，也因痛失「保護孫女的祖母」身分而哀傷，同時也哀悼自己女兒的死亡。我注意到在我的案主中，比起父親，母親更容易因孩子死亡而產生罪惡感。

凱斯開口說話，設法將對話導向比較正面的話題，就像阿曼妮死後幾個月，我跟他和安潔拉會面時那樣。他說起阿曼妮有多聰明，護理人員都超愛她，搶著照顧她。安潔拉驕傲地插嘴道：「在她的葬禮上，好多醫院人員都來了，有四百個人來參加。」我感受到凱斯對女兒的驕傲，阿曼妮是如何鮮明地活在他心中，不帶絲毫罪惡感。

整個談話過程，阿曼妮同母異父的哥哥林弗一言不發，坐著一動也不動。我向他表示，兄弟姐妹多半會躲起來難過，他們可能會因為生病的手足搶走全部的注意力而生氣，但又為此感到歉疚，因為他們知道責怪對方並不公平。林弗堅定地表示，他原本希望母親全心照顧阿曼妮，他有辦法照顧自己。但是阿曼妮病情加重後，「開始有點難熬。我孤伶伶一個人，媽都不在家，凱斯會抽空回家……事情發生的那天，我剛贏了一場足球比賽，興奮到不行。我接到電話後，手一鬆昏了過去。」

林弗形容那幾個星期他沉浸在悲傷中。「我會生氣，但生氣也沒用。我告訴自己別這樣，我不打算用暴力解決問題。」安潔拉對著林弗說：「他封閉起來，不肯理我。或許我讓他感到窒息。」

林弗看著她搖搖頭，兩人大聲地笑了。在那一刻，我看出他們深深了解對方。一個問題浮現，僅需一個眼神、笑聲和寥寥數語就獲得解決。

我請林弗繼續說說他那時的悲痛：「過了一段時間，我問自己：『我該怎麼辦？』然後慢慢慢地，我放手了。」

我得確認這種說法的真實性，在我聽來太過簡單。他不情願地承認他有所隱瞞。當他感到生氣時，會在腦子裡想辦法解決，並與他最親近的兩位朋友聊聊。

我坐得離安潔拉比較近，對面是凱斯，我注意到林弗說話時，兩人的姿勢變得僵硬不自然，悲傷一下子變成氣憤。我感覺到我們正在進入困難的領域，從悲傷的中心進入其腹地。我接連問了幾個問題，發現他們倆不像林弗，心中仍有尚未平息的憤怒。安潔拉有兩個兄弟，麥可（Michael）和彼得（Peter）（其中一個是同母異父），一個姐姐安妮（Anne）。凱斯有一個兄弟崔佛（Trevor）和兩個姐妹瑪麗（Mary）和葛蕾絲（Grace）。

阿曼妮一開始診斷出腫瘤時，他們與手足都有保持聯絡。但隨著她病情加劇，接著死亡，他們就不再出現。以安潔拉來說，她和安妮顯然有些小爭吵。她哥哥麥可甚至當著阿曼妮的遺體說他希望分歧就此結束，但是安妮完全不肯和解。在那之後，安潔拉在家庭聚會中見過他們幾次，他們試著跟安妮攀談，但她沒有理會。我問安潔拉是否想重修舊好，她說：「不，其實不想。他們本該是你的家人，我們一起長大……我發了一封長訊息給大家，把一切交代清楚。我父親、哥哥和弟弟都說希望紛爭止息，但什麼都沒改變。凱斯寫了封信給他們，請求他們和解，但也沒有結果。我現在過得不錯，不想浪費人生為我不能改變的事情生氣。」

我告訴安潔拉我很困惑：她一方面不肯跟兄弟姐妹說話，卻又發了那則訊息，看起來是想要解決問題。凱斯與安潔拉試著解釋，但我無法釐清他們相互矛盾的說法。我思考後認為兩者皆是：他們覺得氣憤，以及他們不想有嫌隙。在之後的治療中，安潔拉說她覺得父親是個「沒用的爸爸」，只顧滿足自己的需求，並逃避衝突。我在想如果他有試著出面解決糾紛，結果可能不一樣。我相信，**成年子女的父母如果能被孩子信任，會擁有很大的影響力**。

*

我那天離開他們時感到正向積極，有信心在接下來的會談中解開安潔拉和手足之間的矛盾心理。我甚至想，或許我可以充當和事佬。我不至於把自己想成是救世主，但可能滿接近這種概念，這是心理治療師不該犯的錯誤，以本案來說尤其如此，因為還牽涉到複雜的「白人救世主情結」。

一段時間之後，我發現自己錯了。當我寫下這些時，沒有任何和解的跡象。安潔拉常提到兄弟姐妹，據她說她哥哥麥可跟自己的女兒失和，現在幾乎不跟她說話，卻又阻止女兒跟安潔拉親近。安潔拉充滿活力地說：「我不想再跟他們有交集。他們令人頭痛，沒禮貌、惹人厭，讓人失去耐心。」然後語氣轉為悲傷：「自從我媽過世以後，我兄弟只聽安妮的話。他們必須選邊站，要是他們跟我有聯繫，她會跟他們絕交。」

凱斯加上一句：「你長得像你媽，他們討厭你這一點。」

安潔拉回答道：「我沒法改變自己的長相，我姐姐長得像爸爸。」

這是家庭困住我們的陷阱之一：**家人是我們無從擺脫的關係，不論我們有多想一刀兩斷。無論是否常見面，家庭都是我們基因的一部分，也是我們內心最深處的一部分**。就目前情況來看，安潔拉不跟兄弟姐妹和解可能是正確的決定，因為有太多傷害需要克服。但她無法像結束大多數其他關係那樣，跟手足說斷就斷。家人之間的嫌隙，總是會留下長久的傷痕。

不過，在歷經像這樣可怕的傷害和衝突之後，家庭仍然可以（或已經）和解。我希望**當他們有更多情感能量去承認每個人在衝突中扮演的角色，並理解彼此經歷過的一切時，他們就可能有機會重建關係**。

凱斯的家庭也同樣複雜。他是老么，也是佩宣斯最疼愛的孩子：「我真的愛每一個孩子，但你會因為他們的個性而對某個人更有感情……凱斯對我非常好，就像我的左右手。要是沒有他，我不知道該怎麼辦。」她對其他孩子缺乏這種信任。凱斯說起其他手足對他嫉恨的事，尤其是在佩宣斯告訴大家她不想跟丈夫或女兒同葬，只想跟阿曼妮葬在一起，而且她希望交由凱斯處理所有細節。

凱斯補充道：「保管她那些文件的鑰匙在我這裡。」

但同時，佩宣斯表示不明白為何孩子之間產生嫌隙，「我們都是一家人，應該像一家人一樣生活，不要說『你排第一』，每個人都排第一。」

我反駁她，凱斯顯然在她心中排第一。我告訴她，**父母偏心可能會削弱、甚至破壞手足之**

間的關係。

凱斯希望家人能同心。他用瑜伽的姿勢坐在地板上——因為他看過一篇文章說長時間坐在椅子上不好——語氣激昂地說：「有一個足以容納我們所有人的底座，但我是唯一一個站在上面的人……我可以幫助他們站上來。」我聽得出他話中帶著悲傷的困惑，以及他們手足之間曾經無比親密，他對我說：「我想知道答案，但是我沒有。」但凱斯一如既往地總是朝著希望看。也許他採取正面態度是比較省力的做法，無須耗費心力懷疑他們的悲痛是否破壞了原先的家庭動力。現在面對這個問題可能太沉重了。

我問林弗對於凱斯的手足互動有什麼看法，他說：「我以前不知道這些事，這很像……不過，我能理解。」

我腦中突然冒出一句話：「我們可以生活在一個家庭中，卻不了解我們的家人。」

林弗點點頭，全部的人都笑了。我開始發現他們的笑聲是表示承認：啊哈，事情就是這樣。

*

下一次見面，我只見到佩宣斯和凱斯的半張臉，但能看到完整的鏡子和沙發。新冠疫情迫使我們面對電腦螢幕。他們先前都沒進行過視訊通話，雖然有我的指示，包括我氣急敗壞地說：「你們真的完全搞不定科技耶！」我從未成功看到他們完整的臉。大家聽到我不耐煩的叫聲無不開懷大笑。

我很高興知道他們都很健康且狀況很好。安潔拉沒化妝的樣子看起來比平常年輕，長辮子底下露出金屬耳環，髮辮鬆鬆地垂在嬌小的身上。萱蒂斯吱吱喳喳地說話，隨著電影《冰雪奇緣》（*Frozen*）的音樂開心地跳來跳去。她告訴我她不懷念學校，喜歡在家跟爸媽一起跳舞。凱斯表示：「她帶給我這麼多喜悅，我簡直感激到想哭。」

林弗在廚房裡晃進晃出，滑著手機。這種輕鬆的家庭場景和大部分心理治療大相逕庭，這將成為我們後續會談的背景。在某些方面，我可以更清楚地看到這家人的生活與他們之間的互動模式，儘管這也讓他們有機會在治療過程中分心。

最重要的是，他們對彼此深厚濃密的善意即使透過螢幕也感受得到。他們緊密相依，洋溢著溫馨的趣味。在全世界因為新冠疫情變得灰暗時，我覺得跟他們相處，身心都更加健康了。

封城讓凱斯有機會做些居家 DIY 的工作，嬌小但強壯的安潔拉則在花園裡忙碌：挖土、除草、種植。她發現了自己富有創造力的一面。佩宣斯告訴我們她每天都會去屋前的花園、做一些家事，知道凱斯和孩子們定期會去探望她，為她買東西並幫助她，所以感到很安心。「那沒什麼啦，」凱斯解釋道，「我換電燈泡，把她的處方藥給她，我們抱了一下，就完成了。」林弗一開始非常開心不用去上班，有時間完成二十八天的健身挑戰、玩線上遊戲。大家看起來都很愉快。

我想知道他們的經濟狀況。佩宣斯靠老人年金過活。開計程車的凱斯一夕之間沒了收入，但他設法靠開車送醫護人員上班、像銀行申請貸款、跟房東協商免收租金幾個月，來彌補收入，儘管收入只有原先的四分之一。安潔拉是托兒所老師，被迫休假，在高級餐廳當副主廚的林弗也一樣。我們可以在會談上聊聊「新常態」種種令人氣憤的細節，但我想進一步了解凱斯和手足之間的關係。我想弄清楚造成他們感情破裂的根本原因，我從他開放的語氣中察覺出和解的可能。

凱斯拋出一個問題來開啟這段談話：「我們以前什麼也不做也無比開心，我們之間的感情很特別。那時沒有錢，但每個人都在一起，沒有人被丟下。現在我們分道揚鑣了。我們那時擁有那麼少，卻非常快樂，為什麼現在擁有這麼多，卻非常悲傷？」

我的心感到刺痛。我對凱斯說，**儘管我們不見得找得到絕對的答案，但或許能達成某種理解**。

在多次會談之後，我們成功達成了這種理解。這包含兩個部分，而且彼此相關。首先，凱斯的姐妹葛蕾絲引介佩宣斯信奉耶和華見證人。其次，在阿曼妮生病期間，乃至後來，葛蕾絲完全沒幫過凱斯，尤其是沒給予經濟資助。對凱斯來說，這是十足的背叛也是偽善：身為虔誠的基督徒，他們怎可讓他獨自掙扎？

之後的會談逐漸揭露此事的真相。阿曼妮死後三個月，佩宣斯煩惱不安，每晚禱告，但

「上帝沒有聽我說」。佩宣斯是羅馬天主教徒，在安地卡就讀管教嚴格的天主教學校，她把孩子也都培養成了同樣的信仰。佩宣斯告訴我，有天她深感痛苦，女兒葛蕾絲建議她跟她一起去「王國聚會所」（Kingdom Hall），耶和華見證人在那裡集會。「那個星期日，我在那裡聽到他們說的話讓我停下來思考，我知道它適合我。從那天起，我成為耶和華見證人，我覺得滿高興的。」她以一種不容進一步討論的語氣說這番話。

這時凱斯開始來回踱步，有時消失在螢幕上，我看得出來他不會安靜接受這一切。「我們為你高興，媽，但想想我們的感受。你是大家長，但現在你離開了，我們是迷途的羊。你怎麼會是耶和華見證人？媽，你是全世界最愛過聖誕節的人（耶和華見證人並不慶祝聖誕節）。你以往是從十一月就開始準備，如今我們不知道聖誕節該怎麼過，而你一副置身事外的樣子。你是下意識覺得需要受苦，因為你孫女死了？」

佩宣斯挺直背脊、抬起下巴，正要回答時，一直輕輕哼唱的萱蒂斯突然大聲問：「阿曼妮什麼時候回來？她會來參加我的生日派對嗎？」

我們全都沉默不語。即使身為死亡專家，我也沒料到她會這麼問。安潔拉明顯感到驚慌，回答道：「親愛的，她在天堂，她不能來參加你的派對。」然後帶她去花園。其他人看著我。佩宣斯雙眼含淚，非常緩慢地說：「幾個月前，她抓住我的手說：『奶奶，奶奶，我好怕。我不想死。』我們該怎麼辦？」

我解釋說，他們應該先確認萱蒂斯對阿曼妮的事知道多少。對孩子來說，天堂可能代表很多事，而跟永恆的死亡無關。它有可能是漢堡店或洋娃娃的名字。我告訴他們要讓萱蒂斯知道阿曼妮已經死了，儘管很難說出口，但要用「死」這個字，讓萱蒂斯明白她不會回來了。她必須和周遭的大人掌握同樣的真相；對於不知道的事，她會編造故事來代替，而她編的故事可能比真相還嚇人。他們得到指引後，都鬆了一口氣。大家都同意下次的會談，可以繼續談佩宣斯成為耶和華見證人的事。

這次會談談了很多，結束視訊時，我覺得身體緊繃。好幾個念頭在我腦海中盤旋，其中一個是：這種情況有多常發生？五年前，阿曼妮的死帶來巨大的震撼，破壞了一切，讓所有人噤口不語。感覺這個家庭系統已經給了她一個位置，而在這種沉默中，他們雖承認她已經死了，但她會永遠存在於他們心裡。我也想知道，萱蒂斯的問題是否說明了家中常發生的情況：透過照顧孩子，來迴避痛苦的話題。**忙於照顧孩子或其他任務，常常被當作悲傷的麻醉劑，但這麼做一定會阻礙悲傷的自然適應過程**。

*

接下來的那次會談，佩宣斯說她母親在她還小時就已過世，她是由虔信天主教的祖母帶大。我認為這意味著，在某種程度上，「教會」為失去親人的孩子提供了重要的依附角色。「神父領著我看教堂裡所有的雕像，叫我向瑪利亞禱告。我小時候不懂，但我現在知道了，唯有耶穌能夠幫助我們。他們向我解釋了《聖經》的含意，我很高興。有些人說我傻，但它幫助了我。」我回應說，也許相信比人類生命更大的東西，是唯一能夠幫助她的事情。

「我經歷了一段相當痛苦的日子，先是丈夫和女兒過世，然後是阿曼妮。我不停禱告，某天凌晨三點，我相信我有看到一個男人。我沒看到他的臉，只看到背影，他高高的，對我說：『佩宣斯，你必須改變行事方式。』我會說那是耶穌來找我，從那以後，我變了很多。我不想再當天主教徒，耶和華見證人才是我想要的宗教。」

我從佩宣斯的聲音中，聽到了她對這個宗教堅定不移的信仰。她的信念如此根深柢固，就像在地板打上堅實的地樁，而且她拒絕討論此事。但凱斯希望她知道，她捨棄了大家的信仰時，讓全家人都很難受。他對我們說，在她皈依新信仰後的幾年裡，他與所有兄弟姐妹的關係都破裂了。他已經五年沒見過葛蕾絲，也沒跟其他手足說過話。但佩宣斯只反覆說：「我剛才已經說了，每個人都有自己的看法。你大可決定自己想信什麼教，沒人逼你。我只希望自己的孩子支持我成為耶和華見證人。」

凱斯以我從未見過的憤怒反駁道：「我媽把所有壞事放在箱子裡，然後在睡前禱告，希望明天早上情況就會好轉。我只希望她明白她對我們產生什麼樣的影響。」我看著凱斯表示，我知道他很生氣，同時告訴他，就我所見，佩宣斯無法明白她的決定會對凱斯帶來什麼影響。

後來，我反思了不同世代的人如何以不同的方式處理困難。佩宣斯那一代的人往往會埋葬它，忘掉以後繼續過日子。他們似乎沒有其他選擇，那時心理教育或諮商幾乎不存在。對凱斯與安潔拉而言，說出內心的感受是很正常的，當然，像林弗這樣的Z世代，更有可能直接說出他們的心理健康問題。是否有哪種方式優於其他方式？我是心理治療師，我有偏見，是的，我相信**情緒是我們需要承認並允許其流經我們的訊號。我們為了阻擋這些情緒而採取的行動，往往會使傷害持續下去；如果情緒沒有受到阻擋，它會讓我們適應和改變。**

佩宣斯希望她的感受被人傾聽、了解，卻不太願意試著理解凱斯的感受，這讓他很生氣。她也無法意識到，她的其他孩子可能會對她的偏袒產生嫉妒感。

我認為我們可以由此學到一件事：**我們必須能夠對生命裡重要的人說出並表達心中的感受，也要有勇氣繼續往前走，不管人生際遇如何。**

林弗率先在這個鴻溝上建立一座橋梁。他說他知道大家聽到佩宣斯變成耶和華見證人時，都嚇了一跳，但他理解佩宣斯的觀點，因為他更早時也已皈依伊斯蘭教。他表示，全家人聚在一起吃聖誕大餐是維繫感情的關鍵。造成問題的並非不同的信仰，而是全家人不再圍著一張桌子用餐。聖誕大餐的精神是歡迎每一個人，並帶給他們貫穿一整年的歸屬感。由於奶奶無法再慶祝聖誕節了，也許該輪到凱斯為聖誕節做準備。

安潔拉說出心中的疑惑：佩宣斯是否體認到自己是這個家的帶頭人物，凱斯點點頭，佩宣斯微笑著。她知道，而且她跟以前一樣愛大家，這一點沒有任何改變。安潔拉提高聲音說道：

「媽，我想他們懷念聖誕節。」

林弗再次提出關鍵性的建議：「我覺得我們應該選個日子，哪一天都好，因為大家對於聖誕節的名義都有意見，我們當中好幾個人信不同的教。我們只需要聚在一起，聊聊彼此的近況。不妨叫它做『團聚日』，或『布朗日』。」每個人都笑了，笑在他們家意味著同意和安心。

但凱斯不肯就這樣算了，他再次要求佩宣斯為她造成的傷害負起責任。凱斯感到苦惱，因為他和葛蕾絲之間的裂痕尚未修復，而且他母親至今仍未承認他有理由因為她改信宗教而生氣。他還覺得教會是個騙局，他每星期都會去，但當阿曼妮過世時，教會對他一點幫助都沒有。凱斯徹底宣洩怒氣，不斷重複同樣的話：「我需要葛蕾絲的時候，她那時在哪裡？誰幫我一把？誰幫助我了？沒有！如果你不能幫助自己的兄弟，宗教又能做什麼？上帝在哪裡？」

林弗再次建議大家去葛蕾絲的家，把事情說清楚。很顯然林弗是**家庭中的情感連結者和促進者，這是非常重要的角色。每個家庭只需要有一個這樣的人，就能帶來非常大的改變**。

安潔拉和佩宣斯附和說大家的確有必要談一談。我們都被凱斯的憤怒嚇到，但重要的是他表達出來了，因為長期懷恨會阻礙他與葛蕾絲修復裂痕的能力。

我很高興我們都見證了他的痛苦，而且他已充分釋放痛苦，能夠更平靜地跟葛蕾絲說話。現在回想起來，我發現我錯過了一個事實：佩宣斯是造成問題的部分原因，因為她不允許凱斯有那樣的觀點，但凱斯的觀點或許可以幫助全家人和解。也許我當時也被她安靜的力量所束縛了。

＊

心理治療並非在真空中進行。政治和社會事件會對個人造成影響，因此也會影響治療情況。種族歧視對人的心理健康有直接的影響，我們這次會談是在美國明尼蘇達州明尼亞波利斯市，白人警察德里克・蕭文（Derek Chauvin）在逮捕黑人喬治・佛洛伊德（George Floyd）時殺了他的一週後。我問他們對於「黑人的命也是命」（Black Lives Matter，BLM）運動再現有何想法，是否認為這場運動確實能夠推動反種族歧視的浪潮？

佩宜斯說她沒有關注這則新聞，但她仍然發表意見：「我不喜歡暴力。」佩宜斯的是非觀念分明，她接著說：「我不知道為什麼人們歧視黑人，我們沒有對其他人造成問題。但只要有壞事發生，人們就會怪到黑人頭上。我以前工作時，遇過一些病人說：『我不要你碰我。』我會說：『那麼誰要來照顧你呢？』我對他們表現出尊重。然後，他們會平靜下來，說：『哈囉，你好嗎？』」她望向窗外，用一種更具反思性的語氣說：「現在不一樣了。黑人小孩可以去白人小孩的家裡玩，反過來也一樣。在我那個年代，他們會當著你的面把門砰地關上。」一陣沉默，我們體會她話裡的殘酷。我感到一陣羞愧，但她似乎沒注意到，只是再次望著窗外。她記起了什麼，雙眼發亮：「凱斯最好的朋友是一個愛爾蘭白人男孩。」

凱斯說：「對，我的麻吉來自愛爾蘭的家庭，那時是一九七〇年代，你還會看到詭異的告示牌，上面寫著『黑人、愛爾蘭人和狗禁止入內』，凱斯笑了。「我們會一邊溜狗一邊笑。」

我想問他回想起如此巨大的侮辱，怎麼不生氣，但佩宣斯插口道：「我有個密友是白人。我出席她的葬禮時，大家都很歡迎我。沒人看著我說：『她是誰？』每個人都來到我的位子旁。」

凱斯打斷母親道：「我想我們不算真的了解我父母受到的磨難。他們見過更不公平的事，姐姐們也是。瑪麗告訴過我，被辱罵稀鬆平常，老師並沒有採取行動阻止或保護她。很奇怪的是，我的姐妹們也因為膚色不夠黑而遭到膚色較黑孩子的歧視。我媽從來不說種族的事，在家裡沒有什麼東西讓我們覺得自己是『黑人』。她傳達給我們的訊息是：『全心做好一件事，尊重別人，繼續過生活，把學校功課做好。』這是不論族裔，大家都要面對的問題。她從來不讓我們覺得我們應該反對白人。我爸媽相當受到敬重，我朋友大老遠看到他們走過來時會說：『布朗夫婦來了，別胡鬧！』」

安潔拉遇到的情況則不同，她一直是少數族群。「我上小學時，只有我跟另外一個女孩是黑人，還有兩個混血女生，就這樣。中學呢，大概有三十個黑人，我們會一起玩。但是到了林弗上學的時候，七五％是黑人。你就覺得，哇，他們是從哪冒出來的？」

我想知道她在學校有無遭遇種族歧視。她說：「有一點，只有在小學時有一、兩個人。」

我滿驚訝她輕輕帶過，就跟凱斯和佩宣斯一樣，並想知道為何這種經驗沒有對她造成深刻的傷害。安潔拉的回應很明確：「我有個姐姐會保護我。我在學校從沒跟人大吵過。不過我認為BLM運動有助於提高人們的意識。我們需要改變，雖然我不認同他們推動的方式。現在人們用異樣的眼光看我，好像我即將要發火似的。有人會看著我，因為我是黑人。但我認為我只是我。」

凱斯加上一句：「那段時期真的很有趣。我忘了這件事，然後我去看踢足球，超興奮，每個人的T恤上都印著BLM。但我不贊成拆毀雕像的做法，你若採取暴力，就沒人注意到真正的訊息。我們可以承認過去發生過的恐怖事件，但你不能摧毀過去。每個人某種程度上都從這些壞事中獲益。不過，像馬庫斯・拉什弗得（Marcus Rashford）這樣的人帶來了正向的改變。或許人們不了解我們以前每天要經歷哪些事。」

我真希望自己是跟他們同處一室。這是一個非常複雜的主題，引起了強烈的情感，而隔著螢幕會過濾掉一部分，但我理解他們的看法基本上是一致的。紛亂的思緒如萬花筒般在我腦中盤旋。身為從不需要克服膚色偏見的白人，我對所處社會犯的錯誤感到歉疚，也對自己無意識的偏見感到羞愧。這一家人似乎對自身的種族身分感到自信，對於經歷過的種族歧視也沒有明顯的怒氣。他們是否已被同化、「無視於膚色」（不承認自己的黑人身分），並小心翼翼地避免種族歧視？這是如何滲入他們的自我當中，他們又是如何面對衝突和失落呢？

我認為林弗或許可以分享一些關於示威活動的新觀點。他說道：「我對示威不太感興趣。」他和他的朋友對此進行了很多討論，他們感到興奮，但當他們邀他一起去時，他沒去。我問他原因時，他低下頭，這股沉默顯得沉重。當我追問時，他說：「我以後再跟你說。」我提醒自己之後要記得回來談這件事。林弗接著說他遇過的種族歧視：「我十三歲時，有次跟一個朋友走在街上，有人用起司漢堡扔我，還高聲罵難聽的話。漢堡打中我脖子後面。」他用手摸摸脖子，我厭惡到全身發抖。他點頭道：「是啊，很糟。」但我感覺到他不想說的那件事，讓他無法專心和大家聊種族歧視的經驗。

*

幾個星期後，我問林弗是否準備好要談了。他不敢直視母親的眼睛，期期艾艾地告訴我：「我有天晚上喝醉了，朝那傢伙的眼睛揍下去。我被逮捕了，罪名是實際身體傷害。那段時間很可怕，持續了一年半，去法院很多次。我超怕自己會去坐牢，變得很沮喪。最後我被判緩刑，必須做社區服務。」

他講話時，我咬緊牙關，看著他眼裡的恐懼，意識到他呼吸加快。佩宣斯頻頻嘆氣，凱斯與安潔拉用溫柔的目光凝視他。我表示非常同情他的處境，尤其是一次酒醉的行為竟造成這麼嚴重的後果。林弗抬頭看著母親，表示她的激勵幫他培養了良好的習慣，井然有序的生活給了他安全感。在整個過程中，他職場上的經理始終支持他，幫助他找回自信。他臉上綻出大大的微笑：「我愛死那裡了，等我回去時要大展身手。」

這種情況再次讓我看到，**決定你人生後果的並非在你身上發生了什麼事，而是你如何回應它**。從林弗的例子來看，恐懼讓他極度消沉，但由於家人積極支持他，經理也對他有信心，促使他重新振作。人需要人。我們生活順遂的時候會需要他們，而處於困境時更需要他們。

而且，在這個家裡，林弗是一股重要的力量。他幾星期前建議大家開始進行對話，以修補家族內部的裂痕，已經有了成果。佩宣斯已經跟所有孩子聊過，告訴大家：「不能再這樣下去。你們以前是多麼親密，我不知道發生了什麼事，但是你們兄弟姐妹互相對立是不對的。」她重述自己說過的話時，深吸了一口氣，用那種重要時刻才有的晶亮眼神看著我：「情況已變得不同，好多了。」

目睹佩宣斯對成年子女有這樣的影響力，這令人著迷。孩子都尊重她說的話，大夥兒開始互相聯絡，慢慢建立感情。我微笑道：「家庭中確實存在著神祕和魔力，有時候你搞不懂為何一家人為了繼承一個花瓶而爭吵，幾十年不相往來。有時候則只要母親一句話，家人之間再深的嫌隙也可以和解。」情感系統並不總是按邏輯運作，也沒必要試著讓情感變得有邏輯。然而，那些始終存在的家庭紐帶可以帶來希望。

凱斯知道手足之間的關係正在改變，因為數年來頭一回，全家人在他哥哥的花園裡吃晚餐。「那次以後，有幾個人跟我道歉，事情朝我希望的方向發展。葛蕾絲道了歉，而崔佛說出了積壓在內心的話。那次晚餐跟我們以前用餐時的氣氛一樣。」凱斯喜形於色，「我們找到了重新連結的方式，這對我來說意義重大。我們的心中有愛。」

我看到他們因為重拾家人的感情，臉上露出如釋重負的表情，不禁感到喜悅。他們重新建立感情的速度之所以如此快，是因為他們相互信任、彼此關愛的基礎，是在童年時期就奠定了。這並不是一個充斥著有毒關係的功能失調家庭。造成家庭分裂的原因包括：在梅莉安（凱斯的姐姐）去世後，阿曼妮的死、兄弟姐妹無力支持凱斯、先前存在的爭奪母親注意力的心結，然後是佩宣斯加入新教派，全家人一年一度的聖誕團聚因而劃上休止符。每一個人都付出了時間和心力，才促成這場和解。

我感興趣的是一頓飯對於凝聚全家有多重要。佩宣斯關懷照料孩子，為他們的利益著想，恰與安潔拉一家形成鮮明對比：她父親說過他希望孩子能修復分歧，卻什麼也沒做。我們得付出時間和注意力，才能讓整個家正常運作。沉默往往構成阻礙。

林弗居中調停的角色可能也給了他力量和信心，想獨力開創事業。有一天，看似隨機——或許可稱之為治療師的直覺——我問他為何還住在家裡。他笑了，說他以前搬出去過，但在阿曼妮死後，他回來幫母親的忙，不知怎地就留了下來。我看到凱斯與安潔拉互看了一眼，便問兩人那眼神是什麼意思。兩人笑了，他們很愛笑。安潔拉加強語氣表示，林弗是到了該獨立生活的年紀了，而林弗反駁道：「你會想我的！」安潔拉立刻回他：「只有一點點啦。」引來更多笑聲。林弗不斷重複說：「只有一點點啦。」佩宣斯笑著但沒說話。我看得出林弗的內心出現變化，他臉上一閃而過的表情彷彿在說「我會證明給你看」。

接下來的那次會談，他才剛搬進新公寓。他自豪地說自己很快就找到這間公寓。他和女友住一間房，跟另外兩人分租那層公寓。空氣不錯又乾淨。他移動攝影機的鏡頭，熱切地向我展示他的房間，我能感覺到他有多開心。這是重大的一步。

*

放暑假前的那次會談快結束時，凱斯用平淡的口吻說：「我七歲那年，爸媽分居。」我實在太驚訝了，什麼話都說不出來。到那時為止，我聽到的一切都讓我以為雷蒙和佩宣斯的婚姻幸福長久。根據我的經驗，我知道案主可能會在療程尾聲時拋出震撼彈，專業上稱之為「門把掉落」（door handle drop）。他們希望治療師知道某件事，但又無法在說出口後去面對它。

*

暑假後我們再度見到彼此，喜悅之情溢於言表。每次會談開始時，萱蒂斯通常是最先跟我打招呼的人，把我當成全家的朋友，一邊說著「哈囉，茱莉亞」，一邊在母親旁邊的沙發上跳上跳下。她問我什麼時候生日，然後列出每個人的生日，當然還特別關注了自己的生日。我記得我在受訓時，聽到人家說你騙不過四歲以下的小孩，這話最適合套用在萱蒂斯身上。這個活力充沛、備受寵愛的孩子非常靈敏。她不只看得出每個人的心情，而且本能地知道如何滿足自己的需求，以及何時最好自己玩。

那次會談中，我首先表示對於佩宣斯和雷蒙離婚一事感到不解。佩宣斯回憶：「我們結婚初期，每件事都很美好，我不曉得是什麼改變了它。突然間一切都走下坡。他跑去喝酒，當我要他解釋為何老是喝酒，他只是笑，假裝一切都沒問題，但明明問題很大。我說：『你必須負起責任，孩子要放在第一位。』這些話我說了好幾年，給過他很多機會，但他都沒有照做。我受不了。」

凱斯進一步解釋說父親工作的地方，一側是賭馬業者，另一側是酒吧。酗酒和賭博讓他步入歧途。「他小贏過幾次，以為只要再贏一次，一切就沒問題了。」

事實恰好相反。身為單親職業婦女，佩宣斯顯然非常辛苦。「我必須確定孩子們安全，準時上學，準時回到家，桌上有食物……但這比他鬧失蹤搞得雞飛狗跳，讓我要擔心他來得好。」

對凱斯來說，童年時期快樂的節奏變得荒腔走板。他們不得不賣掉房子，他有五年沒到見父親，直到某天，雷蒙突然去學校找他。「在那之後，我常去見他，變得比較了解他。那時他心臟病發作，整個人瘦了一半，也傷心不已。媽對他來說非常重要，但他知道自己搞砸了，從沒說過她一句壞話。瑪麗和我留意他的情況，媽每週六替他熬湯，但不再見他。後來他心臟病再度發作，喪失了說話能力，不過他一直很有趣。」

凱斯的語氣變了，彷彿整個人沉浸在父親病重的記憶裡。他決定不要孤身死在英國的公寓裡，他要回安地卡，那是他的家。「他離開前，我們全聚在一起。媽來了，兩人還一起跳舞，很可愛。看到他們倆跳舞真是美好。」

我的眼淚奪眶而出。我能感覺到他們對雷蒙的愛，也感受到他留給他們的愛和笑聲，以及他「搞砸了」帶來的悲傷。

離婚會為孩子帶來許多不良影響。通常不是因為離婚本身，而是其後果：貧窮、父母的爭吵和疏遠。孩子通常會將父母離異視為他們童年的結束。我們知道父親角色對於孩子的發展和幸福很重要；鮮為人知的是，若父親繼續養育孩子，他們會有更好的人生。雷蒙吃了不少苦頭，凱斯卻沒有因為父母離婚而留下長久的傷害，似乎在提醒我們社群對於養育孩子的重要性。凱斯有他的社群：慈愛的母親、哥哥姐姐及其伴侶，一起扶養他長大。

為了避免落入「黑人父親在孩子生命中缺席」的刻板印象，我查閱心理學家葵蓮・克努妮（Guilaine Kinouani）所寫的《黑人的生活》（*Living While Black*，暫譯），書中指出「黑人父親是參與孩子生活最多的人之一，有兩百五十萬名父親參與，一百七十萬名沒參與。」

我問佩宣斯是否有過其他伴侶，她表示有兩、三年跟某人交往過，但沒結果，因為他是個花心男。她輕描淡寫地談起他，彷彿這段感情對她而言無足輕重。她說：「我從那時起就一個人過，應該有三十年了。」我明白她唯一愛的人是雷蒙，不禁感到悲哀。我感覺到大家意識到那些無法挽回的失落，情緒都變低落了。

通常，我會鼓勵案主表達他們的傷痛，作為治癒和哀悼失落的一種方式。但我知道那種做法不適用於這個狀況。對於那個讓他們失望並離開他們的男人，全家人只能基於現實地接受。佩宣斯立下了基調：她們那一代的女人，內心深處的信念是繼續過生活，不要小題大作。而且她婚後頭幾年的幸福給了她支撐的力量。

我也看得出雷蒙對凱斯來說仍具有重大的影響——他的愛、笑聲和活力——也是一個不該仿效的榜樣。凱斯一針見血地說：「我從他們的錯誤中吸取了教訓，一段感情告吹有多令人心痛。我也看到他們的長處。我盡量尊重另一半……」他轉頭對安潔拉說：「我承諾。」**凱斯與安潔拉都意識到他們可以改變童年時期的劇本，不要像父親那樣，要有不同的做法。我們都能改變最初的劇本。**

*

布朗家庭拼圖的最後一塊是我們沒有討論過的：林弗和親生父親的關係。沒人提起過他，我始終不知道他的名字，我得確認他是否已過世，結果不是，他還活著。我提起這件事時，安潔拉改變了姿勢。她通常身體往前傾，態度開放坦率。但我一提出這個問題，她雙臂交叉，林弗開始踱步。凱斯和佩宣斯比較放鬆，甚至有些好奇。安潔拉緩緩地說，設法克制聲音裡的氣憤，但每一句話都飽含怒氣，這股情緒透過螢幕傳到我身上，猶如一記重擊。她說：「他愛拈花惹草，愛喝酒，不可靠。我們本來說好一起照顧孩子，我以為對他還算了解，但是他突然消失了。」

我們都沉澱了一下，林弗接著開口：「我以前常想爸爸是什麼樣的人？我曾經試著想像他。但等我找到了這個人……嗯，我有去找他，發現我根本不想知道這些。他是酒鬼。我看到他時覺得憤怒又難過。我無法改變他，所以只能放手。凱斯更像我爸，帶給我比較好的影響。」

他的聲音裡有一股堅決，是我先前從未聽過的。針對這件事，他花了很長時間深思熟慮過。我問他是否有哪件事想讓爸爸知道。林弗笑了，他喜歡我這麼問。他最後幾句話宣洩出長期積壓的怒氣：「他不應該離開我姐姐的媽媽（指他父親的前任伴侶及其女兒）；其次，他應該戒酒！」

林弗停頓一下，帶著微笑轉頭對安潔拉說：「媽有時想殺了我，因為我長得像他，連聲音都像。」

這句話將我們帶往另一個方向，我們開始談父母離異家庭的常見經驗。安潔拉微笑但堅決地說：「林弗認為他可以做自己，靠魅力打動人，跟他爸一樣。我希望他多像我一點，而不是『高興做什麼就去做』。有時我像是他朋友，有時則是他媽媽。」

我發現自己想為林弗辯解（比較像是想保護他的朋友，而非公正的治療師，或許是因為在那一刻，他讓我想到我兒子）。「平心而論，」我說，「他做錯什麼事了嗎？他是全家第一個拿到學位的人，有穩定的工作，在打官司期間想清楚很多事。他找到公寓，沒酗酒，而且他很有魅力，難道不是很棒嗎？」

林弗大大咧開嘴笑了，知道我是他的盟友後精神一振，脫口而出：「媽的做法就是這樣，一下子是玩伴，一下子是母親。有時我來吃晚餐，你會說隨時都可以來，但也有些時候好像我不夠尊重人似的。」

安潔拉沒再反駁，說：「好吧，你說得對，但這讓我覺得你應該要把我們放在第一位。」林弗回嘴道：「你知道我把你放在第一位的。媽，你知道的。我同意，你有時候需要糾正我，但是……我是傳奇人物耶，我不可能會像爸那樣。你把我養大，我有凱斯做我的爸爸，像凱斯這樣的人可不常見。」

佩宣斯用她無與倫比的方式為這次討論作結：「林弗有一個光明的未來。」我也對他有信心，他是個優秀的年輕人。林弗指出一個重要的問題：很少人認識到繼父在教養上扮演了重要角色。我認為他們的價值和功勞被嚴重抹煞。此外，由於我們人生的道路絕非一成不變，在正確時間做出正確的干預，或許能讓可能步入歧途的孩子轉而走上正向、有韌性的道路。

*

我們最後一次會談聚焦於家庭衝突的關鍵：聖誕大餐。數千年來，家庭都會慶祝重要的轉變或時節。每個家庭的儀式都是獨特的，並受到文化的影響：這種熟悉的聚會模式既具慶賀性，又能撫慰人心。自從社會趨於世俗化，許多儀式已式微，但聖誕節基本上仍存在。對於布朗家來說，聖誕節有更大的凝聚力量，絕非外人所能理解。當佩宣斯不再慶祝聖誕節之後，家人之間的情感網絡變得支離破碎。幾次會談之後，他們贊成一起吃一頓慶祝餐。安潔拉對我說：「我們前幾天還聊到這件事。可以說：『媽，來我們家吃晚餐，享受輕鬆的時光。』但不要叫它聖誕節。」

佩宣斯贊成道：「讓我們開始行動，成為一家人吧。我們要相親相愛。」

這是重大的一刻。**掙脫過去的傷痛，嘗試用新的方式團聚**。他們並未忘記逝去的親人和難關，只是他們克服了這些困難，走到了一起。

家庭是持續變化的有機體，需要隨著家庭成員的成長、死亡、改變和發展，而更新和修正。我有幸見證這一家的主要成員如何審視、澄清和轉變他們的態度，進而達成和解，和睦愉快地相處。

我們的任務達成了。他們都認為透過交談，讓他們更加理解彼此。佩宣斯說：「這對我很有幫助，現在我們變得很親近了。」

凱斯也說：「情況有改善真是太好了。我生日那天，葛蕾絲打給我。我無法跟你形容那種感受。」

安潔拉說：「我們都更加理解彼此的觀點。」

對林弗來說，「這真是棒呆了。」

有我這個外人在場，使他們能夠進行無法獨自展開的對話。這家人從前的親密因為阿曼妮過世的悲劇而出現隔閡，他們試著壓抑不愉快的想法和感受來穩定自己，不知道該如何在不爭吵的情況下表達它們。但這導致了潛在的怨恨和敵意浮出水面，並變得更加強烈。危機就是這樣來的。經由這些會談，他們能夠坦承面對困難、表達憤怒、宣洩不滿，最後和解。我相信我的角色讓每個人都有公平發聲的機會，否則家庭動力很容易排擠掉某些人表達的空間，誰聲音大誰就贏。**他們透過會談認識到彼此的觀點，並放下憤怒。當每個人的聲音都獲得相同的重視時，他們更能開放地接受新想法。**

爭論不重要，重要的是說出想法和感受，一味壓抑想法和感受或任其惡化時，就會產生怨恨與僵化的態度，進而導致衝突。安潔拉和手足很可能是因為少了父親的帶領，尚未達成和解。安潔拉已經將愛和注意力轉移到她信任的人身上。布朗一家，在佩宣斯的帶領下，沒有大肆攻擊對方，也沒有翻舊帳，而是專注於目前的問題。他們保持善意，專心聆聽對方的意見，而非一味堅持自己是對的，並找到了重新凝聚感情的方法。他們的爭吵最終拉近了彼此的距離，關係變得緊密。

這家人經歷過各種不同的難關：早夭、離婚、手足疏遠、被逮捕、遭受種族歧視。然而，他們還是過得很好。原因是什麼？我認為是佩宣斯樹立了榜樣。她是一股力量，讓大家團結一致，挺過艱困時期。她信實可靠的愛，是孩子生命的磐石。在我看來，她的愛似乎保護他們免在種族歧視攻擊中受到嚴重的傷害。她的其他特質：堅忍、幽默和滿懷希望，傳遞給了每個家庭成員。她不是光靠言語，還透過行為展現身教，對孩子產生很大的影響。孩子都信任她，因而能夠信任自己和彼此。但矛盾的是，這也使他們在阿曼尼死亡的危機中造成了隔閡。

佩宣斯能在人生不順時展現力量，主要是靠信念。

當我們感到強烈的悲傷時，我們會陷入自己的故事中。若面臨崩潰邊緣，我們就幾乎沒有能力去包容彼此的故事。每個人都會盡力處理自己的悲傷，但如果沒有合作，家庭系統可能會分崩離析，變成一座座痛苦的小島。

在我們的會談中，林弗為家人打造出非常重要的連結，串連起各自迥異的觀點。是他重新框架了他們的爭執，幫助他們治癒創傷。

當家庭陷入僵局時，只要有一個人改變家庭動力，這個家就可以重新運作。通常孩子最適合接下這項任務。他們沒有積累太多的傷，能有彈性地以新的眼光看待事物，提出新的解決方案。

智慧不光是來自經驗，也可能因為夠柔軟靈活，而獲得新的視角。

年輕人的智慧是一種被低估的資源。

羅西家

如何從長期創傷中復原？

個案背景

羅西家的成員包括莎拉（Sarah），七十五歲，是退休的物理治療師，以及她的三個女兒：法蘭西卡（Francesca），四十八歲，有兩個小孩的單親媽媽，是一間博物館的館長；瑪麗亞（Maria），四十五歲，已婚，有三個小孩的全職媽媽；安娜（Anna），四十二歲，已婚，是名護士，目前休育嬰假。她們都是天主教徒，莎拉尤其虔誠，會定期去教會。她的丈夫馬帝奧（Matteo），是義大利籍警察，在女兒們還很小時自殺了。四年前，法蘭西卡去戒酒中心治療酒癮時，全家人才明白父親悲慘的死亡帶給她們某些尚未解決的問題，促使她們尋求家庭治療。我們透過 Zoom 會面。

自殺就像一枚集束炸彈，碎片會刺穿離它最近的人，以悲痛和創傷的形式存在於其中，直到能找到它們並治療傷口。內疚以及不斷重複的「如果那樣做會怎樣」、「為什麼」，只是倖存者所面臨的痛苦之一而已。馬帝奧的三個女兒長期以來一直生活在父親去世的痛苦之中。四十年後的現在，她們想釐清這起事件對她們和母親造成什麼影響。

當我第一次見到莎拉時，被她聲音的力道震懾住，那是宏亮又帶些沙啞的聲音。她帶著橢圓形的眼鏡，濃密的白髮梳理整齊，用玳瑁髮夾夾著。她想傳達的訊息很明確：「別惹我，我很堅強。」身為治療師的我認為，**防衛越強大，代表內心越脆弱**。我很快就發現莎拉準備好保護罩是有原因的。

我初次跟案主會面時，會先問自己：她是怎麼變成這個樣子的？莎拉對我說起她的故事。她早年的生活有點辛苦。她們家是中產家庭，住在約克（York），莎拉是三個孩子中的老么，也是唯一的女兒。父親是全科醫師，母親原本是護士，生了小孩後便辭去工作。但父親出軌，對象是母親最好的朋友，兩人撕破臉後離婚了。那時莎拉才七歲。她告訴我的事讓我驚駭：她父母協議離婚時，將孩子像動產一樣分配，一個哥哥歸父親、另一個歸母親，莎拉則輪流去兩家住，像乒乓球一樣被打過來又打過去。

她一反常態地輕聲說話，這意味她不願回想那段時間的事：「我知道的就是這些，那時我還很小，也沒有去質疑。但如今回顧這一切，我想知道他們究竟在想什麼。唯一讓我鬆了口氣的是，我只須隔週見我大哥一次就好。他會恐嚇我，把我當成軟弱愚蠢的小女孩……我現在跟他的關係有比較好了。」她又說，「但當他看我一眼，或用某種語氣說話時，我還是會感到一股恐懼。」

莎拉說話時，我想到約翰．鮑比（John Bowlby）的依附理論。簡單來說，這理論認為我們早期擁有的主要關係，奠定了我們在未來關係中的行爲模式，以及我們如何管理自己的情緒：可能是安全而穩定的，或是不安全而脆弱的。**不安全依附型的人遭受創傷時，由於他們早期學會負面的因應機制，處理創傷的能力因此下降**。就像橡樹一樣：在肥沃土壤中扎下深根的橡樹，更能抵抗風暴。而且不只是照顧者會形塑我們，兄弟姐妹也對我們的發展造成好或壞的影響。莎拉的哥哥表現出的輕蔑，很可能在她心裡烙印了另一層恐懼，而創傷事件會激起這種恐懼。

父母離異留下了遺害無窮的創傷。莎拉稍微加重語氣告訴我，近七十年前那次離婚給她帶來可怕的恥辱——她那時還是孩子，還沒遇過任何父母離婚的人——她因此覺得自己被排斥和與眾不同。父母離異讓她的情緒變得更加複雜：背叛、憤怒，以及她失去了安穩的家所付出的代價。在那個年代，人們對這種事諱莫如深。沒人知道沉默造成多大的傷害；她只能繼續過日子，就像沒什麼事發生過一樣。

莎拉帶著微笑轉向我，眼中卻流露出悲哀。「就這樣，因為這些原因，我一直都想要幸福、穩定的婚姻……我記得我躺在床上，幻想著我即將擁有美好的家庭，那種有柵欄和玫瑰花的畫面。」她苦笑一下又說：「但這並沒有完全實現。」

我理解這一切必定很不安穩和難以預測——來回於父母之間，生活在無聲的緊張中。父母雙方最重要的規則是：「別抱怨，繼續前進就對了！」莎拉照辦了，有條理、有效率地做到這一點。「繼續前進」是莎拉很需要的重要生存技巧，至今仍相當管用。看著她用完美的臉龐面對世界，我想**「完美主義」和「控制」應該是她的應對策略之一**。當然，她幼年時的經驗想必在無意識中造成影響，在人生事件展開時，形塑了她對這些事的反應。

莎拉的兩個哥哥有上大學，但她沒有。在當過幾年祕書之後，她前往西西里島的巴勒莫（Palermo）學習義大利語。「我希望我能找到那個長大了的我，」她如此說道，「那是更有自信、更快樂的我。我一直都是那麼安靜乖巧的小孩，根本不知道自己喜歡什麼，不知道自己是誰。」

用心理治療的術語來說，她是「順應型兒童」（adapted child），**只有當她滿足別人的期望和需求時，才知道自己要什麼**。**儘管莎拉設法掩飾，但不難看出她的內心深處躲著一個脆弱的小孩**。我在想，儘管她二十五歲左右離開英國，但她的情緒發展可能在父母離婚時就已經中斷了。我想只要有一點點打算拋下她的暗示，可能都會觸發她心中那個被遺棄、害怕不已的七歲小孩。

在西西里的陽光下，莎拉在義大利展開新生活。不到半年，她就和擔任警察的馬帝奧墜入愛河。兩人在某次夏季節慶炙熱的氣氛中相遇。他英俊、幽默而且體貼。兩人不到一年就訂婚了。但是直到結婚後，她才發現馬帝奧有兩個版本：一個生性好玩、魅力十足，另一個則是失控的酒鬼。

八年內，兩人有了三名女兒，而馬帝奧的酒癮已到了無法控制的地步。有天下午，她們吃完午餐回到家，發現馬帝奧不見蹤影。那天晚上他自殺了。莎拉三十五歲時以寡婦的身分返回英國，身無分文，還帶著三個飽受喪親之痛的孩子。

我們的治療聚焦於馬帝奧自殺造成的後果。在他死後數十年裡，他的自殺仍對她們每一個人造成了影響。**自殺事件絕非在死亡那一刻就終止，遺留的創傷是無法言喻且相當恐怖的。它會活在身體裡，打亂生活的每個層面**。

*

我第一次跟這四位女性談話時，她們正好一起去義大利度假。她們在馬帝奧的父母住處附近租了間房子，每年夏天都在那兒度過。莎拉的三個女兒望著我，她們有著金色皮膚，棕色眼眸帶著笑意。一家人長得很像，但各具特色。法蘭西卡有一頭淡金色頭髮，剪成俐落的鮑伯頭，戴著綠松石銀項鍊，看得出她很努力維持體態。瑪麗亞的棕色波浪捲髮垂在肩上，戴著飛行員眼鏡，一襲白襯衫，塗上深紫色口紅，散發出追求精準的氣質。安娜也是深色頭髮，用髮帶束起來，戴著圓形大耳環，沒化妝，穿著亞麻長袍。

即使透過螢幕，我也能感受到姐妹們聚在一起的興奮。莎拉先開口，握緊拳頭說：「我覺得這對媽媽來說是個好主意，也許她需要更多協助。」

從她用受格而非主詞來自稱的口吻，我能聽出她和三個女兒一起接受治療是多麼具有挑戰性。我們會面是為了討論讓她人生變調的事件，她幾十年來一直試圖克服，但都失敗了，這是非常痛苦的。**唯有當你朝能夠治癒的方向去努力，「時間治癒一切」這種說法才成立。未處理的悲傷會留在心裡，即使過了許多年甚至幾十年，依舊和它發生時一樣鮮明。**

四年前，法蘭西卡進勒戒中心戒除酒癮時，她們在某次家庭團體治療時明白了一件事：馬帝奧之死讓許多問題浮上檯面，至今仍未解決。我問她們關於那次團體治療還記得哪些事，莎拉輕聲對女兒們說：「拜託，你們應該比我清楚，你們的記憶力都很好，我倒是記得自己一直被念。」

法蘭西卡回嘴道：「你才沒有被念。」莎拉顯得畏縮，不再說話。

我感覺到，儘管莎拉希望一切都能變得更好，但她不知道該怎麼做。她顯得有些意興闌珊——就繼續過下去吧。我察覺到在她能幹的外表底下，有一股不安在動盪著。最重要的是，**她害怕重新經歷創傷，而這正是讓她陷入困境的原因**。

每個人都激動地告訴我，馬帝奧的葬禮結束後，就不再有家人或朋友給她們支持。莎拉帶著可以理解的怒氣說：「沒人聽我說，我根本沒機會說話。」後來她去向醫師尋求協助和忠告，醫師只說：「你們都過得很好啊，就繼續過下去，享受跟孩子在一起的時光。」莎拉認為她只有這個選項：保護孩子、讓她們有棲身之處、賺足夠的錢支付開銷，才能夠活下去。她們都知道這一切對她來說有多困難，正因她無比堅強，才為她們打造出一個家。那時候的人還不太了解失去父母的孩子（尤其是自殺）有什麼樣的需求，遑論給予支持或心理上的理解。她們一家人就這樣孤伶伶地被扔到陌生的星球中。

法蘭西卡的臉背光，我看不清她的神情，她說：「我們以前從未跟媽媽直接談過這些。」

莎拉笑了，似乎是不置可否。我察覺到法蘭西卡的挫折感。女兒們覺得她們已經投入治療工作，以因應父親死亡的震撼，但母親卻沒有。正如安娜所言，她們覺得母親雖然是「非常能幹、有能力處理大小事、善於應對的女人」，但她也喜怒無常。「你會用權威母親的語氣說話，聽起來很生氣，但下一刻又顯得脆弱，有點掙扎或軟弱的樣子。然後我就覺得媽表現得好像被排擠，或是我們聯合起來跟她作對——就像一種權力不對等狀態，而她是小孩。」

父母都不喜歡被成年子女批評，因此我預期莎拉會義憤填膺，為自己辯解。但她卻說：「我完全同意，我現在準備好要多做點功課，深入挖掘內心。我認為不論世上此刻發生什麼，來得都正是時候。其實我已經跟安娜聊過幾次，提到要找個心理治療師……嗯對，我很想跟這三個女人達成更平衡的關係，我知道她們已成長為比我更棒的人……聽起來不太妙，不是嗎？」

她的女兒都很高興，安娜替她打氣，說：「看到你用更有自信的態度跟朋友相處，真的很棒。」

莎拉露出微笑，但不一會兒她面露悲傷，淚水在眼眶中打轉，看起來很護著母親的二女兒瑪麗亞說：「我看得出來你撐得很辛苦，我不想看到你這樣。我們要怎麼幫你？」

我出面打圓場，告訴她不需要做任何事，因為那是我的職責。現在是時候進行一些心理干預了。首先，我指出她們是一個相愛的家庭，並有意願改善她們的關係。我又補充說，這種情況並非隨處可見。自殺危機常常會導致家庭發生可怕的衝突，人們會透過對彼此憤怒來宣洩痛苦。但她們有一定程度的信任和愛，這意味她們願意忍受不適，即使這過程是痛苦和困難的。

最重要的是，她們想要真相——所有不同的真相。**她們一起經歷了同樣的故事，但此事對三個女兒和母親造成何種影響，取決於各自的年紀、排行、在家中的角色、遺傳因子和人格類型**。我希望讓她們知道，我非常欽佩她們有勇氣面對過去的創傷。我也重申，我會嘗試幫她們跟當時的身體感受連結起來，儘管可能還找不到適合的字眼來表達。人類的成功在於有敘事，可以對自己說出發生過的故事。她們（尤其是莎拉，當時只有她是成年人）都不知道在那種情況下該如何行事，也不知道自己需要什麼。

馬帝奧的自殺身亡，帶有某種天地不容與羞恥的意味，況且他們是天主教徒。直到一九七〇年代初，義大利才准許自殺身亡的人在墓地下葬。

莎拉點頭說道：「我必須更進一步。就像女兒們說的，我這陣子跟朋友，甚至跟我兄弟相處都更有信心，以前我很怕他們。我曾經就像三歲小孩，不過現在更加平衡了。」

法蘭西卡表示同意，但隨即又回到先前的話題，指出：「媽，我想那件事還是引起很多痛苦，我不想讓你難堪，但你有時候會亂發脾氣，昨天在海灘也是一樣。」

幾個姐妹帶著孩子在海灘上玩，沒看到母親在她們後面，就朝反方向走了。這讓莎拉很不高興，依她們的說法是發了一頓脾氣。

莎拉激動表示自己遭到了誤解。然後她冷靜下來，解釋說此事勾起了她被馬帝奧遺棄的記憶。「後來我才想到那天是我的結婚紀念日，那讓我非常痛苦，那是最深的遺棄。我哭了一場，這是好事，但是我哭得非常慘。」她思考了一會兒，補充道：「我真希望自己可以表現得更像成年人，這令人尷尬，你是這麼說的，對嗎？」

我表示她願意承認這種被遺棄的感受，還因痛失親人而哭泣，在我看來是重要的釋放。莎拉承認她以前從未將馬帝奧的死想成是遺棄她，她一直都試著捍衛他的名譽，對世人說他「生病」了。但她沒有給自己同樣的保護。她總算開始體認到他輕生一事帶給她的影響，我因而鬆了一口氣。**當我們抱持固定的觀點時，就會在情感上陷入困境。改變視角可以讓我們敞開心扉，接受新觀點和釋放情感。**

*

莎拉已經朝過往的煩惱跨出試探性的一步，但女兒們顯然希望她繼續前進，睜開雙眼，這樣她才會看到過去的煩惱是如何影響了她對待她們的行為。我觀察螢幕上的四個人，注意到幾個女兒對她感到失望時的跡象：輕微的皺眉和抽搐；瑪麗亞則不斷揉鼻子。

安娜最先開口：「我認為這件事還要深刻得多，媽願意說出想法是好事。但是媽，我們常常覺得我們傷害了你。我們不希望跟你相處要這樣小心翼翼，尤其是我們從未存心傷害你。」

當我開口說莎拉收到的建議不是批評時，法蘭西卡打斷我的話：「我想我的確是在表達批評，」她說，「我知道聽起來不夠體貼，我只是覺得自己是長女，從很小的時候就在處理媽的感受，可能是受傷、可能是氣憤，而且是毫無預警地爆發。現在我四十好幾了，我實在不想再這麼做了……我覺得自己這樣說很壞，但我也真心希望你自己負責，我希望我們能夠坦承地討論這些事情。」

她說話時，我看到安娜和瑪麗亞的眼中流露出恐懼，擔心母親是否應付得來。但莎拉說她真的很高興聽到這些，儘管她雙眼泛淚，她對她們說自己想改變。雖然她認為自己沒什麼力量，但她對女兒們的影響力比她原先以為的大許多。因為她是她們的家長，而且性情一向難以捉摸，她眉毛一挑就會讓三個女兒心中一陣戰慄。她能理解到這一點是非常重要的。

莎拉露出勇敢的神情，儘管有點顫抖，但也很堅決：「我需要更加清楚自己在說什麼——

但如果我必須這麼做，我可能會永遠閉嘴。」

我提醒她們每一個人要明白一件事：這麼做無關好壞，或是否完美，而是要重新校準她們（如今皆已成年）之間的權力，能夠彼此坦誠相待，即使說真話有時讓人不舒服也能接受，並且相信她們在吵架之後也能修補關係。三個女兒湊到莎拉身旁，紛紛表示：「媽，我們以後要更常溝通，如果出現什麼問題就承認並接受它。」

法蘭西卡和母親交流的意願最為強烈，說：「我都可以向妹妹們展現真實的一面，毫不掩飾。媽，你要知道自己是被愛的，你很有趣、奇怪又神奇，有關你的一切我們都愛。身為你的女兒，我們要給你一句有力的忠告：『盡情展現情緒，做自己，讓我們開誠布公。』然後，希望我們所有人都能減少痛苦。」莎拉露出微笑，臉色羞紅，簡單地說：「謝謝。」

這是不錯的開始，她們的勇氣和坦誠讓我印象深刻，也對莎拉樂意參與感到驕傲。**透過承認自己的脆弱來找到力量**，是莎拉以前不明白的道理。她在世上最愛的三個人，希望她能有所改變。她們都曾經歷創傷，看到自己身處可怕的世界，覺得無助。我知道要幫助她們，得先建立我和她們之間的信任，再鼓勵她們找出平衡自己的方法，像是心理治療、瑜伽、舞蹈、大自然。作為一個家庭，她們所經歷的創傷循環削弱了她們的力量，取而代之的是羞恥感。透過一起表達，有毒的殘留物終於被排出了。

＊

我們的治療正順利進行，釋放了各種以前未曾表達過的關於家庭動力的想法，尤其是莎拉和幾個女兒之間的互動模式。但我們得持續前進，尋找創傷的根源。接下來那次的會談開始時，莎拉便提到某個全家人都認識的朋友曾經誇過馬帝奧。那句話之所以讓她感動，是因為就她記憶所及，那是她頭一回聽到丈夫的事覺得高興。法蘭西卡回應道：「聽到別人誇讚爸爸是很窩心，但我只記得大家總是不停誇讚他有多棒，卻沒有一個人問：『你父親酗酒，得了憂鬱症，最後輕生，是不是很痛苦？』」

的確，身旁親近的人多半會避免困難的問題——通常是因為即使聽到答案，他們也不知如何回應，大多數人都覺得自己無法解決別人的痛苦。不過，值得記住的是：**以同理心陪伴受傷的人本身就是一種禮物**。展開重要且可能令人痛苦的對話有個簡單訣竅，只需問：「你有擔心的事嗎？」或「是什麼讓你感到受傷？」

莎拉同意其他人從來不談他尋死的真相，是因為他們不想聽。她接著問女兒們：「也因為這個原因，我一直不敢問：你們對此有什麼感覺？」

我先讓大夥兒沉澱一下，才柔聲請她們說說此事帶給她們的感受。

有片刻的靜默，我幾乎可以感覺她們的戰慄。安娜率先開口，說她那時還很小，其實不太清楚。當她說出：「我人生的最初三年是他最後三年……我常常想，我不足以成為他活下去的理由嗎？」我們全都哭了。她接著說她很清楚法蘭西卡受傷最重，因為這一切在她眼前毀滅，而她記得每一件事。

瑪麗亞也說：「我現在很想談這件事。我過去以為（不談）很正常，談論情感問題還滿尷尬的。我們都假裝不在意。我知道爸爸很有趣，他有很多搞笑的事，我很喜歡。我看著他的照片，覺得他好帥。但是有太多空白，我想知道真相，全部的真相。每次都說下次再說，我受夠了。」

我看著莎拉，她似乎有聽進女兒們講的話。她說她們想要談談是對的，她也想這麼做，但她感到害怕，喉嚨好像被梗住。我看到她咬緊牙關，勉力支撐著。我問是否需要我幫忙，她微笑著說不用，她只想聽。

她們回想父親的往事：他身為警察，曾遇過許多暴力衝突的場面，其中一次他開槍射殺一名男子——這必定也給他自己帶來了創傷。他的父母為人親切但很傳統，從未說起他們在戰爭中遭受的創傷，而是藉由大吃大喝來應付壓力。莎拉和女兒們都認為，所有這些被壓抑的感受讓她們難過，而且她們對周遭的人感到生氣，因為沒有一個人在她們需要幫助的時候在她們身邊。

我看到另一個讓人心酸的畫面：她們看到其他孩子跟父親在一起時，心中一陣刺痛。我可以想像，每當她們看到其他孩子牽著父親的手、傾聽交談、相互擁抱時，那種痛苦的感覺。這會一再提醒她們已失去了父親。

會談結束時，法蘭西卡面露微笑望著母親，說道：「這樣做的感覺真的很特別。」我也有同感。她們已經把幾十年來積壓在心中的感受和想法說了出來。我知道對莎拉來說很難，她正在**學著掌握「為痛苦命名」的力量：這麼做非但不會傷害自己，反而能帶來治癒**。

*

整理痛苦感受絕非輕鬆的過程。下次會談開始前的幾分鐘，我得知莎拉身體不適，不會加入。幾個女兒上線以後，我看出她們的反應各不相同：法蘭西卡覺得生氣，她還有好多事想問母親；另外兩個女兒則是擔心。莎拉不太舒服，想吐、說不出話又睡不著；她的脖子疼，頭痛得厲害。醫生認為可能是長新冠症狀。安娜覺得是很多原因造成的，包括封城。莎拉先前好幾個月都獨居，沒跟外界往來，期盼已久的冬日假期又取消。我推測，因為開始處理過往的創傷，創傷的長期效應正在她體內發酵。

她們得知她現在好多了，都鬆了口氣，重要的是她正在做心理治療，等她治好這些問題、恢復精力後，會重新加入我們的會談。我告訴她們，她一定對馬帝奧感到憤怒。事隔四十年，她仍在設法面對他自殺帶來的後果。她留下來獨自養大孩子，如今女兒們卻質疑她做得不對。

還有很多問題，她們想知道答案。瑪麗亞想知道為何莎拉「總是想找理由解釋為何他留下的遺書沒提到我們」。

我問遺書上寫了什麼。法蘭西卡望向別處，回憶道：「我開口求母親讓我看那張字條，那是我最困難的一次請求。她把它放在我的床上，讓我自己看，但我們從未討論過它。」安娜說他沒有留遺言給她們，讓她非常憤怒。「我知道他只要說他愛我，我的感受會很不一樣，或許我就能跟男性建立還不錯的關係。」

在某種意義上，莎拉的缺席打開了一扇門，讓女兒們有機會審視馬帝奧自殺以後，多年來造成何等巨大的影響。在談話的過程中，她們在憤怒和悲傷之間擺盪。法蘭西卡說：「我們從來沒談過他死的那個晚上……只知道我們出門，上床睡覺，媽發現他在車庫內……我那時八歲，還不知道悲痛是何模樣。從那時起，我一直嘗試了解自己的悲痛，但是做不到。我始終無法體會一個悲痛的小孩應該要有的感受。」她的聲音聽起來很受傷。

她說話時，我切身感受到她的悲傷和一無所知有多沉重。

瑪麗亞和安娜以渴望的眼神看著法蘭西卡，彷彿希望她多說一些。但她只能告訴妹妹：「有一次我們坐進車內，準備去吃午餐時，爸沒有要一起來，媽看起來受傷又難過。他那次是百分之百清醒，走出來對著車內的我們說：『我愛你們』，我心想，真好，我確實記得那句話是對我們大家說的……我真的記得那是說給我們每個人聽的。他心腸很軟……。」

瑪麗亞顯得高興，說她先前不記得這個，但她現在聽法蘭西卡這麼說，「的確是那樣，我記起來了。」

瑪麗亞接著說：「我記得媽媽在哭，我去看她，她說去睡覺，我們早上再說……但我們從來沒有一起聊過這些事。我們沒說要去看他的遺體。我們沒去看他的遺體，應該要去看才對。」

安娜加入談話：「我記得走下樓梯時，看到大家都哭著吃午餐，我當時想，我要吃薯條……我記得有做成鈕釦狀的巧克力……現在我有點心悸又冒汗。」

法蘭西卡朝她親切地微笑，肯定她們的記憶無誤。「親愛的，這些都發生過。」

我要她們暫停一下，然後呼吸。我請她們告訴我身體有何感覺。她們表示喉嚨似乎被哽住，胸口緊繃。呼吸能讓她們消化這些故事。

安娜說話時，我看得出來她在哭。「我得到非常多資訊，感謝上帝。我從來沒聽過這些事。」

法蘭西卡溫柔地看著她，說：「親愛的，他愛你，他愛我們每一個人，真的很悲哀……我想這是他為我們做的一切……給我們更好的人生。」

瑪麗亞贊同，說她一向對其他人這麼說，這樣他們就不會為她難過。但現在她體認到：「因為他不在身邊，我們現在有更好的人生；但也因為他不在身邊，我們的人生變得一團糟。」儘管很辛酸，但有了一個連貫的故事，讓她們不必再苦苦尋找答案，也不再感到困惑和一無所知。

我告訴她們，失去至親的孩子會從周遭大人身上學會悲痛。在一九七〇年代，常見的模式是隱藏悲痛，表現得好像一切都很好，並且為了保護孩子，不讓孩子知道殘酷的真相。一些美國心理學家，如威廉・沃登（William Worden）的研究顯示這種做法大謬不然。**孩子應該被允許表達悲痛**。假如沒人告訴孩子真相，他們會編造故事，但漏洞百出，這些漏洞需要用真相來填補。瑪麗亞說她已經有如釋重負的感受。**她們多年來背負著自殺的遺毒，但透過談話，她們可以對父親丟下她們表達憤怒，同時允許自己去愛父親好的一面。保持沉默則會讓她們陷入羞恥、憤怒與被遺棄的情感中**。

會談最後，她們說：「感謝上帝，我們有彼此。」還說：「烏雲背後總有一線光芒。」她們還小時，法蘭西卡跟母親一起承擔母職，瑪麗亞和安娜對此非常感激。如今她們都是成年人，關係已趨於平等，意味著她們可以互相幫助、可以有不同的意見或互相取笑，並能度過情緒的浪濤。安娜比較暴躁，瑪麗亞常當和事佬，但她有時會在法蘭西卡說自己沒事時表示質疑。在我看來，她們對彼此的愛是她們人生的基石。跟她們母親與兄弟的相處經驗不同，她們的姐妹情誼深深滋養了各自的人生。

*

不信任男人、喝太多酒、討厭上學、覺得自己跟其他孩子不同而自卑、可怕的性遭遇、擔心沒錢、感到恐懼。這些只是她們不得不面對的一些困難，我們在接下來的幾次會談中討論了這些問題。她們談到懊悔的事，以及為了尋找愛情做過什麼事，她們曾以為自己永遠不會找到愛情。雖然她們相當美貌，卻自覺醜陋，她們都經歷過憂鬱和極度焦慮的時期，安娜稱之為「大崩潰」。

瑪麗亞和安娜覺得自己現在有愉快的關係簡直是奇蹟，一部分歸功於丈夫的理解。法藍西卡說她跟一個會虐待和控制人的「典型自戀狂」有過糟糕的婚姻。她目前是單親媽媽，有兩個青春期孩子，她壓根不想落入這種境地。當她說起內心的遺憾時，瑪麗亞和安娜驅身靠近她，痛罵她的前夫，也責怪自己幫不上忙。

我建議她們讓我來為法藍西卡提供支持。我要她閉上眼，對我說她看到什麼。她說：「一個小女孩，形單影隻。」

「那個小女孩需要什麼？」我問道。

「一個擁抱。」

「想像你抱了她一下。」我說。

法蘭西卡的淚水從臉上流下，對我說：「我覺得很難受……我看到瑪麗亞，她需要一個擁抱。」

這個簡單的練習顯示出**她幾乎無法對自己表現出同情**，她全部的注意力都放在兩個妹妹身上。她停了一下，在那一刻我感覺到她的轉變，她承認：「我真的很傷心。我一直讓自己困在這裡。我需要照顧自己。」

妹妹們彷彿一直屏住呼吸，突然高聲說：「對，對！你一定要！」

安娜表示，對她來說，最難受的是知道兩個姐姐經歷過何種痛苦。「當我想到你們倆時，心裡有股巨大的悲傷。我愛你們。我不認識爸爸，所以你們經歷的事讓我更加難過。」

法蘭西卡正要開口抗議，卻又忍住，說：「那感覺很不好。糟透了。」

我問法蘭西卡，她會想跟年輕的自己說些什麼。她抬頭看天花板，把頭髮往後撥，彷彿要顯露內心的想法，緩緩說道：「你之所以不確定自己是誰，是因為你生命中最重要的兩個大人情緒不夠健康，沒辦法照顧你。你不應該責怪自己，你並不奇怪……」她接著說：「我想說：『你沒有錯。你很好，只是經歷了一個糟糕的情況。』」

當法蘭西卡開始體認到過去數十年來是什麼刺痛她時，我能感覺到她釋放出壓力。瑪麗亞雙頰泛紅，眼中含淚，充滿憐愛地望著姐妹們說：「艾娃（她女兒）問我：『你爹地死了是什麼感覺？』我告訴她：『感覺令人困惑——葬禮上充滿了愛，之後又變得無比空虛。』我希望在他過世後，家中還能繼續感受到愛，但它消失了……。」

安娜說：「聽到這一切我很生氣，我感到非常無助和憤怒。」她對姐姐的愛有多深厚，憤怒就有多強烈。看到她們彼此依靠，互相安慰，彼此連結，用愛來面對悲劇，並為真相浮出水面感到欣慰，這讓我很感動。

針對親人輕生的孩子進行的研究頗為殘酷。數項研究皆顯示，比起因其他原因失去至親的孩子，他們試圖自殺的機率更高，罹患生理和心理疾病的風險也增加。倫敦大學學院的亞歷山卓．皮特曼（Alexandra Pitman）分析其原因為：**羞恥、自殺有情緒感染力、自殺會留下複雜而未解決的悲痛與創傷**。但在親人死亡時與一段時間後，若有持續獲得支持，上述後果並非是一成不變的。不幸的是，羅西家那時缺乏這樣的支持。

不妨回顧一下你的家族歷史，過去有無家族成員死於自殺？這是否代意味著你們家族更容易有酗酒、藥物成癮和憂鬱傾向？成癮的原因之一是遺傳，但也受到環境的影響，**學會藉由麻醉來逃避感受——不論是酒精或藥物——往往會代代相傳**。

莎拉持續缺席之後的會談，讓女兒們在談論她時更能暢所欲言，儘管仍然感到痛苦。她們再次描述她可能不到一秒就變臉，突然暴怒，在她壓力大時更是如此。法蘭西卡回憶道：「最糟的狀況發生在我十五歲的時候，她大力打我的臉，讓我措手不及。那是她唯一一次打我。不過那種憤怒……我記得心裡想著：你不能破壞掉我們擁有的美好時光，這樣不對。」

兩個妹妹點了點頭。她們在母親身邊都要小心，避免惹她生氣，儘管法蘭西卡感受最深。她繼續說：「我不喜歡她碰我，我知道這樣讓她很難受……我完全封閉了自己，但我真希望自己沒有這麼做。」

我向她們解釋，她們母親無法控制衝動跟創傷有直接的關係。創傷具有無言和可怕的本質，意味著它會蠢蠢欲動，因為大腦中「戰／逃／僵住不動」的部分始終保持開啟狀態。這來自於杏仁核，就像是大腦的煙霧偵測器。貝塞爾・范德寇（Bessel van der Kolk）是專門研究創傷的頂尖心理學家，他表示：「因此，他們（承受創傷的人）往往受到刺激就立即做出反應，卻未針對目前狀況的意義進行必要的心理評估。這使他們容易毫無反應（僵住），或是反應過度，只因別人一點刺激就反過來恫嚇對方。」換句話說，**有創傷後壓力症候群（PTSD）的人，其未經處理的記憶中儲存了大量痛苦，並陷入一種有毒的循環，經常覺得自己備受威脅，儘管他們身處於無害的情境中**。

我們都認為，母親未經診斷的創傷對她們造成相當大的痛苦。我們希望透過治療能將她從桎梏中釋放出來，活在當下，擺脫過往的恐懼。女兒們希望她對自己好一些。三個女兒都抱持樂觀，法蘭西卡說她前陣子跟母親的交談，是多年來聊得最愉快的一次。

＊

瑪麗亞釐清了某些事的真相，其中一段困擾她數十年的記憶變得清晰，令她訝異：「我想起了一件事，它一直在我的腦海裡。我記得小時候，某人把他的手指戳進我體內。我不明白那是什麼，就沒去理會。在會談結束後，我記起是在一個醫生的診療床上，只有我一個人。我在想為什麼有人要這樣對我？我陷入了混亂。我的丈夫一直很棒，我拿到了醫生的診斷紀錄，上面寫著『直腸檢查』。」如釋重負的淚水流下她的臉頰，「不過最神奇的是，法蘭西卡記得。她說：『瑪麗亞，你的屁股出了點問題。我記得醫師對你進行檢查，媽很氣，想保護你，她在簾子的另一側，沒被告知，也沒陪在你身邊。』」

法蘭西卡重申了她記得的事，很開心看到瑪麗亞臉上露出放下心的表情，說道：「我現在可以想像整件事是怎麼回事了。當她提到『屁股』，我就知道這不是我自己編造的。她的話完全打開了我的記憶。我感覺比之前好上一百萬倍。哇噢！真的輕鬆好多。」這是非常有力的小插曲，說明了令人不安的記憶是多麼痛苦，以及當它們被澄清後是多麼治癒。**最終困擾我們的，是我們不知道的事情。不管真相有多令人難受，都比謊言或不知道實情來得好**。

*

這家人的故事逐漸滲透我的心。接下來的那次會談，我指出父親去世的創傷仍然存在於她們身上，也存在於她們母親身上。她們在很多方面顯示出跡象，極小的刺激就會讓她們的警報系統變成紅色警戒狀態。她們保持極高的警覺以避免威脅，而且都有憂鬱症病史，也有成癮行為。我認為她們每個人都得進行「眼動減敏與歷程更新療法」（Eye Movement Desensitization and Reprocessing，EMDR）。這種療法透過釋放過去的痛苦來治癒創傷記憶。它具有雙注意力系統的生理基礎：治療師會請當事人注視他的手由左移動到右，同時問問題。這麼做會啟動我們天生的適應處理過程，將我們目前的理解與過去的創傷加以連結，從而讓新的資訊浮現在腦海中，解決舊的問題。

安娜立刻表示同意：「我應該要好好治療自己。」瑪麗亞和法蘭西卡比較不情願地點頭，然後瑪麗亞稍微坐直，彷彿突然明白了些什麼。她說：「創傷和我。我從來沒把自己歸為這一類。」她凝視雙手，回想起那個六歲的女孩。「我想我們一直以來刻意淡化這一切，說自己沒事。但它比我們表現出來的要嚴重得多……我失去了自己的聲音，它變得顫抖。我們需要承認自己有創傷。」

瑪麗亞的姐妹看起來都在思索她的話。我解釋說，我們目前做的治療既重要也有效，但EMDR會改變她們的生活。這將幫助她們治癒關於父親過世及其影響的多種不健全記憶，多年來這些記憶一再被觸發。

我相信我們已經取得很大的進展。她們對自己的悲慘經驗有了更連貫的敘述和理解，這麼做本身就有治療的效果。她們下一步是要跟父親建立起不同的關係，我好奇她們是否已做好準備。我對於死亡和悲痛的態度是：**當某人死去，他們在物理上就不存在了，而我們要對新的現實表達悲傷，同時對逝者維持長久的愛——愛不會消失**。研究悲傷的專家菲莉絲．西弗曼（Phyllis Silverman）和同僚稱之為「持續的紐帶」（continuing bond）。

我問羅西家的姐妹是否考慮寫信給父親，或打造某種儀式來緬懷他，建立某種連結。比方說，她們可以種一棵樹、購買或動手做某樣東西來代表他，像是一幅畫、一個花盆或一件雕塑。她們張大嘴看著我。她們從未想過這麼做，一開始持保留態度。安娜淚流滿面，首先回應道：「聽你說起這個，讓我意識到我不覺得自己是他的女兒。我不覺得自己有爸爸。我無法想像跟他之間有什麼樣的關係。對他的人生來說，我什麼也不是。我不覺得我可以對他做出要求。思考這件事對我來說非常陌生。」

瑪麗亞張開雙臂說：「我的情緒板上要放什麼？我們只有五張照片，我們就只有這些。我不覺得自己跟任何東西有關係，我不知道想不想養活那棵植物。」

我察覺到了她的憤怒，慶幸的是她能夠表達出來。

法蘭西卡較為平靜，顯然想安慰兩個妹妹。「我也這麼覺得，」她說，「但他是你們的爸爸。他曾經在你們身邊，陪你們玩，擁抱你們。他常向人提起三個女兒。我知道他最後幾年幾乎沒有陪家人。」我正打算鼓勵她說出自己的心聲，她咬住嘴唇說：「我覺得非常不安。直到現在，我都沒想過自己跟他有關係——只有在他死前有關係。試著像成年人一樣跟他建立關係大概會滿有趣的。」她轉開頭不看螢幕，繼續說：「對我來說，他過世後，我跟他的關係也結束了。」

我們都嘆了口氣。這種感情很尖銳。她和他唯一的關係就是缺席——一種憤怒的缺席。法蘭西卡同意這種說法，她將一隻手撐住下巴，靜下心來思索：「我想要與父親建立一種成年人之間的關係：保持距離，各有各的生活，沒有灑狗血的劇情。在沒有創傷的情況下，用成年人的眼光來重新建立關係。」

兩個妹妹有點歇斯底里地笑著說：「唉呀！」但我看得出來她們被「持續的紐帶」以及重

建父女關係（即使一方已死）的想法所打動。我很想知道這會帶來什麼結果。

＊

如果三個女兒都覺得母親不在場，談話比較容易，對莎拉來說大概也是一樣。我聯絡了莎拉，想知道她過得如何。她告訴我，她覺得跟女兒一起參加治療對她來說太難了。高度的情緒使她的身體出現強烈的反應。我想在彼此之間建造一座橋梁，讓她了解女兒們與我的會談內容，並給她機會說出自己的觀點。

站在她的角度，我了解到剛喪偶那幾年她有多難熬：獨自哀傷、絕望的孤獨、因丈夫自殺而羞愧，再加上她得獨力撫養小孩、全職工作、擔心沒錢，抱著「放下過去，才能活下去」的種種壓力。她甚至考慮過自殺。令我訝異的是，儘管莎拉的痛苦經歷是獨特的，但和女兒有一些相似的經驗。

莎拉笑了，帶著點憤世嫉俗，表示在我告訴她女兒們受到了創傷之前，她一直「對顯而易見的事情視若無睹」。她用略帶嘶啞的聲音說：「我以為自己都處理好了，但是，唉，或許我還沒有。」她告訴我，她跟她的治療師有很不錯的進展，慢慢解決了她的創傷記憶。雖然她無法忍受從女兒那裡聽到她們對她的責備，但她還是有很多遺憾。「我知道自己做錯哪些事，噢，多希望自己當初採取不同的做法！我恨自己嚇到她們，恨自己老是生氣。我真希望自己能多跟她們聊聊、慶生或慶祝其他紀念日，心胸更開放。我想要當冷靜、鎮定又逗趣的母親和外婆，但我不是。」

我欽佩她的坦白。承認自己當父母有疏失極不容易，但如果父母希望自己跟成年子女維持良好關係，這是至關重要的。母女四人都為馬帝奧的死付出了沉重的代價；無可避免的是，那些她最愛的人，她也傷害得最深。

身為父母，我們都是失敗的——無法達到自己的理想標準。我提醒莎拉，她的女兒都是非凡、優秀的女人，她教養的功勞不容小覷。而且**現在承認過去的錯誤還不算太遲，有機會改變大家的未來**。她的女兒們並不想懲罰她，但她們確實希望能解決難題，不必在跟她相處時提心吊膽。

「我總是會發怒。」她問我該怎麼辦。我對她說，**重點不在於鬧翻或決裂，吵架後能夠修補嫌隙才是關鍵**。莎拉似乎明白了。她眼中閃著光芒，想起上星期她沒好氣地跟安娜講話，安娜也嗆她。她語氣興奮地說：「我們坐下來談的時候，我有道歉，她也為自己口氣不耐煩而道歉。然後就沒事了，馬上和好。」莎拉嘆了口氣，彷彿她總算拿到在幾十年前被扔進的陌生領土的地圖。她終於看到正確的路徑，指出哪裡有問題，解釋它的意義。如果這造成了別人的痛苦，她就道歉，然後溫馨地重聚。我提醒她，重新建立連結有它的時間表，不能操之過急。

*

為了讓三個女兒與已故父親建立新關係，我請她們寫一篇關於馬帝奧的描述。在她們寫完後，由安娜介紹這段文字：「我們討論過後，覺得這幾件事滿重要，有可能呈現出父親這個人。對我們來說，這些事說明了他的遭遇，也是向他致敬，理解他選擇輕生的苦衷。」

她們最後的版本如下：

爹地的童年很寂寞，他父親大部分時間外出工作。

他從小就過得很辛苦，傳統家庭對身為獨子的他寄予厚望，他一直以來背負著這個重擔。

他成為警察，訓練期間成績優異，前途一片光明。他頭腦很好，機智敏捷，永遠是聚會的靈魂人物……同時又相當浪漫，心腸有點軟。

儘管有這些美好特質，但他內心承載了許多困擾，這些困擾因警察工作所經歷的事件而加劇，其中一些重大事件導致了創傷後壓力症候群。那個時代對心理健康和成癮症所知非常有限，這一切對他來說都難以承受，在經濟壓力下，他越喝越多，最終結束了自己的生命。

她們朗讀給我聽，眼眶泛淚卻流露出自豪。她們終於有了打從心底相信的故事，涵蓋了所有重要元素：他心理脆弱的根源；哪些事讓情況雪上加霜；他的才華、幽默、風趣；以及在那個時代身為一個男人，他沒有得到最迫切需要的幫助。這是她們與他不斷發展和變化的關係中的一個重要里程碑。我為她們的勇氣感動不已。

與我討論此事的一位同事進一步指出：寫這封信幫她們改變了對父親的觀點。我們的會談聚焦於她們承受的痛苦，她們覺得自己沒給他活下去的動力。當她們精心撰寫這則敘事時，她們便有了新的立場，因而能夠從父親的角度看待他的自殺，而非僅是她們小時候的看法。這麼做也讓她們體認到他自殺跟他長期以來的生活事件有關，其中許多事跟她們並無關。這使她們能用同情的眼光看待此事，以及他這個人。**透過合力寫出來，她們擺脫了根植於記憶中受傷小孩的視角。當我們對自己訴說不同的故事時，我們對自己的感覺也會有所不同。**

*

我這裡所寫的內容，都有跟羅西家的四位女性分享過，這些內容已成為那段時間的治療重點。我只對公開寫出他們故事的案主這麼做。我發現她們閱讀自己的歷程會產生宣洩與治療的效果，因為她們會意識到自己已經被「看到」和被理解了多少。對她們而言，消化這一切很困難，必須花時間整合她們各自和共同的歷程。

莎拉再次加入會談。我立刻看出她們打招呼和微笑的方式要比以前熱絡，相處起來也沒那麼緊張。她們聚在一起討論我寫的東西，這很有用。我對她們勇敢面對這一切表達敬意。

莎拉先開口：「對我來說，最糟的是打了法蘭西卡。我真的完全不記得了，而忘記本身就很糟糕。我很震驚。我已經跟法蘭西卡道歉，不管怎樣，我難辭其咎，而且我嚇壞了。」她顯然相當苦惱，努力忍住眼淚，想起自己有多少次沒能好好支持孩子。她對自己無法解決困難既羞愧又氣憤，咬著大拇指，最後對她們說：「你們三個是我生命的重心，但我沒做好。你們的人生真的非常辛苦，我很抱歉。」

我想，她說出這樣的話很不容易。她的女兒們淚流滿面，用溫暖的話為她打氣。她接著表示「感謝有機會對你們這麼說，因為我愛你們。」

她們都回答從未懷疑過媽媽的愛。她的心情有了轉變，坐得更直了些。「這麼做真的覺得如釋重負。要是早個幾十年就好了。」她對我們說：「法蘭西卡之前給過我一件開襟羊毛衫，要我把它想成是她的擁抱。我要去把它拿來穿上，並吃一塊巧克力。」

我很高興看到她懂得同情自己，給自己支持，而非自我厭惡。

接著她帶著自豪神色說起某件往事。馬帝奧死後不久，她帶著三個小女孩去花店。她們選好了花，她鼓勵她們每個人寫一張小紙條給父親。她雙手指尖輕輕互觸，寬慰地表示：「我還留著那幾張紙條。」女兒們熱切地點頭，都認為這麼做很棒。她們批評母親，其實內心也不好受，如今她們能承認她的長處真是太好了。

莎拉繼續說，帶領談話進行：「身為一家人，我們希望彼此更開放和坦誠。這是我們朝著能輕鬆舒適相處的方向邁出的另一步。我一直不敢出聲發表意見，不曉得要說什麼，或是擔心自己很愚蠢。我不認為有誰在聽。但現在這樣真的很好。我現在很敢表達意見。這很有力量，不是嗎？」

我問女兒們目前有何看法。她們正在思考這些變化，沉默了一段時間。她們都同意母親更有自信表達感受了，而且她們之間的動態也開始發生變化。安娜總結道：「能夠談論這些事情並找出房間裡的大象，真是太好了。這意味著未來會有更多健康的對話發生。」

瑪麗亞則說：「我覺得整個都不一樣了。我現在覺得我們的對話不像以前那麼勉強，變得更輕鬆自在了，而且我們以後會有更多這樣的對話。」她說完時帶著燦爛的笑容。

法蘭西卡因工作和生活而疲憊不堪，連燈都沒開，坐在黑暗裡，但仍然充滿愛地在最後發言：「（這段治療）非常好，非常有力量。我們每個人都有一堆拼圖碎片，透過對話創造出更完整的圖像。我們現在有了共同的視角，真的很療癒。」

*

隨著她們進入下一個階段，我們的治療自然隨之結束。她們將與 EMDR 治療師進行個人創傷治療，並在她們彼此以及和馬帝奧的關係不斷變化時，繼續各自的治療和適應過程。無可避免，前方有痛苦，沿路有路障。但她們有堅固的基石，我有信心她們都會成長茁壯。我非常榮幸能夠為她們進行諮商。

羅西家四個女人的人生都籠罩在沒說出口的創傷陰影中。值得慶幸的是，儘管相較於馬帝奧自殺那個年代，社會上對於心理健康問題和輕生的話題不再那麼忌諱，但許多家庭依然保持沉默，或者對於過往的創傷談得不夠多，誤以為時間會治療一切。

然而，**若沒有溝通，時間可能製造出更多傷害。「假裝沒看見」會帶來真正的危險**。每一種情緒都渴望被聽見，而被壓抑的感受會發酵，隨著時間產生更多毒素，在隱瞞的事實之間滋生更多幻想和具破壞性的因應機制。對每個人來說，遺毒各不相同，但整體而言有特定的模式：成癮和易怒、無法信任他人或建立健康的關係、脆弱和僵化。

面對過往傷痛永遠不會太遲，但需要很大的勇氣。沉默本身形成了監牢，但只消輕輕解開大鎖，便會釋放出新生的力量。

柏格家

即使承受了難以想像的創傷，多代家人如何充滿愛而無所畏懼？

個案背景

柏格家是正統的猶太教徒，住在曼徹斯特。大家長凱蒂（Kati）九十一歲，出生於匈牙利，在納粹大屠殺中逃過一劫。她的丈夫埃撒克（Isaac）三十年前過世，也是大屠殺的倖存者。我和柏格家的四代人進行會談：凱蒂和她女兒安娜（Anna），六十六歲、外孫女瑞貝卡（Rebecca），四十七歲，以及曾外孫女迪娜（Dina），二十五歲，有個女寶寶麗亞（Leah）。有機會為一個家族的多代人進行諮商，並見證代代相傳的事物是罕見而寶貴的。

想像一下，看著你家族中五代人的情景。這是一個令人興奮的景象，但真的很難想像。當我看著柏格家的女性時，便是這種感覺。正中央的凱蒂矮小、笑容燦爛，既是母親、祖母、曾祖母，現在是麗亞的曾曾祖母。麗亞睡在她的曾祖母、凱蒂的大女兒安娜懷裡。安娜有一頭烏黑的頭髮、棕色眼睛和精緻的妝容，以快樂的表情看著鏡頭。站在眾人後方的是瑞貝卡，自豪地微笑著，身材纖瘦，赤褐色的長髮用絲巾綁在頸後，手臂攬住女兒迪娜（凱蒂的曾孫女）的肩膀。迪娜比母親高，膚色很白，淡褐色眼睛流露出羞怯。我的年紀足以當她的祖母，在我看來她大約十六歲，實在不像麗亞的母親。每個人都穿著樸素的白襯衫和黑衣，或滾黑邊的繡花白襯衫，而且都戴著珍珠耳環。從這張照片的背景看來，她們正在參加一個慶祝活動，幾個男人圍坐在餐桌旁，一身時髦的西裝，頭上戴著猶太小圓帽。女人都笑得愉快，後來我告訴她們，我原先不知道她們有戴假髮。

通常，個人或家庭會來找我，是因為有困難的事件在他們生活中引發了危機，需要我幫助他們妥善處理這種情況。但柏格家並非如此。相反，是我找到了她們。我在某個猶太教組織的網站上發布通知，詢問是否有信奉正統猶太教的家庭願意協助完成本書。我希望藉由跟這類似乎生活在現代生活之外的群體合作，讓我進入另一個文化的堂奧。

我之所以對此感興趣是有個人的原因。我嫁給猶太人，猶太身分是他這個人的核心，因此我對猶太人的歷史、生活、人民和文化格外有興趣。我很清楚**偏見會在無知中滋長，而差異可**

能被拿來當成攻擊的武器。相反的，當我們越是了解彼此，就會發現越多相似處，進而產生更多同理心和理解。我相信我與柏格一家的關係會是親密而療癒的，即使不是基於契约。它將展現被傾聽、見證一個人的故事的治癒力量。我相信打開我們雙方的世界，對我們所有人來說都是有意義的。

種族滅絕帶來的陰影，至今仍籠罩許多極正統猶太教家庭。對他們來說，納粹大屠殺這個事件沒有終止的一天；它並未在一九四五年結束，而是延續至今，嵌入倖存者家屬的集體記憶中，甚至延伸至更廣泛的猶太社群。我很想了解有哪些事遺留在柏格家的生活裡，有哪些事被遺忘；有哪些事可以輕易談論，有哪些事則是禁忌。猶太人素以愛家聞名，我很想知道是哪些核心元素，能創造出安穩美滿的家庭。

令我欣喜的是，對心理學感興趣的醫療祕書瑞貝卡跟我聯絡，表示有興趣了解詳情。她建議家人加入這項計畫，而當她們知道這不算治療時，都很樂意跟我會面。有趣的是，「治療」一詞可能讓許多人打退堂鼓，而「對談」較不具威脅性。我認為這是因為人們對心理治療師有荒謬的看法，以為治療師可以進入你的頭腦，用某種手段逼迫你面對不願看到的事。我認為這類看法完全悖離事實。我想促進一段充滿信任與安全的關係，在這種關係中，我的案主可以按照自己的節奏進行，找到他們需要面對（或不願面對）的真相。

*

凱蒂十四歲時，和家人一起被貨車載到奧斯威辛（Auschwitz）（譯註：納粹在此建立了幾個大集中營）。七十七年後，她還清楚記得每一個細節。「我們一下貨車，我祖母拿著唯一從家裡帶來的東西——她的裹屍布——跟一群老人被帶去某處，坐上卡車。之後我再也沒見過她。」

她語調輕柔，從口音中聽得出是匈牙利人，儘管她已在英國生活了七十多年。「在火車上，男人和女人被分開，我們得快步走到門格勒（Mengele）（納粹的醫師，又被稱為死亡天使，主要負責從運抵集中營的猶太人當中，選出一批人直接送往毒氣室；他後來因對人體進行殘酷的實驗而惡名昭彰）面前。我跟母親、妹妹、弟弟一起走向他。門格勒要他們往左走，叫我往右。我跟在母親後面，想跟他們一起走，但他把我推回右邊。

她說起那天發生的事，聲音算是平穩。「我記得他在篩選時，看了我的腳踝。或許他是想看我夠不夠強壯。我那時十四歲，長得很高，看起來沒那麼小。我們跟一群人從貨車上一起下來時，他們告訴我要說自己十六或十七歲，我一直說：『我十六歲。』但門格勒沒問我年紀……」她停了一下，整理思緒後又說：「我讀過一本書，書裡有人提到同樣的事：門格勒的挑選標準，主要是看夠不夠強壯。我的腳踝不算小……。」

她停頓了一下。「這令人難以置信，完全無法理解。我們一進營房，我就說：『我媽媽跟我說兩星期後就會見到彼此。』一個波蘭女孩說：『你媽媽進毒氣室了。』她說得對，我母親、妹妹、弟弟很快就相繼死亡。跟我年紀差不多的人很少。我們待在一起，所有東西都共用。」

當凱蒂全家遭殺害時，她只是個少女。在我們見面之前，我想應該會從這家人的臉上看見創傷留下的痕跡。我是頗具經驗的傾聽者，想了解她們的故事，故而跟她們會面。我本來希望講述他們的故事對他們有所幫助。我沒預料到聆聽這些故事會那麼震驚和痛苦。

大量研究顯示，**儘管逃過大屠殺的倖存者不常說起自身經驗，但他們的痛苦卻代代相傳，形成跨世代的創傷**。這類研究記錄了兩種由倖存者傳給孩子的模式。第一種是倖存者因自身經驗而罹患精神疾病，包括思覺失調症、憂鬱症、焦慮及妄想症。父母的精神障礙會透過某些方式直接傳給孩子，影響下一代。例如吝於付出情感、未給予孩子安穩可靠的愛與關懷，以及家庭經常失和或出現威脅。另一種次級傳遞模式來自於父母長期承受的痛苦，使他們無法有效發揮功能，成為「夠好的」父母。例如孩子有煩惱時，他們可能沒耐性或欠缺同理心，難以滿足孩子的需求。這種情況若反覆出現，孩子會感到被忽視或被剝奪。

有些研究指出，依表觀遺傳學的觀點，創傷會透過子宮傳給嬰孩。瑞秋・耶胡達（Rachel Yehuda）是這個領域的先驅，她於二〇一六年表示：「研究指出，我們應對環境的方式有很多種，這些可能帶來持久、具有變革性的影響。這意味著我們的父母，甚至祖父母或更早祖先的遭遇，可能會在分子生物的基本層面上形塑我們，進而影響我們的行為、信念、優勢和脆弱性。」這並非針對猶太人進行的研究，也不是他們獨有的問題：對於九一一恐怖攻擊的倖存者，以及從戰爭中歸來的退伍軍人來說也是如此。影響既深且遠。

我曾想像，儘管柏格家目前沒有問題，但我會看到多年前的邪惡事件在他們現今的生活裡，以不同的形式重現。在我們碰面前，我有點緊張，擔心談到凱蒂以前在奧斯威辛的經歷會重新掀開傷口。我擔心她要向我訴說的事會讓她難以忍受。

但凱蒂要我放心，她燦爛的微笑在螢幕上顯得閃亮動人：我可以問她任何事。某些倖存者，像是凱蒂的丈夫，絕口不提大屠殺一事。她的沉著非比尋常，聽起來不像在描述那麼恐怖的事。她說話時，女兒安娜和外孫女瑞貝卡都哭了，用衛生紙擦著眼淚。凱蒂比她們瘦小，卻更引人注目，非常有存在感。她直視我的眼神堅定不移，充滿力量。

她繼續說：「我父親在火葬場做事。納粹總是在一段時間後殺掉俘虜。他很勇敢，曾跟幾個人一起試圖用彈藥炸毀火葬場。他最後被射殺了。」

我眼前清楚浮現那個小女孩的模樣。她的家人全遭殺害，那個地方設立的目的是為了消滅她的種族。我不知道她究竟是如何找到活下去的力量的，於是詢問她。她只是回答：「是奇蹟吧。我在想，要是我那時結了婚，有了孩子，就不可能活下去。要是你的孩子被殺，就沒有理由活著。但如果你還年輕。你會想活下去。」

我全身因恐懼而麻木。我坐在自己溫暖的辦公室裡，從未經歷過任何生命威脅，我可以聽到她的一字一句，但我知道自己永遠無法理解她承受的一切。不可思議的是，她不僅挺過集中營的迫害，也挺過在撤離後經歷的難以想像的艱辛。她解釋道：「俄羅斯人前來轟炸我們。納粹擔心俄羅斯人會釋放我們，便要我們行軍六個星期。這被稱為『死亡行軍』，好多人都死了。我們睡在穀倉裡，我很虛弱。有時我們會拿到一顆小馬鈴薯、一點水。我在工廠裡負責給手榴彈裝填爆炸物，那裡有個捷克女孩，常多給我一點食物。然後是聖誕節。管理我們的人穿著便服，而不是納粹制服。他們有時候會帶來一塊小蛋糕。那時我還很小，每項小事都很有幫助。我想我一定是看到了終點，所以才能活下來。」

安娜插進來表達自己的看法：「我有次去波蘭旅行，參觀猶太的歷史景點，得知囚犯被要求轉動一個沉重的輪子，大家都很賣力，直到最後他們才發現自己轉動的東西是沒意義的。當他們發現自己所做的事沒有目的可言時，他們就死了。在路的盡頭有某樣東西可以期待，給了我們目的，即使是在集中營裡，但毫無意義地做一些事情，就會毀滅靈魂。像我母親，即使替手榴彈裝填爆炸物也是在做某件事。」

在我看來，**除了目的之外，擁有希望，不論多麼渺茫，都是凱蒂能活下去的關鍵**。我還注意到，當安娜說話時，她正在承受母親的痛苦。雖然她如今也是曾祖母了，但她永遠都是凱蒂的女兒。她會想保護母親，也想了解母親。

凱蒂平靜地說下去，不露絲毫焦慮，她講述了一個悲慘的故事：「英軍把我從貝爾根—

貝爾森（Bergen-Belsen）集中營放出來。那時的事我不太記得了。他們檢查我的脈搏，我記得還替我洗澡，然後我失去了意識。我醒來時躺在白色的床上，搞不清楚自己昏迷多久，也不知道在醫院待了多久。我記得他們給我喝鹹牛奶，因為一開始不能吃固體食物（殘酷的是，數百人被救出後，因在空腹情況下進食而死亡）。我身體復原以後，就想回家。我有個叔叔也倖免於難。他來找我，帶我回匈牙利。我們回到位於鄉村的家，但房子完全被毀了。幸好我還有個叔叔哈瑞在英國，他在貝爾根—貝爾森集中營的倖存者名單上發現我的名字，跟他哥哥（就是找到我的那個叔叔）聯絡。那是一九四六年，我十六歲，那個叔叔帶我來到曼徹斯特。感覺這些就像是昨天的事一樣。」

我想多知道一些返鄉的事，但沒有問。她才剛說完在奧斯威辛集中營那段悲慘經歷。如果她想多說一點，她會說的。這樣就夠了。

*

當安娜和瑞貝卡重新聽一遍這個她們早就知道的故事時，因激動而臉色緋紅，眨著眼睛忍住淚水。她們對凱蒂十分敬畏，我也一樣。我無法理解這個九十一歲的女性竟有如此純粹的生命力，她似乎能夠直視過去的遭遇，承認它的恐怖，但又不被它所困擾。我問她們後來過得怎麼樣。

安娜坐在母親旁邊，強調在她小時候，父母從未因過去的痛苦經歷有「積壓的情緒」：沒有憤怒，也沒有耳提面命要孩子為有吃有穿而心存感激。她的父母十多歲時來到英國，不會說英語、身無長物，但很快樂。他們一起打造幸福的家庭，充滿愛的氛圍。瑞貝卡望著螢幕上的凱蒂，語速飛快地表達了自己的感受，附和母親的說法。她至今還記得去外公外婆家住時，總是感受到滿滿的愛和關懷，家裡從未有過衝突、壓力或緊張的氣氛。她希望自己也可以讓孫兒感受這樣的美好。

她們溫暖地凝視凱蒂，說凱蒂能夠活下來，讓她們感到驕傲。兩人朝彼此微笑，然後對凱蒂微笑，她們都認為自己並不總是能完美地處理日常事務，但是當面臨困境時，她們會拿出力量，盡量看光明面，繼續前進。她們說話時，我看到凱蒂顯得平靜愉快，我感覺到她們對她的愛和自豪，滋養了她的內心。我有幸親眼看到她們如此坦率說出心中對長輩的愛和尊敬，我想這樣的家庭實不多見。我也認為這是值得效仿的行為。但作為如此優秀的人的子女或孫子女，難道不會覺得自己不夠好嗎？儘管我並未察覺這種情況，但這是我希望進一步探討的。

我問凱蒂是如何克服這樣的恐懼，培養出信任和愛。她認為這是因為丈夫埃撒克的愛。她回憶起時臉上充滿了喜悅：「我先生非常棒，他真的很堅強……。」

她接著說下去：「我住在哈瑞叔叔家，上了幾個月的學。然後我去上夜校，白天做刺繡工作。我一直都喜歡做事，雙手靈巧。那時，我遇到我先生。我在戰前就認識他了，能再見到他是一種幸運。」凱蒂直視我的雙眼，語氣熱烈，她想起了見到埃撒克的感覺。

「我先生兩年後來英國。我沒想到他會娶我，但我希望他能向我求婚。他確實這麼做了。」她帶著無比燦爛的微笑。她特意強調「我先生」幾個字令我感動，表示她摯愛的伴侶對她而言一直都很珍貴。那種感情是如此真實。她對我們說起婚後生活，止不住微笑：「結婚以後，我總是很快樂。我們打造一個家，有了孩子。對我們來說沒有什麼是太難的，我們願意為孩子做任何事。」

她彷彿自言自語地說：「是的，我們活著必須有目的。我愛孩子和孫子。我先生很早就去世了，這真糟，比任何事都更糟糕。但我已經有了家庭，家人給我很多支持。」這是我第一次在她身上看到悲傷。沒有眼淚，但有種悲傷，那是對三十年前過世丈夫的思念。安娜開玩笑說埃撒克死後，很多人想娶凱蒂，但對方必須容忍她從早到晚提到埃撒克，她才願意嫁。凱蒂對他的愛是一種充滿活力的力量，自他死後未曾消滅。我能夠理解這一點：因為他曾經在那麼脆弱的時期，給她活下去的力量，除了他，她不可能再愛別人。

被愛和感到安全，同時有養育小孩這個目的，很可能讓凱蒂免於想太多。但我問她是否曾無意識地回想起集中營的事時，凱蒂告訴我，她睡覺要開燈，門也要開著，而且在孩子還小時，她會夢見德國人把他們帶走。

她談到自己依然非常思念父母，常常想「我打開門以後，父親會走進來，還有妹妹。我妹小我三歲，要是她還活著，等到釋放出來以後，我就會照顧她。我那時還不知道怎麼照顧人，但我會這麼做。」

我心中燃起怒火，竟有人忍心下手殺害十一歲的女孩；我照實說出想法。安娜再次介入，將手放在母親的手上面，彷彿在說：「我懂，媽。」她一再強調母親從未說過別人的壞話。如果有人令人討厭，她覺得對方一定有他們的理由，或者他們那天過得不好。凱蒂回道：「我天性不愛抱怨。你一定無法想像，我有多高興有個家。」

這就是重點。我們不知道她的經歷在多大程度上形塑了她對世界的看法。生活經歷無法被理論觀點所取代。安娜和瑞貝卡在孩子不肯吃東西時，會對孩子說：「任何食物外婆都肯吃。」甚至孫子女們也說，當他們覺得冷時，會想到外婆，盡量不抱怨。

儘管這種認知觀點可能有所幫助，但告訴自己不要擔心是沒有用的。**唯有真正經歷過，才會有情感投入，也才會在逆境中獲得成長，進而重新評估生活中真正重要的事情**。

因為我才剛認識這家人，就感受到憤怒，於是不禁想到，她們心中有一部分怒氣，必定會在下一代身上得到昇華。我推測這種憤怒在下一代身上，會透過對生活秩序和控制的渴望表現出來。

接下來的幾星期，我試著讀取這種憤怒，卻徒勞無功。可想而知，她們非常想成為像凱蒂那麼好的人；假如她們有黑暗面——當然或許沒有——也不太可能願意對自己（遑論對我）展現出來。

＊

眾多文獻表明，曾瀕臨餓死的人，他們往後和食物的關係會就此改變。注重食物是猶太人的共同特徵。當不容易取得食物時表現出焦慮、習慣囤積食物、捨不得丟棄食物，都是很正常的。但凱蒂不會這樣。她告訴我：「食物完全沒有影響到我。我來到這個國家時，很愛吃柳橙。我老是買柳橙，因為我們家鄉沒有柳橙。但這並沒有影響我。」

安娜告訴母親，她說的話只有部分正確：「也許對你來說最重要的回憶，是你母親煮的食物、烹調方式，你小時候吃的東西。」她轉向我：「我母親總是根據老家的食譜煮東西。食物對她來說很重要。她會講等一下要煮什麼，並在我們吃飯的時候，討論那道料理。」

凱蒂大力點頭：「我很愛煮東西。我喜歡這麼做，孩子們也愛吃……但是幾個月前，當我爬上椅子尋找食譜時，從椅子上跌了下來！」她摔斷了髖部，悄悄上床躺下，沒告訴任何人，因為她覺得不用大驚小怪。

這裡有很多東西值得思考。食物對每個人來說都是很複雜的。我們對它挹注了情感。我們「吃的是自己的感覺」，藉以安慰自己，或者暫時忘掉目前的感受。在家庭中，我們和食物的關係會受父母的影響，而且多半會傳給我們的孩子。對凱蒂來說，**雖然她的創傷並沒有透過食物傳遞，但她和食物的關係特別強烈：它像徵著安全和生存**。

食物是記憶的觸媒：看到、聞到、嘗到或碰觸到某些特定的食物時，會喚起身體的記憶，直接帶領我們回到過去，以及與其相關的感受。就凱蒂而言，她小時候吃的食物讓她想起匈牙利的家，親愛的父母在廚房裡的模樣，以及與其相關的愛的感受。

瑞貝卡的頭垂得低低，緩緩說起自己曾經追求完美的痛苦歲月，那時她利用食物來應對「自認為不完美」的心情。幸好她已經尋求專業協助，也克服了這個問題。儘管聲音仍然低沉，但她說：「我比較好了，已經好多了，但我仍然會吃太多。」

在我看來，瑞貝卡能夠坦然面對感受，也勇於表達想法。當我問她關於這一點時，她想了一會，點了點頭。她的臉亮了起來，表示有個想法，她在想自己是否內心深處認為：在集中營的人一旦看起來生病就會被殺掉。她記得母親鼓勵她要「看起來不錯」，否則「會發生什麼事」。當她進一步思考時，她意識到這已引發了她內在的鬥爭：**想要控制和完美**。她望著我露出微笑，在她的拼圖上，有一小塊已經拼回去了。

*

當我聽到凱蒂說封城很難熬時，我感到很驚訝。但仔細思考後，我意識到凱蒂的一個重要應對機制，是從與他人相處和幫助他人中獲得價值感。她善於與人建立關係，即使在集中營也一樣。為兒孫煮一頓道地的匈牙利菜餚，得到他們的讚賞，讓她覺得人生有目的。這場疫情使她無法盡情展現慷慨和生產力。要培養韌性，不能只是等著情況改變，而是要想辦法改變現狀、成為有用的人和幫助別人。安娜說母親依舊搭公車去商店購物，鄰居看到都非常詫異，說她的孩子怎麼如此「差勁」沒有開車載她，我們聽了都笑出來。因為她堅持自己去。她想出門，看看人，買些日用品，感受完成一件事的滿足感。她自豪地說：「我完全有能力照顧自己。」

她堅定的正向態度，設定目標後加以完成，並為他人付出，造就了她非凡的韌性。

*

我認識凱蒂和她的家人後，便開始尋找答案，想知道她為何能夠像瑞貝卡所說：「在遇到惡劣情況時，展現令人驚嘆的韌性。我從未見過她沮喪、痛苦或悶悶不樂。我不記得她生過病。」

是什麼讓凱蒂活得健康快樂，即使有極度痛苦的過往？九十多歲的她依然活得興致盎然，又是如何辦到的？想必她有某些值得大家學習的地方。

我跟一位頂尖的臨床心理學家（也是發展神經科學和精神病理學教授）談過，他解釋這塊拼圖的諸多碎片可歸入三種常見範疇：**教養、基因與環境**。凱蒂感受到父母的愛、珍惜和照顧，這些為她奠立了堅實的基礎，使她在面對創傷時有力量堅持下去。她的適應性反應源自於戰前她幼年時期有穩定的人格養成。她能夠消化痛苦的經驗，適應創傷，正是這種能力保護了她，創傷不至於被鎖定在大腦的神經網絡中。

基因的作用比我想像的大許多。一個人是如何應對威脅、有無足夠的適應力，一部分是由基因決定。雖然目前尚不確定基因的影響力有多大，但可以確定的是特定的遺傳變異在某些人口中較為常見。凱蒂和所有人一樣，天生的基因藍圖編列了她的智力、身體特徵和個性。儘管基因決定了凱蒂的潛能，但基因與環境的相互作用決定了她人生的結局。天生的基因也影響我們對周遭環境的回應。九十一歲的凱蒂精神奕奕，想必當年也是個神采飛揚的女孩。

這個不斷重複的過程塑造了每個人。我們會主動創造出自己的社交世界，而非僅是被動接收。因此凱蒂這個正面積極、笑容可掬、友善熱心的人，能夠跟遇到的人建立安全的關係，這本身在心理上具有保護作用，或許也說明了為何工廠裡那個捷克女孩會送她一顆馬鈴薯。儘管凱蒂覺得她和埃撒克能夠相愛是運氣，但她幼年時得到的愛，以及她的基因和環境交互作用的方式，都形塑了她的人生結局。

我們只能打自己手上的牌，但怎麼打這副牌會產生不同的結果。以凱蒂為例，她選擇手上最好的那張牌：埃撒克，因此她便進入一個良性循環，擁有了新的一副牌——她的孩子，如此循環下去。

除了上面提到的幾項要素，代表凱蒂韌性的拼圖還有最後一片，那便是她**為自己的經歷賦予的意義**。我們知道創傷不會自動產生後果。凱蒂說自己倖存是一個「奇蹟」，的確是，但她也可能會有不同的感受，例如她可能有倖存者的罪惡感。但當孩子們問她為何能活下來時，她回答道：「這樣你才有媽媽，媽媽才有你啊。」孩子給了她存活的意義。如果沒有建立家庭所賦予的意義，她或許不會如此堅韌。

會談接近尾聲時，凱蒂依然神采奕奕，但安娜、瑞貝卡和我都覺得情緒耗損嚴重。我問她們怎麼解決家人之間的衝突，她們說她們從不吵架。我將身體坐直，無法想像家人不吵架是何光景。但安娜答道：「每個人都要配合。如果必須有人讓步，我們就會讓步。我們從來不讓事情造成問題，這不值得，最好把它忘掉。很多時候，我們原本可以吵一架，像是爭財產、其他日常糾紛，但我們什麼也不會說。」瑞貝卡接著說她和手足之間處得非常好，她們在大家庭中長大，至今跟一群堂兄弟姐妹還是很親，而且身為一家人，大家都肯放下手上的事去幫對方。她們承認自己很幸運，從凱蒂身上學會更懂得感恩。

她們證明了馬汀．塞利格曼（Martin Seligman）等人的正向心理學有道理，亦即**當人能夠感恩，專注於好事而非壞事或缺乏的事物，會感受到更多幸福感**。如同瑞貝卡自豪地說：「我們都思念已經不在的人，我們真希望他們都還在。當然也有讓人煩心的事，有很多可以爭論的事情，我們的孩子也會有小爭吵，但我們從來不會鬧翻。」

*

即使是從未吵架的家庭也可能出現一些摩擦。很明顯，安娜跟弟弟大衛不太親近。「我們處得不錯，但我們是完全不同的人。並不是說我們真的有爭執……」她看到母親撇過頭去，沒再說下去。她趕緊安撫母親：「我們愛彼此，你知道的，而且你知道我跟妹妹艾狄絲很要好。」

但凱蒂現在顯得激動，說：「我不想說這個，但這讓我很難過。這樣對我不好，所以我得轉過頭去。我先生若是知道了，一定很不高興。我試著不去管他們倆之間的事。我還能怎麼辦？這件事讓我很難過……。」安娜和瑞貝卡趕緊安慰她，告訴她沒什麼好擔憂的。

在我看來，察覺手足間的差異（況且他們並無爭執）不是什麼大不了的事，尤其是對照康乃爾大學心理學家卡爾．皮勒摩（Karl Pillemer）所做的研究，他發現有五％的人和手足形同陌路，二三％的人幾乎不和手足說話。但柏格一家人的反應吸引了我的注意。安娜和瑞貝卡看到凱蒂轉過頭去，因為她無法忍受不合，便急忙安慰她，想保護她；那一刻極具力量。

這類家庭動力可以用不同的方式來檢視。**依柏格家的情況，並不是完全沒有緊張或衝突，而是不允許有衝突，也不能公開討論不和**。這類家庭阻斷（及其與個人阻斷的關係）很有趣。每個家庭都有關於什麼可以談論、什麼可以表達或否認的規則，這可能是公開的或隱藏的。這本身並不是壞事，但鑒於這些規則是可以改變的，我們可以去研究一下有哪些規則，以及擁有這些規則的心理成本。

當我發現這種保護凱蒂免受任何擔憂的模式經常出現時，我對於這種家庭動力的好奇心日益強烈。她發現自己對擔憂無力招架，她的家人希望一切對她來說都是完美的。當然，這是不可能達到的。安娜說：「我們會表達自己的看法，但盡量不做批評，因此很少發生家庭糾紛。」我可以看出，柏格家建立了和諧和信任，因為他們不用害怕被攻擊。但我不禁想，無法堅持自己的觀點會帶來什麼代價：壓抑憤怒可能會導致控制、立場僵化，或導致「共依存症」（co-dependency）。

共依存症有不同的程度和形式。簡單來說，共依存症是指你的自我價值仰賴他人的肯定，而你不知道該如何滿足自己的需求。由於害怕起衝突，你既不能拒絕，也不能有不同的意見，這意味著可能有不舒服的感受被埋藏，這可能令人窒息。這些不舒服的感受可能透過其他方式表現出來。我還無法判斷柏格家的人是否有共依存症，不過對任何家庭來說，檢視家人如何通力合作總是有幫助的。

＊

經過數次會談，真相逐漸浮現：**這家人經常在擔憂**。凱蒂承認：「我老是在擔心他們每一個人。很不好受。我擔心他們是否健康，害怕他們受苦。」安娜說話不像平常那麼明快，略顯遲疑，雙手在身前交握，以保持身體平衡，描述自己如何應對這個問題：「我學會告訴自己擔憂沒有用，但我就是控制不住……我試著不去擔心……不要表現出來……」但她承認當兒子班生氣或女兒瑞貝卡不快樂時，「我心情糟到不行，身體還會不舒服，吃不下也睡不著。」她覺得自己彷彿長時間處於焦慮狀態。

瑞貝卡坐得筆直，一隻手撐住下巴，顯然對這個討論很感興趣。她想了片刻之後說她發現自己也有類似的反應。她控制焦慮的方式是列出待辦事項，而母親則取笑了她。但她也在努力改變自己：「我想成為有用的人。我需要稍微抽離。要是我沒有工作，可能會變得混亂不堪。我想滿足他們的需求，但又不想被他們過度消耗……這不是一件容易的事。」

她們的擔憂表現在幾個方面：她們有事不會告訴對方，因為對方會出現非常擔心的反應。她們也不會向家人求助，因為不想變成「麻煩」。家中有不成文的規定：每一代孩子要保護父母、循規蹈矩、和父母信奉一樣的宗教。這似乎存在著一種拉扯：他們需要彼此敞開心扉，接受關愛支持，同時了解到每個人的承受能力是有限的。

我想在更大的脈絡下理解這種情況。賓夕法尼亞大學約克分校家庭老年學家安柏・塞鐸（Amber Seidel）的研究顯示，我們都比前幾代的人更常擔憂，尤其是擔心成年子女。很可能是因為比起父母那一代，大多數現代人跟孩子更加親近，更積極參與孩子的生活。拜智慧型手機所賜，我們隨時知道哪裡有小問題出現，這可能會加劇焦慮。眼不見為淨是有道理的。**我們往往一味擔心尚未發生的事，腦中浮現糟糕的後果，想像最壞的狀況，因而滋生更多恐懼。這可能是因為我們誤以為擔憂可以保護我們免受壞事的影響，但其實擔憂只會讓我們生病**。

心理學家保羅・吉伯特（Paul Gilbert）從演化的觀點探討擔憂，相當有趣。他表示在大腦中，擔憂的功能是因應威脅，為未來的事件預做準備（用演化的角度來看，是存糧見底或快被掠食者吃掉）。人類大腦的擔憂系統之所以會失靈，是因為它尚未充分演化到足以應付當前的威脅和恐懼，我們的大腦最終可能會永久切換到擔憂的狀態。

許多人發現自己處於高度警戒狀態，不過培養好習慣可以讓心理狀態趨於穩定。《心靈醫生》（*The Mind Medic*，暫譯）作者莎拉．沃拉（Sarah Vohra）表示，除了瑜伽或冥想等減壓練習外，我們還可以透過對擔憂進行分類，來管理它們。我們可以問自己：「我可以把這個擔憂變成一個問題來解決嗎？」比方說，可以透過詢問同事來處理明天是否有會議之類的擔憂。

或者，也可能是杞人憂天，那種擔憂永遠不會成真，卻耗盡你的心力，讓你整天憂心忡忡，像是擔心孩子是否安全。如果是這類情況，她建議大家把它寫下來，放進「擔憂晚點名」清單裡。她建議大家每天空出半小時，在這個固定時段內檢視這張清單，並盡情地擔憂。但如果在這段時間之外萌生擔憂的念頭，就找些正向的活動來轉移注意力，像是跟朋友聊天或去做某件事。最後，你可以在這個時段裡劃掉不再需要擔憂的事、撕碎舊的清單，扔掉它，然後在一張空白紙張上寫下目前還在擔憂的事，明天又是新的回合。聽起來有些複雜，但做起來很簡單。因為人類是會養成習慣的動物，我們很快就會發現我們自動擺脫了擔憂模式，更能充分投入每一天的生活。我希望教瑞貝卡運用這個有用的工具。

對柏格家的第二代和第三代來說，他們的擔憂伴隨著「相較於凱蒂，自己沒什麼好擔憂」的信念，所以不應該擔憂。在我看來，**擔憂的情緒似乎在這家人之間循環往復，每個人都難以倖免。其根源是凱蒂過往的恐懼，這種恐懼被轉化為擔憂，以及不斷尋求安全的需求**。這是創傷所導致的後果，儘管傷害比一般創傷小得多，但仍令人困擾。

瑞貝卡想知道該怎麼在擔憂和真正的連結之間取得平衡，是否該告訴母親發生了什麼事、聽取她的建議，並保持彼此的界限。安娜覺得瑞貝卡無須改變現狀，因為情況並未失控。但瑞貝卡已經覺醒，對問題有了更多意識，以適應新局面，戒掉不再適合她的壞習慣。跟我談話便是掌握自我的一小部分，跟第三者公開談論這個問題似乎有幫助。

舉例來說，瑞貝卡很喜歡囤積食物。很多家庭都有這種習性，但更常見於大屠殺的倖存者。她最近發現自己會因為一點小事出錯，就覺得完蛋了。跟我談話幫助她**檢視腦海中出現的情節，是事實還是想太多**。比如說，當雞蛋吃光時，她意識到這不會讓天塌下來，她可以先跟鄰居借幾顆。她從學者兼作家布芮妮・布朗（Brené Brown）那裡學到一句有用的箴言：「追求卓越，但別試圖達到完美。」

安娜調侃瑞貝卡：「有時候好像你才是倖存者。」會談結束後，我才領會到這句話的重大涵義：**或許瑞貝卡已經內化了凱蒂未表達出來的創傷，但她不允許自己表達出來**，因為凱蒂「從不抱怨」。

我試著從心理學上探討母女關係的理論來看瑞貝卡的情況。這麼做並非否認父親的重要性，但母系的影響是我關注的焦點。根據神經科學，**母親和女兒大腦中調節情緒的部分是相似的。母女的情感紐帶是日後建立安全關係的基石，也有助於孩子培養自尊**。

女兒主要從母親的身教中學習；身教比言教重要。有句話說「照我說的去做，而不是學我怎麼做」，這句話容易誤導人。在柏格家，母親將安全的愛傳給女兒。下一代在凱蒂和埃撒克身上看到浪漫愛情和組織家庭的重要性。凱蒂已經處理好自己的創傷，但我覺得安娜和瑞貝卡身上有受過創傷的特徵，雖然她們認為自己沒有。

顯然她們花了許多年才學會相互依賴——這意味著她們很親密，但也保留空間給對方——而且我看到她們仍在努力。兩人都知道若不這麼做，很難和伴侶建立深厚的感情。

我得知瑞貝卡年紀很輕就結婚，因此她會太過依賴父母，甚至每天早上傳訊息給母親，告訴她今天要做什麼。日子久了，她變得比較少聯絡。安娜知道這樣才對，但承認：「我要是不知道她生活上的小事，會想知道她為什麼不告訴我，覺得我好像被排斥了。」她聲音裡有帶著一些悲傷。但隨後她望著瑞貝卡，臉上浮現驕傲的笑意，說：「不要改變。」這是溫馨的一刻，顯示出母女之間親密和距離的拿捏是多麼重要。而關鍵始終在於：**進行開放和坦承的對話**。

*

我見到迪娜時，她在母親瑞貝卡身旁，正開始適應這個諮商。她們並肩坐在一起，迪娜頭上戴著黑色寬髮帶，看起來很年輕，眼神明亮，渾身散發出活力。她每天不管有什麼事都會告訴母親。有女兒在場，瑞貝卡變得更溫柔慈藹，但她不希望女兒重蹈自己的覆轍，問她：「你覺得我有給你壓力嗎？」她解釋說自己絕對不要讓孩子感到窒息。

迪娜笑了，覺得母親的擔心是多餘的。「我可以好好跟你講話……如果你讓我覺得窒息，我會跟你說。」兩人貼近彼此，擁抱了對方。

柏格家每個女人的內心都有創傷：在每一天的生活中，都有痛苦的碎片存在。她們永遠沒辦法穿條紋的衣服，那會讓人想到集中營；當她們走過冒煙的煙囪，會立刻想到毒氣室，而且看見狗就非常害怕。只有第四代的迪娜，情況比較輕微。她說話嗓音渾厚，常常笑，會逗弄母親，有時候跟她意見不合，但總是親暱地靠近她。她似乎沒有包袱，不會反覆思量往事。凱蒂對幸福的積極追求深深影響了一代又一代的人。迪娜的母親和外婆生活在太平時代，過去的恐懼在她身上沒那麼強烈。我的評估是：隨著每一代都感到自己的安全感增加，信任也隨之增強。

在跟迪娜說話時，我尤其深刻察覺到她生活在一個幾乎沒有受到時間影響的「泡泡」中。二十五歲的她所處的環境，可能是同齡人難以想像的，即使他們就住在幾英里之外。

她興致勃勃地描述自己的生活方式：「我過慣了這種生活。」流露出完全接納的意味。她穿著樸素，從不穿褲子只穿裙子，而且就像社區中大部分年輕女性一樣，受教育直到十八歲。上大學的人很少，迪娜告訴我，這是因為「我二十二歲結婚已經嫌老，平均是十九、二十歲結婚。我二十四歲才有寶寶，比人家都晚。」

女孩十八歲後去以色列的神學院讀一年，然後透過媒人安排結婚。男女朋友約會四、五次，如果喜歡彼此就訂婚。她們當然可以選擇要跟誰結婚，但得盡快找到對象。而且她們也有壓力，為了努力成為理想的結婚對象，各方面都馬虎不得：有魅力、信仰虔誠、家世良好。倘若行為不檢、叛逆，會變成家人的眼中釘。時間拖得久了，能選擇的對象會越來越少，壓力也會增加。一旦結了婚，成為母親是首要任務，雖然有些女性會就業，但通常是從事一般認為適合女性的工作：助產士、護士、牙科助理。在這個極正統的信仰群體內，鮮少女性位居要津。

迪娜說話時，對自己的生活並無怨言。我一直熱衷於發現那些從外部看起來可能受到限制的事情。我原本認為，以她們的歷史背景，應該願意為了安全，放棄大把自由。但迪娜並不這麼認為。她跟其他家人一樣，為身為猶太人心存感謝，過著和祖先一樣的生活。我甚至察覺她替我感到遺憾，因為我無從享受她們那種生活方式的好處。

*

柏格家的人勇敢又慷慨，讓我走進她們的世界，貼近觀察她們的家庭生活。這個群體的人在需要工作時會邁入當代社會，但不會邀請外人像我這樣四處窺探她們全家的心理。對大多數人而言都是這樣，但對她們來說尤其如此。她們的生活受到習俗的限制：柏格家的人從來沒有在非猶太餐廳吃過飯。

所以，她們跟我這個來自另一個文化的陌生人談話，算是非同小可的決定。我知道必須尊重她們的界限，但還是發現自己很難不去試著解決問題。柏格家的人不需要我這麼做，但我花了許多時間思索，多半是在騎自行車的時候，督促自己對此保持平靜。我發現很難不運用自身的技能（這些技能賦予我能力和目標），去與人們建立關係，並支持他們採取新的觀點或釋放舊的恐懼。我明白這是源自於我的控制欲，是我需要處理的問題。

對於工作議題，我很難壓抑想越界的衝動。因為我告訴安娜，我覺得她缺乏自己的個人身分：工作的身分。她不妨去做義工或擔任導師，做什麼都不要緊，但我希望她走出家門，成為不同版本的自己。她露出溫煦的笑容對我說：「我的確覺得有個連結不見了。我需要找到正確的平衡，但我得找到適合自己的東西。」我對於她完全不為自己找藉口感到驚訝。

我喜歡她坦白承認需要為自己找到適合的東西。迪娜也一樣，儘管目前是全職媽媽，也說她不排除日後投入職場的可能。

我知道對許多人來說，工作並非額外的選項，但對柏格一家人來說，它是選項。我這麼說是因為我傾向要有工作：工作曾多次拯救我。我承認在人生某些階段，得先暫停工作，或把工作列為次要，而且身為伴侶和母親有極重要的價值，但我深信女性能夠對世界做出更多貢獻。透過工作找到額外的目標、意義和自尊，對家庭和女性來說都是正向健康的事。另一方面，柏格家的人還有信仰作為強大的後盾。

*

凱蒂的父母都是虔誠的猶太教徒，而收留她的叔叔是極正統教派的一分子。凱蒂反思表示，她能理解為何其他人看到人們在大屠殺時被燒死，會捨棄信仰。但對她而言，信仰是和家人維繫關係的方式。她信奉的宗教具有「偉大的」傳統：當如此多的東西被摧毀時，它仍然存在並讓她能腳踏實地。她在人世間經歷過地獄般的生活，但信仰帶給她勇氣，體現了「比自身更重大的事物」的信念。她猶太會堂的女性成員，在節日和假日時都會去會堂，但她說：「我只在有需要時禱告一下。」我微笑，知道凱蒂並非過度虔誠的人。

安娜解釋，她們的信仰和宗教不一樣。前者是宗教儀式，後者則與歸屬感有關：「我們的宗教具有包容性，基本上對我們來說像是會呼吸的生命體。每週五晚上我們唱著同樣的聖歌、同樣的曲調、同樣的禱告，讓我覺得自己屬於整個群體，一個更大家庭的一分子，所以我從不感到孤單。我去到世界各地，都可以加入這樣的群體。」

將猶太教視為一個生命體的概念非常引人入勝。我喜歡教堂和會堂舉行的儀式，但我過去將它們視為固定的、客觀的建築，而不是一個生命體。這讓我想到當今英國的孤獨程度，正如「終結孤獨行動」（Campaign to End Loneliness）的統計：每二十個人就有一人是「經常或總是」感到孤獨，四五%的成年人覺得「偶爾、有時或經常」感到孤獨。那種完全的歸屬感，以及能夠與猶太同胞建立連結的絕對信心，是非常激勵人心的。安娜雙眼發亮，用鏗鏘有力的語氣說下去（她很愛談這類話題）：「從宗教層面來說，遇到危急關頭，我會讀詩篇。若有人身體不適，我會立刻翻開詩篇尋求幫助。我們在疫情期間都有禱告。這就是我們信仰的真理。我可能不會每個時刻都感受到它，但它一直都在。」

瑞貝卡的語氣更加激昂：「神就在那裡，祂是一種存在，一種精神。我在想當人遇到不幸，甚至悲傷、艱難的事發生時，沒有信仰的人該如何繼續走下去？」

「神知道即將發生的事，也知道對我們來說什麼是正確的。所以不論我們目前處於哪個階段，也許看起來悲慘、黑暗，或令人恐懼，在我們之上都有一個更大的計畫。神掌管這個世界，但我們並不理解這一切。當不幸的事降臨時，我們可以向神臣服，對神說：『交給祢了。』」

我發現安娜用充滿自豪和愛的神情望著女兒，知道自己將女兒教養成能夠堅定表達立場的人。瑞貝卡繼續說道：「我希望自己永遠不必接受真正的考驗，剛才說的話不需派上用場，但我試著抱持這種信念。我母親對宗教的見解是：我們有一套秩序，可以預測這一年大致上的情況。我們知道某幾個月有節慶，一年就變得井然有序。每個不同的節慶都在符合特定條件的地方舉行，唱特定的歌曲，吃特定的食物，這在世界各地都一樣。不論你去到哪裡，都可以參加某件盛事，你是其中的一分子。」

迪娜附和母親的話。她每天早上都禱告，在照顧寶寶的空閒時間也會禱告。她相信家庭是猶太人不可或缺的一部分，也是猶太人的延續，因此家庭和宗教交織在一起。她們都對身為猶太人有深深的感激。

有趣的是，多項研究顯示，有信仰的人會有更高程度的幸福感。對迪娜這樣的年輕人而言，在信仰虔誠的家庭中長大，對其心理健康增添了一層保護。我認為不太可能確切計算出靈性實踐和信仰的價值，因為那因人而異。但我想對柏格家來說，信仰顯然填補了許多缺口，幫助他們度過難關。

我請她們說說死亡對猶太教的意義。安娜解釋道，他們在安息日不能使用任何電力或交通工具。安息日一向是安靜的。她還小時，會在安息日下午跟兄弟姐妹坐在一起，翻閱一箱箱的家庭照片。那並不是全家愉快度假的照片，而是過世親人的相片，當中還有裝滿集中營屍體的手推車的照片。她說大家會先看這些照片，然後放在一旁，再看其他家人的相片。

對她們來說，討論死亡並不是禁忌，很多家庭也是如此。安娜曾聽父親和他的兄弟姐妹談論他們在以色列的墓地，打算誰和誰要葬在一起，彷彿在討論晚餐的座位一樣。凱蒂覺得在以色列很安全，知道自己會跟埃撒克和他的家人埋在一起，對此感到安慰。因為她們許多家庭成員從未被埋葬，也沒有墓碑來紀念他們，這令人沉痛。埃撒克早已將親人的名字一起刻在他的墳墓上，供後人憑弔。當我意識到這並不像許多人以為的那般令人沮喪時，我對此著迷。**在承認並公開討論死亡之不可避免的同時，她們對自己還活著而感恩，這賦予了她們生命和活力。**

*

柏格家的人覺得我們的談話很有幫助，這令我很高興。讓我見證她們的觀點和生活方式，使她們能更清晰地看到人生的各種面向。我據實評估她們家的情況：雖會擔憂，但並未顯現二次創傷，她們都露出鬆一口氣的笑容。她們已經知道這一點，但聽到別人這麼說總是令人振奮。我請她們說出感想，安娜說的話在我心上徘徊不去：「我很愛我們的談話，喜歡跟你見面，分享想法和感受。回想起這些談話，是一種很棒的宣洩體驗，讓家人更靠近，讓我更深刻了解自己的孩子。」

除了陪在孩子身旁，我們還能透過思考和談論他們的事，更加了解自己的孩子，這不是很有趣嗎？

瑞貝卡的感想是：「我們的談話不但啟發了獨到的觀點，也鼓舞了心情……在探究家族歷史及家庭動力時總讓人覺得熟悉親切，現在還是一樣。探究這些事情也促使我們進行更深層的反思，一方面踏入未曾探索過的領域，同時也更懂得欣賞我一向視為理所當然的熟悉事物。」

對我來說，花時間和案主一起探究自身內心和家庭的未知領域，藉此對熟悉事物產生不同的理解，進而領略事物的價值，這很有啟發性。**通常，除非我們改採不同角度注意周遭事物，否則我們很容易對眼前的事物視而不見**。

身為大家長，凱蒂以沉穩深刻的方式愛家人，展現了生存的勇氣，是難以超越的典範。她的愛的能力是真正的遺澤，一代代傳下去。當然還有她的信仰，如同猶太拉比強納森．薩克斯（Jonathan Sacks）所說：「你翻開《聖經》看看，我們最先想到的不是幸福快樂的故事。每個人都要忍受不同程度的苦難，然後在看到苦難的盡頭時，我們歡欣鼓舞。猶太人的定義是與上帝和人性搏鬥並取得勝利的人……壞事發生時，我不會輕易放棄，直到我找到其中的祝福。」

我認為這似乎概括了一種具有深遠意義的生活態度——並非沒有痛苦、焦慮或混亂，但是由神主導，並在最終找到幸福的方法，這是一種積極的生活方式。

＊

我們結束會談幾個月以後，某天我在思索身分認同和家庭時，腦海中浮現了柏格一家人。我試著釐清有強大的宗教歸屬感，會給人帶來多大的不同。最後我得出的結論是：儘管我們的生活方式看起來不一樣，但我們關注的問題和困難最終都是一樣的：愛、家庭、歸屬感、生存、安全和目標。

我聽完凱蒂的故事後，開始尋找跨世代創傷的證據，想知道過往的恐怖經歷是否深深影響了這一家人。但事實上，我發現了其他東西。形塑柏格家最強大的力量是另一種：凱蒂非凡的韌性、寬恕，以及她從未因邪惡而失去愛人的能力。這意味著她受到子孫的尊崇。她的身教猶如一道試金石，讓子孫看到女性的力量、愛、感恩、信仰和忍耐。

但這種楷模也可能導致棘手的狀況。優秀的家人會給後代子孫帶來特殊的挑戰，他們可能會覺得自己有所不足，也可能用高標準來批判自身極為常見的人性弱點。身為凱蒂後代的感受，就好像父母是政治家、企業家、搖滾巨星、作家等名人或成功人士那樣，你永遠先被看成某人的孩子：某甲的兒子、某乙的女兒。備受尊崇的家族傳奇可能導致壓抑的情緒、完美主義、共依存症，還得努力尋找能受到家族尊崇的身分。

家庭成員在理解此一家庭動力、學會用自身的生命脈絡和時間來檢視自己，以及用更具同情的眼光來看待自己之後，便能平息內在批判的聲音，同時能從家族傳奇人物身上汲取力量：他們自己的故事可以與家庭相連，但也是獨立的篇章。

奎格與巴塔瓦斯基家

面對死亡時該如何活下去？

個案背景

艾奇．奎格（Archie Craig）五十四歲，蘇格蘭人，和波蘭裔的未婚妻凱薩琳娜．巴塔瓦斯基（Katharina Butowski）與他二十八歲的兒子葛瑞格（Greg）住在蘇格蘭高地。他二十六歲的女兒伊思拉（Isla）住在蘇格蘭邊境區。他跟孩子的母親已經離異。十二年前，艾奇第一次診斷出癌症，切除了一顆腎。其後四年一切順利，但之後某次例行掃瞄發現他的癌症在肺臟和胸腔復發。在我跟他會面前四個月，他收到晴天霹靂的消息：他的大腦有腫瘤，只能再活一年。進行心理治療是為了給他和家人支持，一起面對這場疾病。隨著時間過去，我們發現有很多方面需要注意：他不得不跟自己的父母斷絕關係，以維持心理和身體健康；他進行放射線治療、化療和使用類固醇，帶來嚴重的副作用。全家人面臨了這項挑戰：在他的生命結束前，該如何在疫情施加的限制下，以最好的方式走完最後的人生。

為了解艾奇的病情，我去了「英國癌症研究中心」（Cancer Research UK）尋求相關統計資料。統計數據有助於掌握某種診斷代表的意義，若我們沒能正確理解，往往會激起恐懼或憤怒。我從這些數據了解到一項事實：艾奇還太年輕，不該得到這種罕見的絕症。正如他和家人反覆強調的，儘管他們知道人生並不公平，但這種不公平尤其殘酷。

- 在英國，每年有超過十六萬六千人死於癌症。
- 在英國，腎臟癌是男性第十大癌症死因，二〇一八年約有二千九百人死於這種疾病。
- 在英國，二〇一六至二〇一八年間死於癌症的病人中，有超過半數（五四%）是七十五歲以上。
- 在英格蘭和威爾斯，二〇一〇至二〇一一年間罹癌病人中，有半數（五〇%）和疾病共存十年或更久。

如果我回頭檢視過去數十年來服務過的案主，似乎在某個特定時間，總會有某位案主的情況特別需要同情，甚至是關心。而在此刻，艾奇就是那個案主。

我透過螢幕望著艾奇，他臉色蒼白，頭髮和眉毛都光禿，戴著對他來說有點太大的粗框眼鏡。幾分鐘後我才發現艾奇一動不動。他在床上坐得挺直，穿著有領子的時髦襯衫。說話時不帶任何手勢或眼神，彷彿他必須保留每一分體力才能說話。艾奇對我說的第一句話是：「癌症讓一切翻天覆地，把白的變成黑的。癌症像是小偷，一點一滴偷走你的身體。」的確。

艾奇五十四歲，四十出頭時被診斷出腎臟癌。他做了腎臟切除手術，之後有四年的時間身上沒有癌細胞。五年不復發是一道里程碑，這項安全指標似乎近在眼前。但殘酷的是，就在那時他得知自己患有繼發性癌症。那陣子他開始有頭痛症狀，掃瞄後得知令人震驚的消息：他的腦部有腫瘤。醫師告訴他沒有治癒的方法。醫院或許可以透過治療延長他的生命，但他的預期壽命是一年。當然，艾奇受到的打擊最大，但這個消息無可避免對他的家庭帶來負面影響。

二〇一三年，美國「國家生物技術資訊中心」（National Center for Biotechnology Information）的一項研究指出（Golics 等人，2013），若家中有慢性病患，九二％的受訪者覺得情緒因家人病情而受影響，會擔憂（三五％）、沮喪（二七％）、憤怒（二五％）和內疚（一四％）。在他們的外表底下，有許多混雜的情緒在翻攪，它們是悲傷的情緒，也是對疾病的自然反應。我知道自己無法減輕或釋放他們的強烈情感，但我誠心希望自己能給予他們支持。**我的角色不是要促進更多理解，而是要穩定家庭成員的情緒，讓他們能應對面臨到的各種難關。**若有必要，我可以給出一些建議，讓他們說出該說的話、做好該做的事，以免日後後悔莫及。

對這家人來說，我是外人，他們可以對我完全坦白，無須有所顧慮。我相信這會有好處，即使只是說些小事，也是很值得的。我認為**「充分被傾聽」的價值不容低估**：高品質的傾聽，是我想提供給案主的寶貴資源。

此外，艾奇很重視參與我的書的機會，他對我說：「我的經歷對某個人來說，一定會有價值的。」或許想到自己的故事會傳播到世界上，對他也算是小小的安慰。

艾奇將是這場團體諮商的主角，他的未婚妻凱薩琳娜有時會加入。葛瑞格是生物學家，跟艾奇同住。伊思拉在英國國民保健署擔任要職，住在需幾個小時車程的地方。我將另外跟葛瑞格和伊思拉會談，因為我們認為艾奇若看到全家人一起會感到悲痛，可能承受不住。我會讓他讀包含每位家人想法和感受的個案紀錄，他可以按自己的步調來讀。

*

當我聽到他說「癌症在我的肺和胸腔復發」時，不禁感到一股焦慮。由於我家有癌症病史，我無法保持冷靜中立。我選擇否認，因為我不認為卸下防衛會有任何幫助。但一聽到癌症，耳邊很快有警鈴響起。我家人罹癌過世已過了兩年，我覺得自己已有足夠的韌性，能再次為罹癌的案主進行心理治療。

對我而言，這工作深具意義與價值，但強度很高。我希望自己能更深入了解這個家庭的經歷。但我知道還有另外一面要注意：我需要額外的監督，以確保自己在進行治療時能保持專注，滿足他們的需求——這段關係是為了他們，而我的職責是保持心理健康給他們支持。我應該置身其外。

我提及這一點，是因為我認為**所有心理治療師都有自身的歷史：曾經失落、受傷、犯錯，也有能引發反應的刺激物**。常有人對我說：「以心理治療師來說，你很容易沮喪。」彷彿身為治療師，意味著我應該擁有神奇的力量，能用平靜、愛與和平來應對人生事項。若是能這樣就好了，但事實並非如此。我需要持續努力，才能保持愛、與人建立關係、抱持好奇而開放的心，在這其中也會包括失敗、跌倒和不知所措。

＊

在艾奇診斷出癌症末期時，有家人給予支持、愛和情感交流，對他（以及有同樣處境的人）來說至關重要，他因此才能忍受疾病帶來的痛苦。但事情沒那麼簡單，**家庭中的每個人都有自己獨特的反應和處理困難的方式，這些會反過來影響其他人**。

悲傷之情始於得知診斷的那一刻起。每一次的診斷結果都帶來新一波的悲傷情緒：震驚、哀傷、焦慮、憤怒、恐懼甚至絕望。若家中每個人都經歷這些感受時，情緒有可能變得難以負荷。壞消息會啟動我們的警報系統，進入高度警戒狀態。人與人難免相互影響，因為我們的情緒具有感染力。在這種動盪時期，**若想盡可能保持穩定，每個人都要能進行坦誠開放的溝通，明確表達自己的感受，討論內心的恐懼甚至是希望**。

這也意味著每個家庭成員都必須為自己的行為負起責任，包括**敏銳感受他人的需求、齊心協力，以及當發現自己的回應方式對身旁的人造成負面影響時，加以調整**。但是艾奇的父母無法做到這一點。

＊

我們初次會談時，艾奇告訴我：「我父母還在世，但我不跟他們說話……這很痛苦，但我媽不光是跟我講奇怪的話，也跟我未婚妻和孩子說些有的沒的。我之所以決定斷絕來往，是在她聽到我的癌細胞蔓延到腦部的壞消息時，她對凱薩琳娜說：『艾奇一直都很難搞，從小到大讓我傷透腦筋……』她喋喋講了二十分鐘，最後說：『癌症病人會想去安寧病房吧。』」

他說話時緊握雙拳，我想若不是他體力虛弱，他應該會用更激烈的方式來表達怒氣，不光是握拳而已。他母親說出如此麻木不仁的話，我震驚到胃刺痛了一下。

艾奇繼續說：「我那時聽到她這麼說，覺得非常憤怒。我動了重大的腦部手術，絕對不能動氣，很容易中風或癲癇發作。我不能讓自己暴露於那樣的危險當中，所以不能再跟父母見面。」

凱薩琳娜後來跟我說，艾奇花了兩個月才對母親這番話感到釋懷。我仍能看到他眼裡的傷痛，他悲傷地點點頭：「對，我花了很長時間才排解掉情緒，我一直感到痛苦。我花了一段時間才意識到，我是有選擇的。我可以是那個受傷的青少年，被媽媽說的話左右情緒，也可以是五十四歲、不再需要媽媽的那個人，他依然因為她的話受傷，但現在已經沒那麼痛了。我必須接受現實。」

我對他說，他跟母親之間有巨大的差異。他有洞察力、同理心和自我同情，能夠視情況改變看待事物的方式。但這麼做得付出代價。每當想到母親，他就會想到「她應該要說些有同情心的話。她在同情心和報復之間，選擇了報復。」儘管父母有很多不足，甚至很殘酷，艾奇仍因無法見他們感到自責。他們畢竟是他的父母，他愛父母，也想念他們，但他知道自己得守住界限。我真希望他不必背負這樣的負擔。

幾星期後，我對艾奇的了解越來越多，也更清楚看出他的原生家庭功能嚴重失調。每次會談，他一定會提到母親，也常提到父親。他已經掌握了應對父母的方法，卻不表示他能夠忘懷。對每個人來說都一樣，**父母帶來的傷害非常深刻，我們有可能學會如何處理，但悲哀的是，我們無法抹去傷痕**。他說起母親時，常會模仿她的語氣，說好聽點是具有威嚴，說難聽點則是語帶威脅。

他深知這其來有自。他母親小時候被她父親性騷擾，造成創傷，卻始終未加處理。這些未被處理的創傷情緒，每天都出現在她的生活裡。她總是想得到旁人的注意，通常是用誇大病情的方式：背痛、糖尿病或輕微中風。艾奇說：「她覺得自己該得到所有的同情。她最擅長小題大作。」她會把別人的苦痛拿來跟自己相比，放大自身的不幸——即使自己的兒子診斷出末期癌症也一樣。至於他父親，儘管艾奇的父母「吵得很兇」，但基本上他對妻子言聽計從。艾奇說話時，我可以從他的眼神和語氣中知道，他清楚理解這一切，並承受著傷害。

他總結自己的生長環境：「沒有養育，缺乏父母的照顧。我想是有愛的，但沒有溫柔關懷。」

*

讓情況更複雜的一點是：他父母在耶和華見證人的家庭中長大，在艾奇看來算是邪教。這意味著他們都生活在規定極端嚴格的家庭中，不允許任何人提出質疑或者做自己。對艾奇（及任何在如此嚴苛環境中長大的孩子）來說，他們必須表現良好才會受到重視，這可能會造成焦慮和缺乏自信。這對艾奇人生的各方面都造成了影響，直到他接受心理治療。在那之前，他對自己和這個世界的理解是：總有某人要受到譴責，不是他自己，就是別人——用僵化、懲罰性的方式來面對日常生活，並伴隨著恐懼的暗流。悲哀的是，這也影響了艾奇教養孩子的方式，他正在面對這個後果。

我有個好心的同事瑪莉・盧索（Mary Russell）把她的論文寄給我，探討邪教具有哪些危險信號。這一切都與艾奇所描述的耶和華見證人的世界相吻合。它強調了其成員是如何無法跟其他人建立情誼、沒有人可以質疑現狀，以及他們強加的規則被視為所有問題的唯一答案。

這些年來，我學到的一件事是體認到，人生幾乎無法用黑白、善惡加以區分。**控制欲是基於恐懼，往往是個人和家庭之間最激烈爭執的根源**。當一個人或組織認定自己是絕對正確時，我首先會問：他們在害怕什麼？對他們來說，容許多元觀點或更多自由，會有什麼風險？答案可以告訴我們該如何前進。

*

艾奇二十八歲時便已退出耶和華見證人，但他的思維方式和對生活的反應仍受其制約。直到他的婚姻觸礁、公司倒閉，他四十多歲時精神崩潰，去接受心理治療時，才學會他所謂的「新的運作系統」，讓他能做出更好的決定。

艾奇與我會談時，多次提到他的心理治療師奈傑爾，語氣甚是自豪，這讓我認為成功的治療在結束後仍持續發揮效果。當艾奇面對棘手的情況時，奈傑爾的聲音經常會出現在他的腦海中，並給他指引。艾奇說：「他讓我明白，我的情緒系統比我的思考運作得更快，而我是憑反應在生活。我學會了解內心的信號，以及如何識別它們。比如，我出現了一種感覺，我感覺到它了，但由此產生的反應未必是有幫助的。那什麼才是正確的反應呢？停下來。在啟動大腦之前，先想想我第一時間的反應。我以前很容易生氣，現在我能夠慢下來，也比較有耐心了……我更能做出明智的決定，像是結識凱薩琳娜。如果是在幾年前，我一定不會試著打電話給她，事實證明這是非常、非常、非常棒的決定（當他重複說著「非常」時咧嘴笑著）。」

聽他這麼說，我很想大叫：「沒錯！**改變人生永遠不嫌遲。不良模式並非不能改，我們是可以改變的**。」但艾奇正沉浸在對未婚妻的溫暖情感中，現在不是我大聲鼓吹心理治療價值的時候。

凱薩琳娜常跟艾奇一起進行諮商，她在艾奇身旁，撫摸著他的手臂。她的膚色同樣蒼白，有閃亮的金髮和栗色眼睛。她身材高挑，穿著剪裁合身的套裝，符合媒體主管的風格，氣場強大。

兩人回憶起當初的相遇時，臉上都露出笑容。我愛聽這些故事。兩人互相打斷對方，咯咯笑著，充滿了活力。那天她遲到了，讓艾奇心情不好，但他拿到了她的電話號碼，甚至第一個晚上就親吻她。真會放閃。兩人透過 Skype 互傳訊息，儘管住在不同國家，很快變成一對情侶。兩人透過網路相互了解並相愛，盡量找機會見面。不到兩年，她搬到了蘇格蘭。

我再次注意到，**愉快的往事一如痛苦的往事，會長久存在於記憶中。藉由選擇回憶，我們可以影響和改變自己的情緒和對生活的態度**。艾奇長期忍受身體上的痛苦，知道自己的生命有限，但當他和凱薩琳娜相處時，似乎所有痛苦都消失了，他又有了活力。愛無法治癒病痛，但力量極大，能讓我們活出光彩，即使正遭受巨大的痛苦。

艾奇轉向她說：「我這輩子從未像現在這樣快樂和滿足。凱薩琳娜是個特別的女人，我不明白她為何留在我身邊。」

凱薩琳娜笑了。「我們真的愛對方，很幸福。一起面對疾病是很大的挑戰，我絕對不願錯過。我不必做任何人，只要做自己，讓他看著我。他還是跟以前一樣瘋狂，他愛著我。看到他受苦卻幫不上忙，讓我非常難受。」

正如她所說，我認為**愛讓我們敢於揭露面具底下的真實自我，讓我們能自由給予和接受愛**。令人心酸的是，凱薩琳娜愛得越深，傷得就越重：無法減輕他的痛苦對她來說是一種煎熬。

艾奇提醒她：「我已得到自己想要的一切，甚至還更多。在剩下的時間裡，我擁有喜悅和平靜。我不需要傷害和壞心眼（指他的母親）。」然後，他語中帶著無奈：「希望奇蹟發生。」「我知道自己應該幫助凱薩琳娜了解她的愛非常有價值，而且很重要，不能因為她的愛無法真正治好他，就覺得沒用。

艾奇與凱薩琳娜深厚的感情是他力量的泉源，使他不僅能承受疾病的痛苦，還發出生命的光輝。他一再表示自己從未如此幸福過，肯定了他目前人生的價值和意義。艾奇一向樂在工作，但他知道在面對死亡時，衡量快樂的標準建立在他最親近的人的愛和幸福之上。

維克多・弗蘭克（Victor Frankl）曾針對存在提出一種說法：「你可以從一個人身上奪走任何東西，除了一樣東西：人類最後的自由——在任何情況下選擇自己的態度，選擇自己的道路。」儘管艾奇正承受極大的痛苦，他對自己的人生仍握有權力。他這份堅韌的核心是他、凱薩琳娜和孩子共同擁有的愛。我相信如果沒有其他人的愛，我們不太可能挺過這些令人身心俱疲的經歷。

＊

當我想到艾奇必須保護自己免受父母的負面影響時，腦海中迴盪起他說的話：「我有點討厭自己這樣做。」艾奇的悲劇其來有自：**他母親童年時期遭受不當對待，父親又軟弱，而不幸**

就這樣傳給了下一代。艾奇一語中的：「我反對我爸媽把自身的問題丟到孩子身上。他們當然有權為自己的遭遇感到難過或生氣，但發洩在我們身上是不對的。」

艾奇這場病讓他的父母再次陷入根深柢固的防衛機制，用同樣的習慣應對困難。他母親把注意力放到她自己身上，父親則把自己封閉起來。**這些防衛機制讓這對父母無法給兒子支持，但他們內心很可能是愛兒子的**。我看過許多因缺乏自覺、蹈襲家庭模式的例子，實在非常不幸。

但艾奇做出了努力。他體認到，「我跟第一任妻子在一起時，基本上將自己的童年經驗複製在孩子身上。但我遇到奈傑爾（他的治療師）之後，做了些改變。我跟孩子道歉，告訴他們：『我以前不明白自己有多糟糕，我想要改變做法。我希望你們知道，如果出了什麼問題，很可能不是你們的錯，而是我的錯。你們只是孩子，我才是該負責的人。』」那次談話改變了他和孩子的關係。他們現在非常親近，互動良好。

這並不是在呼籲每個人都要接受治療，儘管它真的可能有幫助！只是希望大家能認識到：**由功能健全的父母帶領成年和年幼孩子，才算是功能健全的家庭。我希望父母能審視自己，體認到自身行為可能造成的影響，為此負起責任，並在必要時做出改變**。像艾奇那樣發自內心誠摯地道歉，有助於治癒過去的傷痛。

艾奇能夠為情緒命名，對想法進行反省，洞察自己的心理狀態，同時運用想像力考慮他人的感受，讓我想到知名精神分析學家和心理學家彼得．馮納吉（Peter Fonagy）等人，提出對人類發展理論的重要補充：心智化（mentalization）。

馮納吉表示，能夠「透過歸因心理狀態來解釋自己和他人的行為」——也就是能為自己和他人的情緒命名——對於建立安全的關係至關重要。一旦艾奇學會這項技巧，他便能用更平靜、具同理心和體貼的方式，來回應他人。因此，他的人際關係蓬勃發展。親眼目睹這種影響，對我來說有點神奇。正如艾奇如此深刻地說：「在我接受奈傑爾的治療以後，我知道我和孩子彼此和睦，家人關係變好以後，力量是很強大的。」我在心底默默為奈傑爾鼓掌：治療師和案主合力達成了很棒的成果，確實改變了生活。

*

艾奇的心力幾乎都放在日常生活上，我沒聽他提過工作的事。他在一年半前不得不停止工作。我知道他愛打高爾夫和足球，也愛車。他哀嘆沒辦法再開車，代表他失去自由，切身感受到自己失去了行動能力。

另外一個他提過的重要人物，是他弟弟羅瑞（Rory）。艾奇顯然滿喜歡他，卻也說：「他有時難免古怪，畢竟他跟我受到相同的教養。我被診斷出癌症時，羅瑞說他會給我支持。我很感動，敞開心胸對他說我有多難過。沒幾分鐘，他就說：『別說了，你這是自尋煩惱。』這正是我媽會說的話。我們都知道他真正的意思是『發生什麼並不重要，我們就假裝沒事吧。』當他說他會支持我時，其實他並不知道該怎麼做。我得了腦瘤，在醫院病得很重，他說：『你得了急症。』急症！才不是什麼急症，我必須在心理上做出調適，把他講的話翻譯成他真正的意思，我相信他是好意。我得對他寬容一些，但實在心累。」

在接下來幾次會談中，艾奇都用類似語氣提到弟弟，顯然他希望保持他們的關係。對他來說，兄弟情誼是有意義的，他不想與弟弟斷絕關係。但他必須重新調整見面次數，因為每次見面他都得耗費巨大的心力才能保持平靜。

我想，**手足關係可能深具支持的力量，也可能是巨大痛苦的來源**。這些早期的動力內建在我們的心中，有可能破壞新獲得的穩定機制，重新掀開早年的傷口。對艾奇來說，羅瑞說出母親會說的話，喚醒他不健全的幼年回憶，使他陷入熟悉的恐懼狀態。他要花很大的力氣，才能找回最近比較平靜的狀態。這意味著他只能和弟弟進行小規模的互動。

*

在某次會談開始時，我隨口問道：「你好嗎？」艾奇溫和提醒了我對他的不敏銳。「這是一個很難的問題，我只能給出一個複雜的答案。」我應該更明智才對。許多朋友和案主告訴過我，每次被問「你好嗎？」時，他們都想尖叫：「我都遇到這種事了，你覺得我會好嗎？」

我問艾奇是否有更好的問題，並想起雪柔・桑德伯格（Sheryl Sandberg）建議的：「你今天過得如何？」

他說：「我認為大家並不是真的想聽到答案。他們希望聽到你很好，這樣他們就不必付出太多努力。我注意到人們現在傾向遠離我。我的社交圈已經縮小了。這並不是故意的，他們也感到無助……如果他們問起，我往往會避重就輕地回答。」

他深吸了一口氣，表情一如既往。「我感覺自己就像八十歲的老人一樣。我每天都想尖叫。當我走下樓梯時，疼痛令人難以忍受。我不想把注意力集中在它上。那是治療引起的：化療、類固醇和放療。醫生告訴我副作用只會持續一下，但感覺永遠不會結束……即使和凱薩琳娜在一起，還是有點孤獨……。」他低下頭，淚流滿面，臉頰通紅。

我告訴他，我可以看出他的心碎。他又哭了一會兒，擤了擤鼻子，回答道：「我們八月本來要去度假的，但還有很久，我不敢想像。我正在滴答滴答地走著自己的時鐘，這可不是什麼好感覺——沒有人願意聽你談論這個。但就算我不談論它，它也一直在我的腦海裡……我對這種情況感到憤怒，我很生氣我得了癌症。我知道我不是唯一的人，還有很多人遭受更大的痛苦，但我還是很生氣。」

我被他的坦承感動，覺得他至少可以發出尖叫，不必在意我。我知道那是一種健康的應對方式，與簡單的正向思考截然不同。這給予了人們表達擔憂、恐懼和痛苦的自由，同時仍然懷抱希望。

*

在我們的每次會談中，艾奇都會用他一貫務實的聲音，快速描述他的症狀：頭痛、進食困難、噁心、腹瀉、起身時身體沉重、持續疲憊、口腔疼痛、味覺喪失。「我受到了人類所知道的一切邪惡待遇的襲擊。」唯一值得欣慰的是，他在「地表最舒適的床上」睡得很好。謝天謝地。

通常，他會選擇轉移注意力：「我沒有封閉，我有去接受。我知道現在的情況，我接受它。儘管如此，我們都很幸福，我很幸福。保持幸福需要付出很多努力，但現在看起來是值得的。即使我的時間不多了，我內心深處還有一些東西讓我感覺很好。我會做該做的事情。我接受疾病的到來，但我還沒準備好讓它壓倒我。」在我們的會談過程中，他經常強調「我還沒死」，他還很有活力。

艾奇正在處理一個幾乎不可能完成的難題，既要忍受末期癌症的折磨，又要懷抱希望。希望與家人的愛，是他每天能過上美好生活的重要因素。我對他的勇氣感到敬畏。他啟發了人們如何在死亡的陰影下，依然能好好生活。

希望是個迷人的概念。它是扭轉人生的煉金術，對於幫助我們度過最黑暗的時期至關重要。然而虛假的希望是有害的。心理學家查爾斯．斯奈德（Charles Snyder）的希望理論澄清了這一點。他表示，希望不僅僅是一種感覺，儘管這會有幫助，但它也是一種認知：制定一個現實的計畫，如計畫A和計畫B，且有自信去實現它。感受到希望，並將其轉化為計畫，意味著希望更有可能實現。

*

根據我跟其他面臨死亡的家庭的諮商經驗，我知道談論實際的問題和精神層面都很重要。艾奇的實用主義與情感上的誠實，意味著這不是一個很難開口的話題。他一如既往聰明地坐在床上告訴我，「我沒有信什麼宗教，但我有我自己的信仰體系。我不會想太多以後的事。我已經做好了所有計畫——我的遺囑、保險、所有法律程序。我不在乎他們怎麼為我辦葬禮……。」

我想像了一下他的葬禮。我屏住了呼吸，覺得這些談話是很困難的。

艾奇繼續說：「他們還沒問過我，但我想他們會辦一個小型的葬禮。無論他們做什麼，我都不會回來嚇他們。」

我能理解他，回想起他說過的話：我不需要任何其他東西。為了控制他對自己葬禮的強烈幻想，他做了一個他很熟悉的自我調節：深吸一口氣，將注意力轉向與其相關的事物上，亦即那些能給他支持的事物——他的家人。他告訴我，最重要的是他的孩子和凱薩琳娜之間沒有發生爭吵。他們彼此相愛，相處得很好。他對此感到非常自豪。

當艾奇想起上週末他幾個月來第一次見到女兒伊思拉時，臉上露出了笑容。疫情使他無法與心愛的女兒一起度過剩下的寶貴生命，當他感覺良好時也無法出遊，為他們創造快樂的回憶。他告訴我，「見到她真是太棒了。我非常想念她，我緊緊擁抱著她……」他的眼裡充滿淚水，那是痛苦的釋放、發自內心的真情流露，與愛的擁抱。「直到我擁抱她、她撲向我時，我才知道自己是多麼想念她。感覺太特別了，我們兩個都哭了。」我和他都流下眼淚。

＊

從安寧緩和照顧醫師兼作家凱瑟琳．曼尼克斯（Kathryn Mannix）的著作中，我更清楚認識到在我們臨終前了解死亡過程的心理益處，這包括在清醒、呼吸和意識方面發生的變化。她建議，這類複雜問題需要仔細思考和討論。就像大多數事情一樣，**我們不知道的事情會讓想像力失控，可能令人恐懼；但基於事實的充分了解可以減少恐懼、增加信心，有助於平靜地面對死亡**。

曼尼克斯建議我們談談對即將去世的人來說最重要的事情，這可以為他們提供指引，妥善利用他們寶貴的能量。這也可以防止未來後悔，避免悲傷，因為我們知道已經進行了所有重要的對話，甚至可以在卡片或信件中寫下重要的訊息。花時間聚在一起，可以聽音樂（艾奇剩下的快樂來源之一）、錄下他們的聲音、寫下共度時光的日記，這些在當下和日後都是非常寶貴的。轉向快樂、充滿愛的回憶，是悲傷中的一個重要撫慰來源。

在會談期間我一直牢記著這一點，等待適當的時機提出這個話題。**我認為我的工作是對家庭的經歷保持敏銳，並尊重他們對這些談話的開放態度，這些談話要按照他們的節奏來進行，**

而不是我預先決定我們必須談論它。我相信在這個情感成熟的家庭中，會有這個機會。

有許多家庭永遠不會出現這種談話。無論我們多麼想與我們關心的人進行這種對話，我們都必須尊重他們有權拒絕。這是他們面對死亡時唯一的應對機制，可能是在早年就學會的，也許這是他們唯一的保護措施。比起以往任何時候，他們更有權以強硬的方式堅持下去。

＊

我經常看到艾奇與凱薩琳娜在一起，她會坦率地表達他們的處境有多麼困難。我曾在艾奇面前對她說，如果她需要的話，可以和我單獨聊聊。有天她傳了簡訊給我。有趣的是，她沒有要求和我聊聊，簡訊只寫了：「這是凱薩琳娜，艾奇的未婚妻。」後來我們進行了談話。

我立刻看出她的臉上帶著痛苦。「看到艾奇在過去六個月裡日漸消瘦，真是太可怕了。」問題在於他不能吃東西，或是一天只能吃幾匙食物。他嘴裡有一種可怕的味道，覺得食物不是過於甜膩，就是有金屬味。聽到這描述，我能想像他臉上的厭惡。這對他們來說是很糟糕的事情。艾奇喜歡美食——這是他僅存的樂趣之一，但現在已被剝奪了。

凱薩琳娜的困難在於，為他做飯是愛他的一種方式，她認為這是自己能幫助他、讓他的一天變得更好的少數方式之一。但現在這一切都被剝奪了。她告訴我，「我很恐慌。我害怕失去他，現在我正在懲罰自己。」當艾奇吃得更少時，她就吃得更多，現在她已經變很胖了。聽到這個消息讓我震驚，因為我沒有注意到。她笑了。「我個子高，所以我隱藏得很好。」我們都看出她的無意識反應是，如果她能為他吃飯，她就能讓他活下去。當我們面對親人死亡時，還會存在一種神奇的想法，認為只要我們夠愛他們，盡一切可能善待他們，就能阻止死亡的降臨。除了複雜的無意識動力之外，凱薩琳娜也意識到自己行為中的另一面：**她正在麻醉自己的挫折感，甚至是憤怒**，但主要是對艾奇不吃東西的恐懼。她絕對不責怪他，她知道這是她需要解開的問題。

我想，在絕境中，我們都必須找到某種出路。事實上，她沒有向艾奇發脾氣是值得肯定的。她同意這點，而且她很有洞察力：**她知道這是一種被痛苦束縛的反射反應。這是來自早期的訊息，要求她要善良，甚至完美**，從小她被寄予了極高的期望，而現在她感到無助。她會吃三包薯片或餅乾作為一種控制方式。**她藉此麻痺自己，獲得暫時的解脫，但最終卻陷入了可怕的自我攻擊循環**。我們討論了所有問題，並探討一些可能性，這些微小的習慣可能使她能夠慢慢改善自己的行為。也許當她又被零食吸引時，她可以深呼吸，去喝一杯水，再吸一口氣，然後在房子裡走幾分鐘，這種強烈的衝動可能就會過去了。

正如美國著名社會科學家福格（B. J. Fogg）在《設計你的小習慣》（*Tiny Habits*）一書中所提到的，能帶來改變的不是意志力，而是自尊和自我感覺良好。凱薩琳娜和我需要找出一個務實的小改變，這可能會提供額外的支持，並讓她對自己感到滿意。我們決定她要每週散步三次，無論時間長短，每次散步後會得到艾奇大大的擁抱作為獎勵。

下週我們見面時，我很高興看到她的精神好了很多。凱薩琳娜面帶微笑，說話時精神奕奕地在房裡走動。他們在週末度過了「非常有趣的一天」、一個「不去想太多的一天」，而她減少了飲食。情況穩定下來了。我們的談話很有幫助，艾奇的精力也有所改善，他可以做更多事情。他們一起在花園裡閒逛，感受到對生命的肯定——許多人都是這樣相互依賴的：當我們所愛的人健康時，我們會感覺更好，反之亦然。正如凱薩琳娜所說，在希望和快樂的時光，與看到我愛的人健康每況愈下的殘酷現實之間，只是一線之隔。

*

艾奇與凱薩琳娜並肩坐在客廳沙發上。當凱薩琳娜遇到艾奇時，她正處於生命中的轉捩點，精神飽受折磨。「我已經放棄遇到任何人的希望。雖然那是我想要的，但我從來沒想過會實現。」在他們相遇之前，兩人都陷入人生的低谷，甚至想過自殺。彼此的相遇改變了他們的幸福。

凱薩琳娜說他們在一起七年了，從來沒有爭吵過，他們可以表達不同意見並尊重彼此的差異。艾奇的臉亮了起來，他們都對我微笑。凱薩琳娜繼續說：「我和他的孩子關係很好。我從一開始就知道，如果我和他們相處不好，我們的關係就沒有意義。」繼父母是一個很難扮演的角色，任何額外的壓力都會使情況變得更加困難。我認為，她和他們相處融洽，這是很了不起的事。艾奇用力點頭，非常自豪。母親節時，他的孩子寄了卡片給凱薩琳娜。他說起這件事時彷彿得到奧斯卡獎一樣。他請她去拿卡片。卡片很大，幾乎和她的身體一樣大，他們臉上的自豪和喜悅顯而易見。艾奇請凱薩琳娜讀一下卡片：「我很高興你加入我們的生活，尤其是陪伴爸爸。當他處於低潮時，每天你都讓他快樂，我們非常感激。你支持並幫助我們，這正是我們需要的。非常感謝有你在，我們愛你。」

艾奇對此感到自豪是理所當然的。就家庭而言，收到這樣的卡片真的相當於得到奧斯卡獎了。

書面信件和卡片對家庭具有恆久價值。簡訊往往是短暫的，太容易消失在數位世界中。在家庭中，充滿愛意的紙本訊息是一種可重複利用的寶貴資源，可以被保留很多年。

*

在下一次的會談中，他們給我看了十八個月前他們訂婚的照片。那是多麼快樂的時光。雖然幸福的回憶是持續的寄托和力量的來源，但艾奇與凱薩琳娜卻無法創造新的回憶了，因為令人憤怒的是，疫情使他們不得不兩次取消婚禮——疫情再次擾亂了他們的生活。

這將是一個極其重要的慶祝活動，也是他們對彼此愛情的公開承諾。它具有多重涵義：這是對他們得之不易的愛情和對彼此承諾的紀念，也是對他們組成家庭的慶祝。這是一個與他們的原生家庭不同的家庭，建立在誠實、信任和愛的基礎上。在經歷了種種健康問題的考驗後，他們想和朋友們一起玩樂，度過愉快的一天。艾奇知道，這會是一段美妙的回憶。還有一個重要的考量，這是凱薩琳娜的第一個婚禮，他們都希望這一天能像她一直夢想的那樣：美麗的婚紗、儀式、與他們最愛的人一起慶祝，特別是凱薩琳娜的父母。她是他們唯一的孩子，和他們很親近。在艾奇生病期間，他們以各種方式給予了極大的支持。她希望父親把她交給新郎，就像她從小幻想的那樣。

但同時，艾奇也對身體狀況有所擔憂。他不想在婚禮當天變得虛弱或生病，不想有一個臥床的婚禮。然而，讓凱薩琳娜在法律上成為他的妻子，並享有她的合法權利是很重要的。時間壓力非常現實。會談結束時，艾奇說：「凱薩琳娜會處理好我們的規劃。」我知道我今天和明天都還可以。結婚的希望讓他們感到振奮，但不確定性的陰影總是存在。聚焦於眼前，是他們應對一切的唯一方法。

*

我和艾奇的兒子葛瑞格進行了會談，他對於在實驗室工作而不必每天都在家感到鬆一口氣。在疫情之前，他一直獨自生活，但考慮到艾奇潛在的心理健康問題，他們認為葛瑞格最好能與父親和凱薩琳娜一起生活。我曾想像，雖然從未真正聽到，他們之間可能存在緊張關係。成年子女回到父母的家中，可能會在關於分擔家務和個人空間上出現問題。

葛瑞格不是唯一返家的年輕人。根據「英國國家統計局」的統計，過去十年中，年輕人延後離家或幾年後返家的趨勢一直在增長，二〇一五達到三百三十萬人。Compare the Market 在二〇二〇年十一月的調查顯示，自疫情爆發以來，四三%的十八歲至三十四歲年輕人，因經濟和心理健康原因而返家。原本只是一項臨時措施，卻變得越來越永久。這為年輕人和他們的父母都帶來了壓力。應對這些困難的關鍵是認識到，在這種情況下，他們的感受都是正常的，並建立基本規則，例如由誰負責做什麼，以及積極傾聽彼此。

葛瑞格跟他的父親很像。他看起來很強壯，肌肉線條在T恤下顯而易見。紅髮，留著短鬍子，淡褐色的眼睛閃爍著光芒，顯露出在與我這個陌生人談論他一生中最痛苦的事情時的焦慮。我們沒有從他父親的病開始談。我選擇一條更溫和的路，先在我們之間建立安全的連結。葛瑞格講話很快、手勢很多，他的蘇格蘭口音讓我更加強烈感受到他對父親的愛。

葛瑞格告訴我，艾奇當時帶他和伊思拉去吃晚餐，並為他過去犯下的所有錯誤道歉。如此衷心的道歉療癒了葛瑞格。從那時起，他們變得更親密，葛瑞格以新的方式看待艾奇，看到了他的脆弱。這是一種典範轉移：**他從父親那裡學到，他不必獨自承擔一切——「我可以尋求幫助」、「不太好也沒關係」。透過允許自己的脆弱，讓他能接納自己和父親的所有優點和缺點**。

在聽到艾奇的診斷結果後，他說：「我就像被車燈照到的鹿，動彈不得……我不知道該如何處理這個問題。」當他說話時，我想起了奧肯和諾溫斯基（Okun and Nowinski）的新悲傷理論，適用於癌症診斷，包括以下階段：危機、團結、動盪、解決和更新。他們認為這些階段不是線性的，而是隨著時間的推移，患者或家屬可能同時在幾個階段之間流動。

我可以看出葛瑞格在危機、團結和動盪之間徘徊。他告訴我，「我不確定我父親明年還在不在……想到父親會死就很難受。我想盡我所能幫助他，花時間陪伴他……我只能希望時間越久越好。」他低著頭，眼睛含著淚，繼續說：「當他體重急劇下降時，走路像個老人，他永遠不會見到自己的孫子，真是太悲傷了。這不公平……他已經承受了太多，而且還在承受……癌症將奪走他的生命，而我卻無能為力。我唯一能做的就是好好利用我們所擁有的時間。」

我意識到這些感受造成的心理傷害，可能會導致憂鬱、焦慮和罪惡感。考慮到葛瑞格的經歷，我特別留心這些症狀。雖然他說他已經麻木了，但我看到的卻不是這樣。**當他講話時，他正在適應他和家人所面臨的難以忍受的現實。在說出這些話時，不會讓他感覺變好，但能讓他了解自己感受的強度，並找到允許它存在的方法**。

能避免讓葛瑞格陷於憂鬱和焦慮的基本保護因素，是他與父親的關係。在他們之間存在一種心理治療師稱之為「合作有效應對和適應」（collaborative effective coping and adaptation）的動力。這意味著，他們在失落和希望的兩極之間不斷移動，隨著時間有不同的強度變化。在這樣的過程中，他們會逐漸適應新的環境。

最重要的是，他們彼此的愛使他們能夠忍受這一切。他凝望遠方，告訴我：「我想讓我們度過的時光變得特別……我無法為未來做好準備，這是無力感的來源。今天很重要，明天也很重要。」我告訴他，他幾乎和他父親說了一樣的話，他笑了。「我不知道該驕傲還是怎樣。」他撥開臉上的頭髮，笑容讓他的聲音變得柔和。「這顯示出我們有多像。我很高興我從他那裡得到了一些智慧。他是我所認識最聰明、風趣和充滿愛的人。如果我能有他的一半，我會覺得很自豪。」

他繼續慢慢說著，並將注意力轉向內在。「我想做一個正派的人，而不是一個完美的人。他告訴我，你可以犯錯，並為錯誤承擔責任。」我們都同意他的父親對他產生了多大的影響，而且這將持續他的一生。

在會談結束時，我告訴他，他是多麼出色的兒子，他想了一下，然後搖了搖頭，像個小男孩一樣微笑著說：「是的。」

*

幾週後，我見到艾奇的女兒伊思拉。她烏黑的頭髮綁成高馬尾，當她撥劉海時，我看到她塗著橙色和黑色的指甲，每根手指上都戴著戒指，與她輕柔的聲音形成鮮明對比。當她說話時，她棕色的眼睛總是避開我的視線。我感覺到她很害羞，也許她從葛瑞格那裡聽說這將是一次情緒化的談話，而她正在努力平衡自己。不過她立刻就敞開了心扉。「我愛我的父親，我討厭這種事發生在他身上。太悲傷了。這很艱難，因為我幾乎見不到他。當我上個週末見到他時，我們兩個都哭了。我試著不要哭，想要表現出勇敢，不想讓他擔心我，他的煩惱已經夠多了。」她的話帶著一股情緒：對他的擔憂和關心造成了矛盾的情感，這兩者並不容易共存。我提醒她，**她無法讓她的父親不感受到她的悲傷，如果她嘗試這麼做，可能會在他們之間創造不受歡迎的距離。坦誠會更加簡單直接，並能建立真正的連結。**

伊思拉很想花更多時間和他在一起，但她在國民保健署工作，每天會接觸到數百人，「我很害怕會給他帶來新冠病毒。如果我害他被傳染，我無法原諒自己⋯⋯」最後她語氣有些強硬地說：「我不想害死爸爸，但我也不想有任何後悔⋯⋯。」

她繼續談到他們的關係，以及自從那次晚餐他做出了修補後，他們之間的關係有何變化、她現在和他有多親密。「我永遠都會支持爸爸，為了他我願意放棄一切⋯⋯」她轉過頭，淚水從臉上流下來說：「我擔心他會發生什麼事，而我不在他身邊⋯⋯。」她的聲音顫抖，我可以感受到她的恐懼。她沉默了幾分鐘，讓自己平靜下來。我輕聲說這是多麼痛苦。

她繼續說下去。把所有擔憂都說出來很重要，這些擔憂在她心中困擾了好幾個月。「在聖誕節，我們進行了一次談話。那很艱難。我告訴爸爸我有多愛他。我們一致認為我們需要保持開放，我們將作為一個家庭度過這個難關⋯⋯」，她的說話聲音越來越大，「我突然發現這很困難，我無法想像爸爸的處境。他非常勇敢。我們都哭了。他很了不起，已經戰鬥了這麼長的時間。」

然後她深吸一口氣，想起了聖誕節的幸福回憶。「聖誕節很有趣，我給他買了一支懷錶，上面寫著：『我永遠是你的小女孩，我永遠愛你』……我不想讓他哭，但我也很高興我讓他哭了。我還給他買了一個有趣的馬克杯。然後換爸爸了，他告訴我我是個好人，讓我哭了。那回合算他贏了。我真的很愛他。」當她想起他們分享的愛和幽默時，她笑了。她描述了凱薩琳娜料理的美味牛肉，以及他們圍坐在桌旁時感受到的快樂。他們歡笑並相愛。她會重溫這些記憶，作為與父親永遠的愛和連結的重要資源。

看到他們多年來一直在與他的健康戰鬥，讓我再次欽佩他們的勇氣，以及不僅要繼續前進、同時還要保持團結的非凡精神。我不確定自己是否能夠做到。伊思拉相信她不會為未說出口的事情感到遺憾，但她對未來感到擔憂。她的肩膀隨著嘆息而上下起伏，聲音裡充滿了悲傷。「我只是想讓它停止……我努力試著做好準備。但我知道我永遠不會做好準備……我總是會心煩意亂，就像每次他滿懷希望但治療沒有奏效時一樣。」

事實上，當她聽到壞消息時，她無法控制自己的情緒。這會深深打擊她。她說：「我過度情緒化了。」

我不同意她這樣說。我認為這種表達方式應該被禁止：**沒有人會過度情緒化**。也許其他人不喜歡「過度情緒化」的人，並因此批評他們，但我告訴她，「你的情緒代表了你有多愛你的父親。你是一個有感情的人，謝天謝地。」

她害羞地笑了笑。「我一直覺得自己哭太多了，但也許這樣也沒關係。」

在另一次會談中，伊思拉提到父親的治療結果。「我想要確認放療是否有幫助。他說感覺好像已經好了……我焦慮地在等待……他卻開玩笑說，如果沒有效，他就需要做些水電工程……果然是我爸會開的玩笑！」然後她的思緒又進入了可怕的未知未來，她將會失去父親。「我不知道我是否告訴過爸爸，但我跟凱薩琳娜說過，如果他不在了，我該怎麼辦？」她把頭埋在手中大聲啜泣，「我總是依靠他。」然後她淚流滿面地抬頭看著我。凱薩琳娜說：「我會在你身邊。你可以跟我說話。」她吞下眼淚，那雙棕色眼睛既悲傷又明亮。「這讓我感到高興……理解到父親會死是事實，這將會發生。他告訴過我，他夢見醫生說他不再有癌症了。」我保持沉默，給她處理的空間。這就是我們更新理解的方式，透過不同管道獲取資訊：可以是視覺的、情感的、聽覺的、基於動作的或關係的。就她而言，這是讓她的感受、與父親的關係以及她的認知理解保持一致。

過了幾分鐘。伊思拉的呼吸變得輕鬆了，也有了一些活力，她開口說：「我想安排一天，忘記所有事情，忘記癌症，那一天就只有快樂。」當她說這些話時，我能感覺到自己內心的情感波動，這是美麗而強烈的。我非常希望在疫情解封後，他們可以實現這個願望。

我想讓伊思拉知道艾奇很幸運能有她這個女兒。她是個很棒的女兒。有時，聽到外人這麼說，可以繞過某些防衛機制而觸及人心。從伊思拉平靜而愉悅的眼神中，我看出她聽懂了我的話。我們得出結論，她無法控制所發生的事情。「我想告訴他我有多愛他。我想讓他知道這一點。」我重申，我認為他毫無疑問知道她的感受。她對他的愛，讓他的每一天都有價值。

*

我很高興在艾奇感覺好多了的那一天見到他。「我今天感覺很好，痛苦減少了。」他之前對我說過，當他精力充沛、疼痛減輕時，他總是會刻意告訴大家。這一點與他的母親有很大的不同，他母親正好相反。

我們討論了他的孩子，他對此感到自豪，告訴我，「我擔心他們。我希望他們一切都好。我該怎麼做才能讓他們好起來？」他流下眼淚，被無助和悲傷淹沒。他想為他們買一些可以在婚禮當天或其他特殊日子配戴的東西。買手錶給葛瑞格、買耳環給伊思拉。「這樣我可以用某種方式和他們在一起。」然後他開始啜泣。我真希望自己能伸出手安慰他，不需要言語，只是簡單的觸摸。但實際上，我只能以盡可能溫暖的語氣，表達出這是多麼讓人難過。

他花了一些時間才平靜下來，低聲說著這有多糟糕，然後有意識地將注意力轉向，「夠了。當我把事情看得太遠的時候，會感到非常痛苦。我必須回到今天。」

在會談的剩餘時間，他以輕鬆的語氣談論了對「銘琪中心」（Maggie Centre，為癌症患者提供支持和資訊的慈善機構）的感激之情、他的婚禮和他的兄弟。後來，艾奇開起了玩笑，心情愉快。我事後回想起來，他深深的悲傷讓我久久不能平靜。**我驚嘆於人類透過面對恐懼、感受恐懼、將情緒表達出來，然後知道這已足夠，進而轉向希望而找到韌性的能力**。我親眼目睹艾奇在幾分鐘內，經歷了這艱難但充滿力量的循環。

我們以他深刻的反思結束會談：「我抱持正向和希望。如果結果不好，我已盡了一切努力阻止它。這其中有一些平靜，也有巨大的悲傷。」

*

在我的書即將付梓的時間壓力下，意味著我必須結束這個家庭的故事。我將這些文字發送給他們，這是他們與我分享的故事。我告訴他們，閱讀這些內容時要謹慎。談論你最痛苦和最困難的經歷是一回事，而白紙黑字地閱讀它又是另一回事。彼此看到對方的感受、想法和擔憂，可能會讓人難以承受。我建議凱薩琳娜先讀一下，看看對艾奇來說是否太多了。艾奇以他一貫的堅定態度說：「我會讀它。」我除了希望這是一本非常感性的讀物之外，也希望他們都會看到，當在面對生死的時候，他們已經找到了超脫生與死之間的道路。

我希望他們的婚禮能順利舉辦，以及那個「忘記癌症的一天」能實現，甚至可以是一整個假期。

我堅信，**出現不確定性的地方，就是希望開始的地方：希望和可能性會攜手並進**。在承認自己生命有限的同時，艾奇肯定會轉向希望之光，並帶領家人朝那個方向前進。

能夠參與這個家庭到目前為止的旅程，深深觸動了我。我覺得從他們身上學到了一些重要的東西，這些經驗將一直伴隨著我，我非常感激。

這讓我明白，即使我們已經成年，父母依然非常重要，我認為這一點經常被忽視。若與父母的關係出現衝突，會讓我們付出沉重的代價。他們是我們的一部分。雖然我們不像小時候那樣需要他們才能生存，但**在我們成年後，內心始終存在著一個孩子，渴望被父母愛著、與他們親近，並在某種程度上感覺我們需要他們才能茁壯成長，而不僅僅是生存而已**。

我們都希望有一個愉快的解決方案。但有時我們需要切斷連結才能治癒創傷。這不會是人們主動的選擇，但知道何時該離開家人需要勇氣、力量和自我意識，需要優先考慮那些互惠和正向的人。

艾奇在四十多歲時試著去改變他的生活，找到愛情，修復與孩子的關係，然後用坦承和愛面對他的末期癌症帶來的身體和心理上的痛苦，這是很了不起的事情。這意味著凱薩琳娜、葛瑞格和伊思拉能夠和他在一起，充滿愛、相互連結、共同承擔痛苦和眼淚——不需要保護對方免受痛苦，並以坦誠的心共同面對未來的一切。

愛不是一項軟技能。在家庭中，沒有什麼比愛更重要，也沒有什麼比愛更困難了。

結語

人類最能從故事中學習。

我希望當你在閱讀這八個案例故事時，會看到自己和家人的某些面向，從中得到一些觀點和方法，以改變家庭動力，並讓自己獲得成長。

也許最重要的是，我希望藉由這些家庭經驗的普遍性，讓你知道自己並不孤單。透過這些家庭的多層面貌，**你會看到自己並非唯一受苦的人，我們都在努力應對相似的問題**。沒有簡單的答案，而努力對付困難也不代表你有問題，這就是人生的一部分。當然，人生也會有喜悅和美好。我希望這份體悟能幫助你面對人生的挑戰，發現自己和家庭的新面向，也找到方式去慶祝你的優點和快樂，同時坦然說出艱困的事實，這個過程會讓愛與連結有蓬勃發展的空間。當你這麼做的時候，你的周圍就會充滿善意、愛和新的可能。發現這些新的真相，將使你能賦予這些關係新的意義，而新意義會形塑你在關係中的行為。

家庭中發生的大部分事情很少浮上水面。我們身為人和家中一分子，不可避免會在許多方面承受不同程度的痛苦。我絕對相信每個人都想盡力做好。但**可怕的矛盾在於：面對受傷的恐懼和痛苦時，我們往往會封閉自己或攻擊他人，最後陷入僵局並導致傷害。困難的事實是，我們只能去解決所面臨的問題**。

書中的每個案主都發現，**當他們表達自己的痛苦時，透過被傾聽和同情，情況有了改變，而這種改變具有修補的效果。他們若能誠實面對自己和他人，同理心與療癒也隨之而至**。他們天生的愛的紐帶就能重新連接。

痛苦這件事說來複雜。在家庭中情況更加複雜，尤其在我們意識到自己背負著前幾代沒被好好處理的創傷，加上一般人際互動中會有的問題：對於被愛、被看見、被充分了解的需求，對於遭遺棄、缺乏愛的恐懼，獨自受傷的痛苦，以及隨之而來的困惑、責難、內疚和憤怒。有時我們被迫成為自己都不認識的那個人，那是我們不喜歡也不想要成為的人。也有些時候，我們在家庭日常生活中發現最好的自己。

當我為這些家庭進行治療時，發現他們之間有很多層誤會需要釐清。**每個家庭都有相互衝突的敘事存在，需要被聽見**。凱斯和佩宣斯的衝突並非源自於後者成為耶和華見證人，而是在於每個人所經歷的事實必須被承認。同樣地，艾胥利渴望和父親保羅一起吃披薩，其實是因為他需要覺得自己在父親心中是特別的，畢竟他得在另一個家庭中爭奪父親的關注和愛。

家庭中每個人的行為，都受到各自個性和過往故事的影響——他們以何種方式背負著過往事件造成的創傷。再來是更深層的跨世代歷史，這無形中形塑了他們對事物的反應。令人驚訝的是，**儘管糾葛重重，一旦他們的敘事被完整傾聽，他們的修復速度是如此之快**。心理治療提供了窗口，為他們所有的情緒提供了空間——通常比在家中能表達得更多，因為家庭動力會一再重複既定模式，許多聲音因而消失。

在某些情況下必須斬斷關係，這是痛苦卻必要的決定。對某些人來說，關係無法修補。但我們發現另外一些人具有充分愛與被愛的能力，只是被沒說出口的痛苦故事所掩蓋。一旦它浮出水面，他們就可以重新建立關係。

任何人在審視自己的家庭時，都可以透過探究自己繼承的家庭模式和行為、以開放的態度檢視哪些地方可能需要調整，而從中受益。例如我們吃某個品牌的食物，是因為從小就這麼吃；不吃某個品牌也是一樣的原因。我們支持足球俱樂部或討厭某項運動，是因為父母帶我們去看比賽或強迫我們參加比賽，就像他們的父母對他們所做的。我們的經歷會深深刻在心底，不會消失，持續影響我們的決定和選擇。

我從治療工作中得到更全面的觀照，了解到案主會想進行一對一諮商，是因為他們跟某個家庭成員之間存在問題，希望透過治療找到更好的因應方式。但若我們真的想要有深層的系統性的改變，而不只是改善表面問題，就需要更多資訊。而能讓每個人都加入的方法，就是家庭治療。對於沒受過家庭系統訓練的治療師來說，這是一個大膽的說法，但我確實這麼相信。

當我反思本書各章介紹的家庭時，發現**是安全感、愛和歸屬感，使他們能茁壯成長**。這對我們來說是一個先決條件：我們需要先有安全感，才能與人建立連結。情感連結是人類的基本需求。我們需要與人連結，才能適應和成長。我們在關係中需要感到自在安穩，在稱之為「家人」的團隊中真正做自己。每個人都需要在家中感到安全——不論是圍著餐桌談笑，或者單純做自己，而不是用對抗或有毒的方式來麻痺痛苦；相反，我們需要找出新方法來讓自己和家人能彼此協調。這將確保家庭系統中的每個人，都感到被傾聽、被重視、被尊重、被允許與眾不同，當然還有被愛。

這就引出了那個永恆的問題：父母的角色何時會結束？我希望這本書能讓你更貼近我的答案：**永不結束。父母的角色會改變、重新調整比重，但這些紐帶依然持續存在，並且需要定期、用心地更新。**

*

在書寫這些個案故事時，我和家人的關係也有了變化。了解其他人的家庭幫助我處理與自己家庭的關係，包括隱藏在背後和未來可能發生的事。我的視野變得更寬闊，用更有同情心的眼光看待祖父母和父母。當我想到我對自己的孩子所犯下的錯誤時，這並沒有消除我的責任感，但心頭的罪惡感多少減輕了些。我已經和家人有過重要談話，知道了一些出乎意料的真相，包括好的與壞的。儘管出現了一些重大的未知因素，但我的立場更加堅定，對自己是誰也更有自信。說來有些矛盾，但願意探索和開放的心態，和最後的結果同樣重要。

「養大一個孩子需要全村的力量」，這句俗諺在這些故事中反覆得到印證。我現在更加明白，齊心協力養育小孩是促進家庭和整體社會福祉的關鍵。家人通力合作若能拓展到我們的社區，就會形成一股超級力量，因為我們抵禦逆境和危機的能力，與這些網絡和社區密切相關。**關係中的互惠互利可以建立我們的信心。良好的社交互動對心理健康有保護作用，可以拓展大腦神經網絡**。身為人類，我們進化到會擁抱、觸摸、調情、做愛、閒聊、辯論、爭吵、笑、哭、跳舞。想要健康的人生，在群體中互動極為重要。兒童甚至成年人的大腦都是可塑的，當我們有更多的社會互動時，它會成為一種保護力量：我們會主動創造自己的社交世界，而非神經科學家埃蒙・麥克羅瑞（Eamon McCrory）所說的「社交稀薄」（social thinning），這對我們的幸福有不利影響。他認為在過去，一個孩子至少有九個親近的大人直接參與和關心他的生活，現今已減少到兩個。

關於打造自己村莊的概念，我被辛格與凱利家的想法所吸引，他們創建了一個由八人組成的團隊，他們可以向團隊尋求有關孩子和家庭生活各方面的建議和支持。最重要的一點是，他們絕不會覺得被批判，始終覺得自己被重視。在我看來，這是活用教父教母的概念，打造出絕佳的新版本。人與人之間相互需要，而通往健全家庭的道路需要其他人協助鋪設。

政府強調家庭的重要性，但卻未落實在政策層面。亟需支持的一群人往往最難獲得協助，通常是因為經濟上的因素、難以近用資源或文化偏見。但這些問題會反過來變成社會問題。從政府、社區到我們自身，都需要將家庭視為優先事項。

值得慶幸的是，我們有大量的研究成果、知識和資訊，可以在個人和群體層面提供指引，處理好家庭關係。在這本書中，我的目標是提取這些智慧的精華，幫助大家建立自信和有韌性的家庭。許多人（包括我在內）經常會問自己：我正常嗎？我是否沒做好？根據我對家庭的研究和治療經驗，我認為這些問題都是錯的。更好的問題是：我們從哪裡來？我們的家庭價值觀、信念和相處方式是什麼？我否認自己的哪些面向？你可能以為無知就是福氣，但活在無知中或許影響了你的人生。當我們發現（有時是重新發現）被遺忘的事物時，可能會變得更有智慧。

為了實現這一點，我想向那些感到自己和家人陷入困境並受到傷害的人大聲疾呼：**一切並不是從你或你父母開始的**。看看那些不曾訴說的故事、未曾處理的傷害和失落，那都是過去的家族史留給你的，而你現在必須設法解決，這樣就不會再把它們傳給下一代。勇敢地找到這些故事的來源吧，把它們寫下來，或是畫出自己的家系圖。

透過探索能帶來資訊和新觀點。**當我們改變視角和觀點來看待內部和外部發生的事情時，我們的行為就會改變，因而結果也就改變了**。專注於改善小事而不是尋求改變生活的解決方案，是大多數成長的來源。它可以很簡單，例如約好經常一起散步和交談，或透過實體或線上參觀畫廊和音樂會，在家庭生活中注入創造力和文化。**曾經阻礙我們的，可能是通往新連結、新生活方式的大門**，使家庭充滿活力、不斷成長。

改變家庭故事的力量始於你的心。想像你想要的家庭，是使它成為現實的第一步。

家庭幸福的十二項指標

托爾斯泰曾說：「所有幸福的家庭都是相似的，不幸的家庭則各有各的不幸。」我非常反對這種說法。**家庭的運作是一個光譜，取決於當時的情況，始終運作良好是不太可能的。當家庭有效運作時，它們是具有適應性的變動系統，對個人情感和外部事件的回應，比功能失調家庭更積極、更具支持性**。因此，對家庭來說沒有一體適用的規則；我們是如此不同。

我認為建立一組檢驗指標可能會有所幫助，當我們感到被家庭困住或煩惱時，可用來進行反思和參考。每個人的詮釋必然是主觀的，這個很正常。這些指標相互關聯，正如所有事物之間都有關係，會互相形塑和影響。檢視這些指標可能會有幫助，看看它們是如何互相影響，進而探究它們對你以及你和家人的關係，產生何種影響。

請記住，這些是檢驗指標，而非規則。請保持靈活和自我關懷（self-compassion），不要把它們當成打擊自己的棍子。這些是我所重視的指標，或許你會想保留一部分、刪去其中幾項、另外增加幾項。你可以為你的家庭建立自己的指標。

在檢視這些標準時，請記住，**想要有所成長，專注於改善小事會比找出巨大的變革性方案更具效果**。

重點是要了解，家庭並非在真空狀態下形成的。我們深受大環境的影響，包括經濟、文化、種族、多元身分、身心健康、世代環境和期望，無不左右我們的想法和行為。

1 自我關懷

自我關懷至關重要。我們愛得最深的地方，也是我們最在乎和最受傷的地方，讓我們變得最脆弱。這可能意味著我們會在自己犯錯時，無情地批判自己，這是很難避免的。要先明白一個道理：**不論我們在家中扮演何種角色：父母、伴侶、孩子、手足，都不可能做到完美。能做到「還不錯」就夠好了**。偶爾表現欠佳，就原諒自己吧。

試著給自己一些同情心是很有幫助的，就像我們對所愛之人展現同情心一樣。這也向我們所愛之人表明，善待自己是很重要的。這麼做有助於培養韌性，讓我們用開放的心胸走出錯誤、重新出發。向身邊的人敞開心扉，揭開面具底下的真實自我，最終會讓我們與他人建立更緊密的連結和信任。

自我關懷這個概念經常被誤認為尋求脫身的伎倆，但其實自我關懷能使我們站出來面對困難，並承擔責任。

2 有效且開放的溝通

所有這些標準都與人際連結有關，在溝通上尤其明顯。我們藉由語言和非語言的提示，向他人傳達愛和建立關係。愛的連結很重要，同樣重要的是被認可，這能讓我們知道自己已經夠好了。「覺得自己重要」是人的核心需求。認識到連結和分離是光譜的一部分，是有幫助的：有時我們的連結較緊密，有時則沒那麼緊密。

開放的溝通意味著傾聽和說話一樣重要，所有的感受、想法、觀點和意見都可盡情表達。如果有避諱的話題、祕而不宣的事項，或「什麼可以說、什麼不能說」的規則，就不能算是開放的溝通。

在家庭中沒有關於你可以對什麼事煩惱的規定。父母的教養模式要讓孩子明白，不論他們有什麼煩惱都可以向父母報告，無須自行解決。

跟幼童溝通時可以使用下指令的口吻，例如告訴他們什麼時候要做什麼事，但一般來說用討論、請孩子一起參與的口氣，效果最好（參考第7點）。大人可以找到最適合的方式來幫助孩子。

聲音語氣、眼神、肢體語言、注意力和同理心，都是溝通的重要因素。沉默可能是讓對方在開口前有思考的餘地，也可能是一種操控的手段。我們會觀察人們的肢體語言，但往往會臆測對方沒說的話。如果我們能以尊重和敏銳的態度來表達想法和感受，就會更加清晰明確了。

當希望同心協力了解狀況時，開放式問題會很有幫助。**可以提出假設性的問題**，像是「如果你……會怎樣？」這可以揭示未說出口的希望、恐懼和想達成的目標。**也可以提出「推測心意」的問題**，像是「你覺得爺爺會怎麼說？」從中可以了解彼此的立場。

給彼此誠實的回饋有助於保持良好的關係，並防止怨恨孳生。提出回饋的方式之一是表明你心中的感受，用「當你……」開頭，接著描述對方（孩子、父母、手足或伴侶）的何種行為或習慣讓你覺得討厭或難以忍受，然後說：「我感覺……」。**這是一種不做評判或假設的溝通方式，而是表達你的感受和原因**。因此，這會更容易被聽到，對方也比較不會有防衛反應，並能維護每個人的自尊。

透過這種溝通方式，家庭成員可以共同或單獨地進行反思，凡是大事、難題或快樂的事都可以討論和協商，做出重要的決定，也一起慶祝重大時刻。

3 學會有效爭執

在進行開放的溝通時，意見的分歧可能會引發衝突，甚至可能導致關係破裂。但是在關係中不可能沒有分歧，正是**透過培養承受和處理分歧和誤解的能力，我們才能了解自己和對方**。

爭執的方式很重要。**切記不要辱罵、貶損或用語言攻擊別人**。各種敵意、憤怒、嫉妒、難受的情緒，都可以表達出來；若勉強壓抑，這種感受會滋長壯大，變成生理症狀或心理問題。一味堅持只能有愉快的感受，會導致不快。一旦你允許不快的感受存在，愉快感受隨之而來。這麼做並不容易。儘管聽起來有點矛盾，但在不妖魔化或辱罵對方的情況下，表達強烈的感受是有可能的。

當分歧平息下來後，通常透過爭吵之後的討論，我們會感覺更親密，以一種不同的方式被了解，雙方的信任感加深了一層。當你心態上準備好時再這麼做。如果你仍然生氣或懷有怨恨，假裝和解是沒有用的。

可以建立一個固定的模式，吵架後就依循此模式和好、修復關係。這很可能意味著要說對不起。而且要明白，你們終歸要尊重對方有不同的意見，意見相左也無妨。

正確的修復關係意味著彼此說出真相，而且不會拿來當作武器攻擊對方。同時也意味著這個分歧不會在下次衝突時重新出現。在家庭中，三番兩次翻出陳年舊帳來譴責對方，是一種可怕模式：「你那時……」。

在爭執之後，我們需要共同找到方法來得到撫慰，以重新獲得安全感。這就是心理學家丹・席格（Dan Siegel）所說的 PEACE：存在（presence）、參與（engagement）、情感（affection）、平靜（calm）與同理心（empathy）。

4 容許差異

多人會有多個觀點。看待信念或議題的方式，以及解決問題的方式，都不會只有一種。

若你覺得自己在家中與眾不同，可能會有孤單的心情，例如成年子女中唯一單身的人，或者唯一討厭運動的孩子。找到讓人們承認、尊重和重視差異的方法，並努力維繫感情，這一點很重要。

可以保持好奇心，創造時間和空間來充分了解彼此。可以與少數幾個人一起共度時光——父母或其中一個孩子，或兄弟姐妹一起——也可以全家人相聚。

若家庭容許家庭成員提出廣泛的意見，而非僅有「正確」的做法，在遇到障礙時（人生難免有障礙），就會有更深厚的根基能相互支持。觀點狹隘只會提供淺薄的支持。

認識到「每個家庭成員對於共同的經驗，可能有不同的主觀看法」，也會有幫助。例如爸爸講了一個笑話，可能有一個人覺得很好笑，另一個人覺得很愚蠢，第三個人則覺得這笑話很傷人。

當回憶過去的「真相」時，家庭中可能會發生爭吵，但所謂的真相不太可能存在。關於地點、日期等事實，或許會有一個真相，但記憶中的生活經驗，很難有一個真相。每個家庭成員都有自己的主觀真相。

要支持和鼓勵每個家庭成員做自己，而不是根據你先入為主的看法，將他們塑造成你心目中該有的樣子；也不是根據你設定的成功條件，去要求他們。

5正面互動要比負面互動多五倍

設定正面互動是負面互動五倍的目標。**讓每個家庭成員（包括你自己）都感覺被尊重、重視和傾聽。**這麼說並不表示你要製作一張清單，從一列到五，只是當成有益的指南：若你發現事情朝著負面方向發展，就自我檢視一下。你是不是更傾向於批評而不是正面的鼓勵？或許某個家人經常成為你批判的對象。請自己找出其中的原因。有可能是因為你不喜歡某方面的自己，而對方在那方面跟你相似。

6在彼此之間設立界限

界限包括身體上與情緒上的，因此會對家人的身心健康造成影響。**孩子和大人都需要界限，才知道哪些行為和期望是可以接受的，哪些不行。這些界限會在家庭生活中不斷調整和變化。家中每一個人都有責任維持家庭系統的安全與平衡。**例如不要踰越界限提出不恰當的問題，這是尊重對方的情緒空間。也要尊重身體界限，常見的有：「別打你弟弟或妹妹！」也可能是物理空間：別擅進他們的房間。在設定界限時，我們需要保持一致和值得信賴。

少即是多。你可以設立幾道清楚的規則並遵守，勝過制定一堆模糊的規定。界限也可以是設定實際的期望，以防止失望和怨恨。例如要準時，或者要歸還借來的衣服。

有句廣為流傳的諺語說：「好籬笆造就好鄰居。」這句話可套用在家庭生活很多方面，例如在分配家務、維護隱私和個人物品上。

7 了解權力動態

所有家庭都有權力動態。家庭內的權力可能在不同時間點或經過一段時日後，產生變化。掌權的人能做決定，或阻撓他人做決定。

每個家庭都有其管理權力和決策過程的方式。這使家庭能正常運作，讓家庭能做出有關金錢、住居、就學、度假等生活上的重要決定。

為了讓家庭順暢運作，**家中每個成員不論老幼，都需要覺得自己在生活上有主動權，他們**

的感受和想法要在這些決策中被重視，也被列入考慮。

協作權力（collaborative power），即家庭成員之間共享平等的權力，通常被稱為家庭中的功能模式（functional model）。由某人掌權的模式，可能會在協作、混亂或均衡之間擺盪，長期下來會給家庭帶來困難。基於恐懼或脅迫的權力模式，則會造成家庭功能失調。

權力很複雜，即使是年幼孩子的聲音也需要被傾聽，但他們也得知道，父母需要為他們的生活和決策負起責任。對於孩子來說，太早擁有太多權力，可能會讓他們不知所措，導致功能失調。這也跟界限有關。對於父母來說，要努力成為「更強大、更有智慧和更和藹」的人。這意味著你並不是給孩子多到難以負荷或可怕的權力，而是**要尊重孩子的感受和他們說的話**。

8 一起玩樂的時間

挪出時間玩樂。家務和工作先擱一邊，**共度時光和一起玩樂對家庭來說很重要**。可以是非常簡單的活動，像是全家一起看電影、玩遊戲或做蛋糕。這些活動能發揮創造力和想像力、拓展界限，揭開我們在日常工作中可能隱藏的一面。

這麼做能釋放緊張情緒，讓快樂從簡單的玩樂中湧現出來。

假期可以為家庭按下重整鍵，因為度假時，每個人總算能夠放鬆，專注於好好和家人在一起。像聖誕節這樣的節日可能會很有趣，但如果對「有趣」的期望過高時，也可能帶來巨大的緊張。聖誕節全家團聚背後的拉鋸戰可能一觸即發，此時家人之間尚未解決的問題及裂痕，紛紛暴露出來

9 將習慣升級為儀式

人類是習慣的動物，我們喜歡習慣，因為習慣可以幫我們消除許多占據大腦空間、讓家庭能正常運作的決策。

將家庭習慣發展為有意義的儀式，是很有幫助的；這為習慣賦予了靈魂。這能激發我們的好奇心和創造力，例如為某個特定的慶祝活動製作音樂播放清單，能強化家人的感情，讓家中充滿更濃厚的情感，既具療癒效果，也帶來快樂。

慶祝家庭生活中的儀式，如生日、命名、婚禮和葬禮，有助於過渡期的順利進行，並承認新階段的到來。儀式也可開啟因不肯接受新的人生階段、趨於停滯的過程，像是成年子女結婚，或是家庭成員去世。

用儀式來標記重要的事件和轉變，也可以使看不見的事物變得可見和重要。慶祝的方式有很多種，例如在禱告時點特別的蠟燭，或別具意義與目的的散步，都能豐富家庭生活。

我們每次進行儀式時，都會賦予它新的意義。在每個儀式中的我們都不一樣，會因為當下發生的事而變得活躍或消沉乏力。儀式使我們得以重新啟動和再次團聚，即使心中不願意也能團結起來。

儀式創造了一個我們可以向自己講述的家庭記憶和故事的來源，並帶來愉悅的回憶；當然，儀式也是值得期待的事。**儀式還帶來重要的身體記憶，讓我們獲得生理上和心理上的歸屬感**。

10 允許家庭發生改變

這裡指的不是許多持續混亂的變化，而是隨著新情況的漸進式變化，這有助於個人和家庭成長茁壯。**不論改變有多困難，我們需要跨出舒適圈，去接受改變。正是在這個過程中，我們才會成長**。

僵化讓家庭變得脆弱，進而造成裂痕。每個家庭成員自然會扮演不同的角色，但隨著人們的改變，角色也應該適應不同的情況。例如始終被視為「小弟」的年輕手足，或許能用自身的專業，在特定領域幫助兄姐。這也可能意味著「不求回報的付出」：在家庭的某些時期，某個成員的付出會多於回報，反之亦然。

當孩子長大成人、父母年邁時，這一點尤其重要。

11反思自己與家庭模式

家庭中的每個成員都要有向內與向外反思的洞察力，思考自己的想法，這是健康家庭的重要元素。

我們要妥善處理自己的情緒，才不會被情緒控制。請記住，情緒系統的運作有時沒什麼邏輯，想辦法處理你可能感受到的強烈情緒，在傳達對你來說重要的資訊之前，先讓自己處於中心位置。要了解自己的優勢和弱點。要了解會刺激自己的因素，它會讓你迅速進入高度緊張狀態，甚至在你來不及喊停之前。這麼做並不容易，是一個終生的過程。

你可以從意識到內心的自我對話開始，我稱之為「負面自我評價委員會」。把你對自己說的話寫下來。開始注意那些讓你進入高度戒備狀態的觸發因素：是某種表情、聲音或感覺嗎？請為它們命名，你應該可以找到一種表達它們的方式。

如果時間或地點不合適，而且你還沒有足夠的控制力去選擇自己的反應，那就先停下來。深呼吸。在合適的時機進行自我控制很重要。先別要求你的孩子、手足、伴侶或父母挪出時間這麼做，從你自身做起會更有效。如果你能放慢腳步，理解自己內心正在發生的事情，你就更有可能幫助家人冷靜下來。

12 以身作則

我們身為一個人、伴侶、父母或祖父母，在自身的行動、溝通、選擇和生活方式上以身作則，才能讓其他家庭成員學習。我們身邊的人是從我們的所作所為中學習，而非從我們的話語中學習。我們可能常對家人說「我只希望你快樂」，但若我們不先示範如何快樂，自己過得不快樂，周遭的人便無從學會。

我們可能會說「我愛你」，但言行舉止恰好相反。在家庭中，**愛是透過行為來表現的。**身為成年人要對自己負責，亦即承認自身行為的後果。**無論你的過去如何，都要為自己現在的行為和信念負責任**。你可能會陷入孩子般的狀態，但要設法管理自己的情緒（見第11點），以成為成熟的父母或伴侶。

通常，我們希望別人表現出自己沒有的特色和行為，或者因為我們自己擁有這些特質而不喜歡他們。這跟「了解自己」和「適應能力」有關。**如果我們意識到自己的模式是負面的，就應該承認並努力改變它，家庭才更有可能茁壯成長。**

家庭的簡史

家庭，就像置身其中的人一樣，會被所處的環境影響和改變。在家庭、政治和文化之間，一直以來都有循環往復的關係。家庭是大社會的縮影。傳統上，當談到家庭時，人們往往會想到父親、母親和兩個孩子，這普遍被稱為「核心家庭」。從結構上來說，大多認定母親是家庭的照顧者，而父親負責養家活口，是一家之主。但當你長時間觀察家庭時，會發現這種意象並不準確。

幾世紀以來，直到工業革命之前，英國的家庭人口眾多，既是社交泡泡，也是勞動力。我們常認為，到了近代，隨著繼親家庭和大家庭的出現，多戶家庭（multiple household）成為一種新現象。但在十八世紀晚期至十九世紀，由親戚和員工組成的大型家庭很常見。婚姻並非基於愛而結合，而是經濟上的契約。皇室成員為了國家之間的聯盟而結婚，一般人的婚姻安排也出於共同信仰和財產，或者農民同意一起耕種土地。農村生活艱苦，人們得自給自足，生產作物以賺取足夠的錢維持生計，因此數個家庭組成一個家共同生活、一起工作。孩子的誕生對家中的生產力有益，並在父母去世後接管家庭。在這些家庭當中，愛是透過為家人服務的行為而展現，別忘了「家庭」這個字的定義源自於「家中的僕人」之意，因此「家庭」便是「為家人服務」。這意味家庭生活的實用性，優先於情感發展和關懷。

在影響力巨大的教會支持下，家庭內部始終存在著明確的尊卑次序。家庭深受《聖經》的影響，尤其是對於婚姻和生育的觀點；每個家庭都服從規則和法律，並奉行宗教教義，例如反對通姦或未婚生子。宗教在人們的態度、行為和價值觀上，有舉足輕重的地位，這為家庭帶來最大的改變。儘管今日宗教仍然對一些人的生活造成影響，但它的影響力比以前小很多，而且許多義務和規範不再左右人們的生活。

工業化對農村家庭生活造成劇烈變動。十八、十九世紀是一個巨大變革的時代，影響了家庭的形成和生活方式。從根本上說，英國的工業革命造成家庭與工作的分離，帶來了巨大的社會和家庭變革。接著，兩次世界大戰不僅讓當時的家庭生活變得不同，從長遠來看，也改變了家庭的樣貌。一次大戰讓很多女人變成寡婦，幾乎找不到男人嫁。二次大戰期間，女人不得不取代男人，成為勞動力；女人因此從家庭主婦變成勞動市場的一分子。如今職場上的女性幾乎跟男性一樣多，儘管較多女性從事的是兼職工作。

家人共度時間的方式也出現很大的變化。以往由家庭負責提供的服務，轉變為由國家提供，像是教育、醫療和社會福利。一九〇八年，英國自由黨開啟福利國家的先河，制定了《兒童與青少年法》（Children and Young Persons Act）與《煤礦管理法》（Coal Mines Regulation Act），進一步影響了工作環境。一九四五年，《家庭津貼法》（Family Allowances Act）與《教育法》（Education Act）通過。隨著科技引進，在家庭中和其他地方逐步發展，也對家庭生活造成重大的影響。洗碗機、洗衣機與現代爐具的問世，意味著母親有了更多時間。收音機和唱片機帶來了新生活、新聲音和新想法。電視機將現代家庭的形象帶入家家戶戶，廣告則推銷理想的生活方式。家庭從僅僅專注於完成生存任務，轉變為一個情感交融、互相關心的群體，尋求親密關係，並有更多機會共度悠閒時光。年輕人可以自由外出玩樂。

家庭從男性掌權轉變為兩性更加平等，過程雖緩慢卻具有重大意義。隨著女性外出工作，對男性的經濟依賴就減少了，這讓她們在建立或離開一段關係方面，有了更多選擇。家人依然有很長一段時間住在一起，而新婚夫妻會住在其中一方的家中，直到他們在經濟上負擔得起自己的房子。

今天，我們正處於巨大的變革之中，但值得注意的是，這種變革是在前幾代人已開拓的路上邁出新的步伐。家庭變得更具流動性，儘管傳統的家庭觀念仍然是「常態」，但我們可以看到情況正在改變。新式家庭包括單親家庭、繼親家庭、多伴侶家庭、大家庭與混合型家庭（成員包含夫妻、兩人的孩子、前段關係中的孩子）。隨著人們壽命的增加，組成家庭的時間也在延長，這意味著世代正在增加，同時家庭的範圍也在擴大。我們再次頻繁地看到大型的、混合的、多戶的家庭出現。根據「英國國家統計局」的數據，在過去二十年中，這種家庭增加得最快，在二〇一九年增加了四分之三，達到二十九萬七千戶。多戶家庭可能是年邁雙親和孩子、孫子同住，甚至是一群朋友住在一起。就像在前工業化時代，家庭也可以由那些與我們沒有血緣關係的人組成——不具血緣關係的叔叔阿姨；在都市打拚具有共同生活背景的人；感覺更像手足的童年朋友。這些特殊的、經過選擇的、社會建構的家庭關係，也可以構成現代家庭。

豆莢式家庭（beanpole family）經常被用來描述當今家庭的組成。因夫妻生育孩子數目變少（大約五〇%家庭只有一個孩子），加上壽命變長，我們看到祖父母和曾祖父母參與了孫子和曾孫的生活。現今成年人作為成年子女的時間，比養育自己孩子的時間還要長。這與一九六〇的情況截然不同，當時每五個成年人中，只有不到一個人的父母還健在。當成年子女仍在父母身邊時，家庭動力會發生有趣的變化：隨著時間的推移，他們之間的權力平衡會反轉——老一輩的人常會因為不喜歡被下指導棋而憤怒和固執，但在年老時又會變得脆弱，需要別人幫助。

整體而言，現今的家庭不像過去長幼尊卑區分明顯，而是在情感上更開放，也更少說教。有些人認為會有這種改變，是因為母親享有跟父親同等的權力。當然，現在家庭也有更多機會取得心理方面的資訊，並開始認識到在家庭環境中教導孩子自主性和建立自信的重要性。

我們還不清楚數位時代對於家庭的形成和價值觀會有多大的影響，但影響可能相當大。在重塑未來家庭方面，它可能與過去的政治決策和工業革命的影響力一樣強大。或許它會導致家庭更加分化：共同的家庭經驗減少（如一起看電視劇），因為每個家庭成員都在各自的房間裡跟數位裝置互動；目前關於小孩不該只跟手機培養感情的論戰持續進行。最大的變化極可能是可彈性選擇在家工作，不必天天進辦公室——疫情加速了這個趨勢。

現代男女的生活有所進展，「選擇」始終是一項重要面向，也重塑了家庭面貌，這包括離婚的自由。統計數字顯示，一九九三年離婚率達到高峰，而最近十年下降了三四%。但同時有另一項數據：結婚率也在下降，因為不少人選擇同居。新近的統計數字顯示，四五%的夫婦離婚，而一半的同居伴侶在孩子五歲生日前就分開了。在破裂的家庭中，有四分之三涉及未結婚的父母，這意味著在孩子成長的過程中，家庭結構可能會發生好幾次變化。今日的孩子，可能是在不停變動的家庭形式中長大。有可能換過幾批不同的兄弟姐妹、有不同的互動模式、搬過幾次家、要適應不同的規則和價值觀。他們也可能住在不同地方（母親家、父親家、祖父母家）。結果可能是更有韌性，但也可能變得脆弱。不論是哪種結果，都凸顯了現今家庭有別於過往，對孩子來說尤其如此。

幾世紀以來，唯一的共同點是：女性在家庭生活中扮演著照顧者、清潔工、廚師和管理者等多重角色，同時還承擔著職場工作。女性主義社會學家克莉絲汀．戴爾菲（Christine Delphy）與戴安娜．雷納（Diana Leonard）檢視女性在家庭中的角色是如何維護了父權體制，讓壓迫持續。在我看來，男女實際上的角色雖有改變，但速度沒有我們想像中快。大部分無酬的家務仍由女性包辦。希望這些基於性別的任務在未來能更平等地分擔，至少現在這些事已經被人們討論了。此外，非異性戀家庭的新夥伴關係，可能會揭示新的生活方式。

對於異性戀家庭的傳統看法正在翻新，帶來更大的流動性。從數字便可看出這項轉變。

二〇〇七至二〇〇八年間，相較於二千八百四十對異性戀伴侶成為養父母，僅有八十對同志伴侶收養孩子。但二〇二〇年的研究表明，「同性婚姻是同性家庭中增長最快的類型。二〇一九年，由雙性戀、男同志、跨性別及女同志伴侶收養的孩童人數逐年增加，二〇二〇年，五分之一的孩童由多元性別（LGBTQ+）家庭收養。英國已有二十一萬二千個同性戀家庭，自二〇一五年來增加了四〇%。」

這個時代的家庭反映出社會和情感的變化：無論在家庭的組成和我們的情感生活方面，在性別和性傾向上都變得更多元。我們看待差異的能力，隨著我們對情感世界的理解而有所增長。對於性別、性傾向、單身、已婚的二元觀點，正在受到挑戰。

家庭研究必須解決的一個問題是西方白人的視角，直到最近，英國的家庭研究仍是以這種視角進行的。這創造了一個關於家庭「應該是什麼樣子」，以及他們的價值觀「應該是什麼」的自證式預言。我們最好能擴大對家庭的看法，根據文化、種族和族群的多樣性，廣納各種價值與信念，力求兼容並蓄。

我們在很多方面反映出家庭的樣貌：我們的個性、處世之道、價值觀、信念，以及最關鍵的是我們的安全感和歸屬感。重要的是，**家庭形塑了我們未來的親密關係與家庭。若我們能多了解自己家庭的源頭，認識到家庭如何影響目前的自己，便能在未來經營關係與成家時，扮演好自己的角色。**

附錄

一、「童年逆境經驗」問卷

附上這份問卷，是因為它有可能幫助你更加了解自己，以及你的心理運作方式。

童年逆境經驗（Adverse Childhood Experiences）的研究發現，小時候經歷過艱難或負面事件的人，成年後罹患身心疾病的風險更高。

童年時的逆境經驗次數越多，這種風險會顯著增加。逆境經驗不僅包含創傷和虐待，也包括父母離婚和家庭功能失調等非創傷性的壓力。

以下是「童年逆境經驗」問卷的作答指引：共有十題，每一題選擇「是」或「否」。如果回答「是」，算一分。

這些問題為了成人而設計（十八歲以上）。警語：這些問題可能會引起不適。有些問題直接詢問有關兒童虐待的經驗。

在開始前，請確定你身旁有提供支持的人，或手邊有服務專線的電話。

在你成長過程中，滿十八歲以前：	否	是
1. 你的父或母或家中其他成年人是否不時或經常對你咒罵、侮辱、貶低或羞辱你？或他們對待你的方式，讓你擔心身體可能會受到傷害？	0	1
2. 你的父或母或家中其他成年人是否不時或經常推你、抓住你、掌摑你，或朝你扔東西？或是否曾用力打你，導致你身上有傷痕或受傷？	0	1
3. 是否有成年人或比你年長至少五歲的人，曾經碰觸或玩弄你的身體，或者要你用帶有性意味的方式碰觸他們的身體？或他們是否試圖（或實際上）跟你進行口交、肛交或透過陰道的性交？	0	1
4. 你是否不時或經常覺得家裡沒人愛你，或認為沒人覺得你重要或很特別？或你的家人不會互相關照，沒有親近的感覺，不會支持對方？	0	1
5. 你是否不時或經常覺得沒吃飽、只能穿髒衣服、沒人保護你？或你的父母酗酒或嗑藥，無法照顧你或在你需要時帶你去看醫生？	0	1
6. 你的父母是否分居或離婚？	0	1
7. 你的母親或繼母是否不時或經常推你、抓住你、掌摑你，或朝你扔東西？或有時、不時或經常踢你、咬你、用拳頭或硬物打你？或曾經連續幾分鐘不斷打你，或拿槍或刀威脅你？	0	1
8. 你是否與有酒癮或吸毒問題的人同住過？	0	1
9. 家庭成員是否有憂鬱症或其他精神疾病，或是否有家庭成員曾試圖自殺？	0	1
10. 是否有家庭成員曾入獄？	0	1

現在把你答「是」的分數加起來。你的分數是：________

（改編自：http://www.acestudy.org/files/ACE_Score_Calculator.pdf, 092406RA4CR）

二、「你知道嗎」量表

馬歇爾・杜克和羅賓・菲芙許在二〇〇一年設計出「你知道嗎」量表（The Do You Know Scale），透過向孩子詢問一些有關家庭的問題，以檢驗其假設：對家庭了解較多的孩子比對家庭了解有限的孩子更有韌性，也更能應對挑戰。這些問題都是孩子不會直接知道的事情，包括：

1 你知道父母相遇的經過嗎？
2 你知道母親在哪裡長大的嗎？
3 你知道父親在哪裡長大的嗎？
4 你知道祖父母在哪裡長大嗎？
5 你知道祖父母相遇的經過嗎？
6 你知道父母在哪裡結婚的嗎？
7 你知道你出生時大致的情況嗎？
8 你知道自己名字的由來嗎？
9 你知道你兄弟姐妹出生時大概發生過什麼事嗎？
10 你知道自己長得最像家裡哪個人嗎？

11 你知道自己的言行舉止最像家裡哪個人嗎？
12 你知道父母年輕時生過什麼病、受過什麼傷嗎？
13 你知道父母有過什麼好或不好的人生經驗嗎？
14 你知道父母學生時期發生過什麼事嗎？
15 你知道祖先的國家背景嗎（例如英國、德國、俄國等）？
16 你知道父母年輕時做過哪些工作嗎？
17 你知道父母年輕時得過哪些獎項嗎？
18 你知道母親就讀過的學校名稱嗎？
19 你知道父親就讀過的學校名稱嗎？
20 你知道哪個親戚因為很少笑，臉總是很臭嗎？

三、建立長期關係必須要問的十個重要問題

1 我和我的伴侶合適嗎？
2 我們有穩固的友誼基礎嗎？
3 我們對關係和生活的想法一致嗎？

4 我們的期望符合現實嗎？
5 我們通常能看對方最好的一面嗎？
6 我們都努力讓這段關係保持活力嗎？
7 我們都覺得可以自由地討論問題，並互相提出問題嗎？
8 我們會努力一起度過艱難時期嗎？
9 當面對壓力時，我們會齊心協力度過難關嗎？
10 我們身旁都有願意給予支持的人嗎？

（取自艾希特大學安・芭洛（Anne Barlow）教授的研究）

四、眼動減敏與歷程更新療法（EMDR）

這是一種強大的療法，旨在幫助人們從生活中的創傷事件中恢復過來，是獲得世界衛生組織（WHO）及英國國家健康與照顧卓越研究院（NICE）認可的療法。我經常提到這種心理治療，如欲進一步了解，請見 https://emdrassociation.org.uk/。

參考書目

前言

- Abel, J., et al. (2018), 'Reducing Emergency Hospital Admissions: A Population Health Complex Intervention of an Enhanced Model of Primary Care and Compassionate Communities', *British Journal of General Practice*, 68(676), e803–e810
- Allen, K. R., et al. (1999), 'Older Adults and Their Children: Family Patterns of Structural Diversity', *Family Relations*, 48(2), 151–7
- Birkjaer, M., et al. (2019), 'The Good Home Report 2019: What Makes a Happy Home?', Happiness Research Institute/Kingfisher Plc
- Bowlby, J. (2005), *The Making and Breaking of Affectional Bonds,* 1st edn, (London: Routledge)
- British Association for Psychotherapy and Counselling (2014), 'Men and Counselling: The Changing Relationship Between Men in the UK and Therapy', www.bacp.co.uk/news/news-from-bacp/archive/28-april- 2014-men-and-counselling/
- Britton, R. (1989), 'The Missing Link: Parental Sexuality in the Oedipus Complex', in J. Steiner (ed.), *The Oedipus Complex Today* (London: Routledge), 83–91
- Burnham, J. (1986), *Family Therapy: First Steps Towards a Systematic Approach* (London: Routledge)
- Cagen, S. (2006), *Quirkyalone: A Manifesto for Uncompromising Romantics* (New York: HarperCollins)
- Carter, E. A., and McGoldrick, M. (eds.) (1988), *The Changing Family Life Cycle: A Framework for Family Therapy*, 2nd edn (London: Psychology Press)
- Copeland, W. (2014), 'Longitudinal Patterns of Anxiety from Childhood to Adulthood: The Great Smoky Mountains

Study', *Journal of the American Academy of Child and Adolescent Psychiatry*, 53(1), 1527–48
- Cryle, P., and Stephens, E. (2018), *Normality: A Critical Genealogy* (Chicago: University of Chicago Press)
- Donath, O. (2017), *Regretting Motherhood: A Study* (California: North Atlantic Books US)
- Dunning, A. (2006), 'Grandparents – An Intergenerational Resource for Families: A UK Perspective', *Journal of Intergenerational Relationships*, 4(1), 127–35
- Fingerman, K., et al. (2012), 'In-Law Relationships Before and After Marriage: Husbands, Wives and Their Mothers-In-Law', *Research in Human Development*, 9(2), 106–25
- Fivush, R. (2011), 'The Development of Autobiographical Memory', *Annual Review of Psychology*, 62(1), 559–82
- Fuentes, A. (2020), 'This Species Moment', interviewed by Krista Tippett for On Being, onbeing.org
- Galindo, I., Boomer, E., and Reagan, D. (2006), *A Family Genogram Workbook* (Virginia: Educational Consultants)
- Golombok, S. (2020), *We Are Family: The Modern Transformation of Parents and Children* (New York: PublicAffairs Books)
- Lippa, R. A. (2005), *Gender, Nature and Nurture* (Philadelphia: Routledge)
- Mayes, L., Fonagy, P., and Target, M. (2007), *Development Science and Psychoanalysis: Integration and Innovation* (London: Routledge)
- McCrory, E., et al. (2019), 'Neurocognitive Adaptation and Mental Health Vulnerability Following Maltreatment: The Role of Social Functioning', *Child Maltreatment*, 24(4), 1–17
- McGoldrick, M. (2006), 'Monica McGoldrick on Family Therapy', interviewed by Randall C. Wyatt and Victor Yalom, psychotherapy.net
- Messinger, L., and Walker, K. N. (1981), 'From Marriage Breakdown to Remarriage: Parental Tasks and Therapeutic Guidelines', *American Journal of Orthopsychiatry*, 51(3), 429–38
- Patel, V. (2018), 'Acting Early: The Key to Preventing Mental Health Problems', *Journal of the Royal Society of Medicine*, 111(5), 153–7

· Siegel, D. J. (2013), *Parenting from the Inside Out* (New York: TarcherPerigee)
· Singer, J. A., et al. (2012), 'Self-Defining Memories, Scripts, and the Life Story: Narrative Identity in Personality and Psychotherapy', *Journal of Psychotherapy*, 81(6), 569–82
· Waldinger, R. (2016), 'What Makes a Good Life? Lessons from the Longest Study on Happiness', TED Conferences
· Watters, E. (2003), *Urban Tribes: A Generation Redefines Friendship, Familyand Commitment* (New York: Bloomsbury)
· Winnicott, D. (1960), 'The Theory of the Parent–Infant Relationship', *International Journal of PsychoAnalysis* 41, 585–95
· Wolynn, M. (2016), *It Didn't Start With You* (New York: Viking)
· Yehuda, R. (2015), 'How Trauma and Resilience Cross Generations',onbeing.org

威恩家

· Bradford, D., and Robin, C. (2021), *Connect: Building Exceptional Relationships with Family, Friends and Colleagues* (New York: Currency)
· Duffell, N. (2000), *The Making of Them: The British Attitude to Children and the Boarding School System*, (London: Lone Arrow Press)
· Feiler, B. (2013), 'The Stories That Bind Us', *New York Times*, 17 May
· Fry, R. (2017), 'Richard Beckhard: The Formulator of Organizational
· Change', in Szabla, D. B. et al. (eds.), *The Palgrave Handbook of Organizational Change Thinkers* (Cham: Palgrave Macmillan), 91–105
· genesinlife.org, *Genetics 101: Main Inheritance Patterns*
· Hicks, B. M., Schalet, B. D., Malone, S. M., Iacono, W. G., and McGue, M. (2011), 'Psychometric and Genetic

Architecture of Substance Use Disorder and Behavioral Disinhibition Measures for Gene Association Studies', *Behavior Genetics*, 41, 459–75
· Liu, M., Jiang, Y., Wedow, R., et al. (2019), 'Association Studies of Up to 1.2 Million Individuals Yield New Insights Into the Genetic Etiology of Tobacco and Alcohol Use', *Nature Genetics*, 51, 237–44
· Martin, A. J., et al. (2016), 'Effects of Boarding School', *Psychologist*, 29, 412–19
· McCrory, E., De Brito, S. A., Sebastian, C. L., Mechelli, A., Bird, G., Kelly, P., and Viding, E. (2011), 'Heightened Neural Reactivity to Threat in Child Victims of Family Violence', *Current Biology*, 21, R947–8
· McCrory, E. J., De Brito, S., Kelly, P.A., Bird, G., Sebastian, C., and Viding, E. (2013), 'Amygdala Activation in Maltreated Children During Pre-Attentive Emotional Processing', *British Journal of Psychiatry*,202 (4), 269–76
· McCrory, E., et al. (2019), 'Neurocognitive Adaptation and Mental Health Vulnerability Following Maltreatment: The Role of Social Functioning', *Child Maltreatment*, 24(4), 1–17
· Plomin, R. (2018), *Blueprint: How DNA Makes Us Who We Are* (Cambridge, MA: MIT Press)
· Prochaska, J., DiClemente, C., and Norcross, J. (1992), 'In Search of How People Change: Applications to Addictive Behaviors', *American Psychologist*, 47(9), 1102–14
· strategies-for-managing-change.com, 'Beckhard Change Equation'
· UK Trauma Council, 'How Latent Vulnerability Plays Out Over a Child's Life,' https://uktraumacouncil.org/resource/how-latent-vulnerability-plays-out-over-a-childs-life

辛格與凱利家

· adoptionUK.org, *It Takes a Village to Raise a Child*
· Anon. (2012), 'Overwhelming Majority Support Gay Marriage in Ireland', *Gay Community News*, https://web.archive.org/web/20120302153735/http:/www.gcn.ie/Overwhelming_Majority_Support_Gay_ Marriage_In_Ireland

· Anon. (2015), 'Ireland is Ninth Most Gay-friendly Nation in the World,Says New Poll', *Gay Community News*, 22 July

· Anon. (2017), 'Understanding the Difference Between Adoption and Mental Health Issues', Vertava Health Massachusetts, online article

· Aryan, A. (2012), 'Why Hinduism is the most Liberal Religion', *Apna Bhaarat*, https://apnabhaarat.wordpress.com/2012/03/10/why-hinduism- is-the-most-liberal-religion/

· BBC Bitesize, *What Does Hinduism Say about Homosexuality?* www.bbc.co.uk/bitesize/guides/zw8qn39/revision/5

· Beauman, N. (2016), 'Do Different Generations of Immigrants Think Differently?', *Aljazeera America*, online article

· Borba, M. (2021), *Thrivers: The Surprising Reasons Why Some Kids Struggle While Others Shine* (London: Putnam)

· Chopra, D. (2016), 'Are You Where You Thought You Would Be?',https://chopra.com/articles/life-expectations-are-you-where-you- thought-you-would-be

· Colage.org

· Coramadoption.org.uk, 'Five Facts about LGBT Fostering and Adoption' Gayparentmag.com

· First 4 Adoption (2017), 'The Great Behaviour Breakdown', training programme run by First 4 adoption, www.first-4adoption.org.uk

· Hakim, D., and Dalby, D. (2015), 'Ireland Votes to Approve Gay Marriage, Putting Country in Vanguard', *New York Times*, 23 May, A(1), Section A, page 1

· Iqbal, H., and Golombok, S. (2018), 'The Generation Game: Parenting and Child Outcomes in Second-Generation South Asian Immigrant Families in Britain', *Journal of Cross-Cultural Psychology*, 49(1), 25–43

· Kendrick, J., Lindsey, C., and Tollemache, L. (2006), *Creating New Families*, 1st edn (London: Routledge)

· Maisal, E. (2011), 'What Do We Mean by Normal?', *Psychology Today*, https:// www.psychologytoday.com/ca/blog/rethinking-mental-health/ 201111/what-do-we-mean-normal

· Rudd Adoption Research Program (1994), *Outcomes for Adoptive Parents*, https://www.umass.edu/ruddchair/research/mtarp/key-findings/outcomes- adoptive-parents

- Sanders, S. (2019), 'Families and Households in the UK: 2019', Office forNational Statistics, online article
- Solomon, A. (2014), *Far from the Tree* (London: Vintage)
- Winterman, D. (2010), 'When Adoption Breaks Down', www. 123helpme.com
- Woolgar, M., and Simmonds, J. (2019), 'The Impact of Neurobiological Sciences on Family Placement Policy and Practice', *Adoption and Fostering*, 43(3), 241–351
- Ziai, R. (2017), 'The Evolutionary Roots of Identity Politics', *Areo Magazine*, online article

湯普森家

- Anon. (2018), 'The Declining State of Student Mental Health in Universities and What Can Be Done', Mental Health Foundation, https:// www.mentalhealth.org.uk/blog/declining-state-student-mental-health- universities-and-what-can-be-done
- Armstrong J. (2017), 'Higher Stakes: Generational Differences in Mothers' and Daughters' Feelings about Combining Motherhood with a Career', *Studies in the Maternal*, 9(1)
- Arnett, J. J. (2006), *Emerging Adulthood: The Winding Road From the Late Teens Through the Twenties* (New York: Oxford University Press)
- Badiani, F., and Desousa, A. (2016), 'The Empty Nest Syndrome: Critical Clinical Considerations', *Indian Journal of Mental Health*, 3(2), 135–42
- Barber, C. E. (1989), 'Transition to the Empty Nest', in S. J. Bahr and E. T. Peterson (eds.), *Aging and the Family* (Washington: Lexington Books), 15–32
- Borelli, J. L., et al. (2017), 'Gender Differences in Work-Family Guilt in Parents of Young Children', *Sex Roles*, 76 (5–6), 356–68
- Bouchard, G. (2014), 'How Do Parents React When Their Children Leave Home? An Integrative Review', *Journal*

of Adult Development, 21(2), 69–79

- Brown, S. L., and Lin, I. (2012), 'The Gray Divorce Revolution: Rising Divorce among Middle Aged and Older Adults, 1990–2010', *Journal of Gerontology: Series B*, 67(6), 731–41
- Bukodi, E., and Dex, S. (2010), 'Bad Start: Is There a Way Up? Gender Differences in the Effect of Initial Occupation on Early Career Mobility in Britain', *European Sociological Review*, 26 (4), 431–46
- Dunning, A. (2006), 'Grandparents – An Intergenerational Resource for Families: A UK Perspective', *Journal of Intergenerational Relationships*, 4(1), 127–35
- Gottman, J., and Gottman, J. (2017), 'The Natural Principles of Love',*Journal of Family Theory and Review*, 9(1), 7–26
- Gottman, J. M., and Levenson, R. W. (1999), 'What Predicts Change in Marital Interaction Over Time? A Study of Alternative Models', *Family Process*, 38(2), 143–58
- Harkins, E. B. (1978), 'Effects of Empty Nest Transition on Self-Report of Psychological and Physical Wellbeing', *Journal of Marriage and the Family*, 40(3), 549–56
- Hendrix, H., and LaKelly Hunt, H. (2021), *Doing Imago Relationship Therapy: In the Space-Between* (New York: W. W. Norton & Co.)
- Hunt, J., and Eisenberg, D. (2010), 'Mental Health Problems and Help-Seeking Behaviour among College Students', *Journal of Adolescent Health*, 46(1), 3–10
- Joel, S., et al. (2020), 'Machine Learning Uncovers the Most Robust Self- Report Predictors of Relationship Quality Across 43 Longitudinal Couples Studies', Proceedings of the National Academy of Sciences of the United States of America, 117(32), 19061–71
- Jungmeen, E. K., and Moen, P. (2002), 'Retirement Transitions, Gender, and Psychological Well-Being: A Life-Course, Ecological Model', *Journals of Gerontology: Series B*, 57(3), 212–22
- Maté, G., and Neufeld, G. (2013), *Hold On to Your Kids: Why Parents Need to Matter More Than Peers* (London: Ebury Digital)
- McKinlay, S. M., and Jefferys, M. (1974), 'The Menopausal Syndrome',*British Journal of Preventive and Social*

Medicine, 28(2), 108–15
· Mitchell, B. A., and Lovegreen, L. D. (2009), 'The Empty Nest Syndrome in Midlife Families: A Multimethod Exploration of Parental GenderDifferences and Cultural Dynamics', *Journal of Family Issues*, 30(12), 1651–70
· Mount, S. D., and Moas, S. (2015), 'Re-Purposing the "Empty Nest"', *Journal of Family Psychotherapy*, 26(3), 247–52
· NUK.co.uk (2013), 'Simply Not Being Good Enough', www.nuk.co.uk
· Parker, J., Summerfeldt, L., Hogan, M., and Majeski, S. (2004), 'Emotional Intelligence and Academic Success: Examining the Transition from High School to University', *Personality and Individual Differences*, 36(1), 163–72
· Radloff, L. S. (1980), 'Depression and the Empty Nest', *Sex Roles*, 6(6),775–81
· Rubin, L. B. (1979), *Women of a Certain Age: The Midlife Search for Self* (New York: HarperCollins)
· Sartori, A. C., and Zilberman, M. L. (2009), 'Revisiting the Empty Nest Syndrome Concept', *Revista de Psiquiatria Clinica*, 36(3), 112–22

泰勒與史密斯家

· Bray, J. H., and Hetherington, E. M. (1993), 'Families in Transition: Introduction and Overview', *Journal of Family Psychology*, 7(1), 3–8
· Bray, J. H., and Kelly, J. (1998), *Stepfamilies: Love, Marriage and Parenting in the First Decade* (New York: Broadway Books)
· Fosha, D., Siegel, D. J., and Solomon, M. F. (2009), *The Healing Power of Emotion: Affective Neuroscience, Development and Clinical Practice* (New York: W. W. Norton & Co.)
· gingerbread.org.uk
· Gordon, D., et al. (2000), 'Poverty and Social Exclusion in Britain', JosephRowntree Foundation

· Gottman, J. M. (1993), 'A Theory of Marital Dissolution and Stability', *Journal of Family Psychology,* 7(11), 57–75
· gov.uk, 'Financial Help if You Have Children', https://www.gov.uk/ browse/childcare-parenting/financial-help-children
· Guinart, M., and Grau, M. (2014), 'Qualitative Analysis of the Short- Term and Long-Term Impact of Family Breakdown on Children: Case Study', *Journal of Divorce and Remarriage*, 55(5), 408–22
· Guy, P. (2021), 'Households by Type of Household and Family, Regions of England and UK Constituent Countries', Office for National Statistics
· Hall, R., and Batty, D. (2020), 'I Can't Get Motivated: The Students Struggling with Online Learning', *Guardian*, 4 May
· Hetherington, E. M. (1987), 'Family Relations Six Years After Divorce',in K. Pasley and M. Ihinger-Tallman (eds.), *Remarriage and Stepparenting: Current Research and Theory* (New York: Guilford), 185–205
· Hetherington, E. M., and Arasteh, J. (1988), *The Impact of Divorce, Single Parenting and Stepparenting on Children* (New Jersey: Lawrence Erlbaum), 279–98
· Inman, P. (2020), 'Number of People in Poverty in Working Families Hits Record High', *Guardian*, 6 February
· Joel, S., et al. (2020), 'Machine Learning Uncovers the Most Robust Self- Report Predictors of Relationship Quality across 43 Longitudinal Couples Studies', *Proceedings of the National Academy of Sciences of the United States of America*, 117(32), 19061–71
· Joseph Rowntree Foundation, Impact of Poverty on Relationships, https://www.jrf.org.uk/data/impact-poverty-relationships
· mother.ly (2019), *Motherly's 2019 State of Motherhood Survey Report*
· O'Neill, O. (2015), 'How Students and Young Entrepreneurs Can Start Their Own Business While at University', *Independent*, 27 November

- Papernow, P. (2006), 'Stepfamilies Clinical Update', *Family Therapy Magazine*, 5(3), 34–42
- Papernow, P. (2012), 'A Clinician's View on "Stepfamily Architecture"', in J. Pryor (ed.), *The International Handbook of Stepfamilies: Policy and Practice in Legal, Research, and Clinical Environments* (Hoboken, NJ: Wiley), 422–54
- phys.org (2019), 'Female Mammals Kill the Offspring of Their Competitors When Resources Are Scarce'
- Pill, C. (1990), 'Stepfamilies: Redefining The Family', *Family Relations*, 39(2), 186–93
- Poverty and Social Exclusion UK (2011), 'A Single Parent', www.poverty.ac.uk
- Reis, S. (2018), 'The Female Face of Poverty', Women's Budget Group,www.wbg.org.uk
- Richter, D., and Lemola, S. (2017), 'Growing Up with a Single Motherand Life Satisfaction in Adulthood: A Test of Mediating and Moderating Factors', *PLOS One*, 12(6), 1–15
- Rutter, V. (1994), 'Lessons from Stepfamilies', *Psychology Today*, online article, May
- Stock, L. et al. (2014), 'Personal Relationships and Poverty: An Evidenceand Policy Review', Tavistock Institute of Human Relations
- Tominay, C. (2021), 'Five Children in Every Class Likely to Need MentalHealth Support as Lockdown Bites', *Daily Telegraph*, 30 January
- Vaillant, G. E. (2000), 'Adaptive Mental Mechanisms: Their Role in Positive Psychology', *American Psychologist*, 55(1), 89–98
- Verity, A. (2020), 'Coronavirus: One Million Under-25s Face Unemployment, Study Warns', BBC News, 6 May
- Wittman, J. P. (2001), *Custody Chaos, Personal Peace: Sharing Custody withan Ex Who Drives You Crazy* (New York: Penguin)
- Woodall, K. (2020), 'Parental Alienation and the Domestic Abuse BillUK', https://karenwoodall.blog

- Adler-Baeder, F., et al. (2010), 'Thriving in Stepfamilies: Exploring Competence and Well-Being among African American Youth', *Journal of Adolescent Health*, 46(4), 396–8
- Bethune, S. (2019), 'Gen Z More Likely to Report Mental Health Concerns', *American Psychological Association*, 50(1), 19–20
- *British Medical Journal* (2020), 'It's Time to Act on Racism in the NHS', February
- Faust, K., and Manning, S. (2020), 'To Truly Reduce Racial Disparities, We Must Acknowledge Black Fathers Matter', *The Federalist*, 12 June
- Gonzalez, M., et al. (2014), 'Coparenting Experiences in African American Families: An Examination of Single Mothers and Their Non-Marital Coparents', *Family Process*, 53(1), 33–54
- Heald, A. et al. (2018), 'The LEAVE Vote and Racial Abuse Towards Black and Minority Ethnic Communities Across the UK: The Impact on Mental Health', *Journal of the Royal Society of Medicine*, 111(5), 158–61
- Kinouani, G. (2021), *Living While Black: The Essential Guide to Overcoming Racial Trauma* (London: Ebury)
- Klass, D., Silverman, P. R., and Nickman, S. L. (1996), *Continuing Bonds: New Understandings of Grief* (London: Taylor & Francis)
- Knight, M., et al. (2020), 'Saving Lives, Improving Mothers' Care: Lessons Learned to Inform Maternity Care from the UK and Ireland; Confidential Enquiries into Maternal Deaths and Morbidity 2016–18',www.npeu.ox.ac.uk
- Massiah, J. (1982), 'Women Who Head Households', in *Women and the Family* (Barbados: Institute of Social and Economic Policy)
- Plummer, K. (2021), 'David Lammy Makes Another Powerful Point about Racism Following Viral Clip about "Being English"', *Independent*, 31 March

· Sharpe, J. (1997), 'Mental Health Issues and Family Socialization in the Caribbean', in Roopnarine, J., et al., *Advances in Applied Developmental Psychology – Caribbean Families: Diversity among Ethnic Groups* (New York: Ablex Publishing)

羅西家

· Beck, A. and Steer, R. (1989), 'Clinical Predictors of Eventual Suicide: A 5- to 10-year Prospective Study of Suicide Attempters', *Journal of Affective Disorders*, 17(3), 203–9
· Borba, M. (2021), *Thrivers: The Surprising Reasons Why Some Kids Struggle and Others Shine* (New York: Putnam)
· Bowlby, J. (1982), *Attachment* (New York: Basic Books)
· Erlangsen, A., Runeson, J., et al. (2017) 'Association Between Spousal Suicide and Mental, Physical, and Social Health Outcomes: A Longitudinal and Nationwide Register-based Study', *JAMA Psychiatry*, 74(5), 456–64
· Ilgen, M., and Kleinberg, F. (2011), 'The Link Between Substance Abuse, Violence and Suicide', *Psychiatric Times*, 28(1), 25–7
· Klass, D., Silverman, P., and Nickman, S. L. (1996), *Continuing Bonds: New Understandings of Grief* (London: Routledge)
· Pitman, A., Osborn, D., King, M., and Erlangsen, A. (2014), 'Effects of Suicide Bereavement on Mental Health and Suicide Risk', *Lancet Psychiatry*, 1(1), 86–94
· Ross, C. (2014), 'Suicide: One of Addiction's Hidden Risks', *PsychologyToday*, blog
· Scutti, S. (2016), 'Committing Suicide Increases Family, Friends' Risk of Attempting Suicide By 65%', *Medical Daily*, https://www.medical daily.com/suicide-bereaved-self-destruct-371022
· Shapiro, F. (1995/2001), *Eye Movement Desensitization and Reprocessing: Basic Principles, Protocols and Procedures,*

1st/2nd edns (New York: Guilford Press)

- Shapiro, F. (2002), 'Paradigms, Processing, and Personality Development', in F. Shapiro (ed.), *EMDR as an Integrative Psychotherapy Approach: Experts of Diverse Orientations Explore the Paradigm Prism* (Washington, DC: American Psychological Association Books), 3–26
- Shapiro, F. (2007), 'EMDR, Adaptive Information Processing, and Case Conceptualization', *Journal of EMDR Practice and Research*, 1, 68–87
- Shapiro, F., Kaslow, F., and Maxfield, L. (eds.) (2007), *Handbook of EMDR and Family Therapy Processes* (New York: Wiley)
- Shellenberger, S. (2007), 'Using the Genogram with Families for Assessment and Treatment', in Shapiro, F., Kaslow, F., and Maxfield, L. (eds.), *Handbook of EMDR and Family Therapy Processes* (New York: Wiley), 76–94
- Van der Kolk, B. A. (2014), *The Body Keeps the Score: Brain, Mind, and Body in the Healing of Trauma* (New York: Viking)
- Worden, J. W. (2009), *Grief Counselling and Grief Therapy: A Handbook for the Mental Health Practitioner* (New York: Springer)

柏格家

- Behere, P. (2013), 'Religion and Mental Health', *Indian Journal of Psychiatry*, 55(2), 187–94
- Bierer, L. M., Schmeidler, J., Aferiat, D. H., Breslau, I., and Dolan, S.(2000) 'Low Cortisol and Risk for PTSD in Adult Offspring of Holocaust Survivors', *American Journal of Psychiatry*, 157, 1252–9
- Borkovec, T. D., et al. (1983), 'Preliminary Exploration of Worry: SomeCharacteristics and Processes', *Behaviour Research and Therapy*, 21(1), 9–16
- Campaigntoendloneliness.org, 'The Facts on Loneliness'

- Chen, Y., Kim, E. S., and Van derWeele, J. (2020), 'Religious-Service Attendance and Subsequent Health and Well-Being Throughout Adulthood: Evidence from Three Prospective Cohorts', *International Journal of Epidemiology*, 49(6), 2030–40
- Cooley, E., et al. (2008), 'Maternal Effects on Daughters' Eating Pathology and Body Image', *Eating Behaviours*, 9(1), 52–61
- Currin, L., et al. (2005), 'Time Trends in Eating Disorder Incidence', *British Journal of Psychiatry*, 186(2), 132–5
- Danieli, Y., Norris, F. H., and Engdahl, B. (2017), 'A Question of Who, Not If: Psychological Disorders in Holocaust Survivors' Children', *Psychological Trauma*, 9(Suppl 1), 98–106
- Eckel, S. (2015), 'Why Siblings Sever Ties', *Psychology Today*, https://www. psychologytoday.com/gb/articles/201503/why-siblings-sever-ties
- Epstein, H. (1988), *Children of the Holocaust* (New York: Penguin)
- Gilbert, P. (2010), *The Compassionate Mind: A New Approach to Life's Challenges* (Oakland: New Harbinger Publications)
- Grossman, D. (1986), *See Under: Love*, trans. Betsy Rosenberg (London: Vintage Classics)
- Halik, V., Rosenthal, D. A., and Pattison, P. E. (1990), 'Intergenerational Effects of the Holocaust: Patterns of Engagement in the Mother–Daughter Relationship', *Family Process*, 29(3), 325–39
- helpguide.org, 'How to Stop Worrying'
- Hogman, F. (1998), 'Trauma and Identity Through Two Generations of the Holocaust', *Psychoanalytic Review*, 85(4), 551–78
- Kellermann, N. (1999), 'Bibliography: Children of Holocaust Survivors', AMCHA, the National Israeli Centre for Psychosocial Support of Holocaust Survivors and the Second Generation
- Kellermann, N. (2001a), 'Psychopathology in Children of Holocaust Survivors: A Review of the Research Literature', *Israel Journal of Psychiatry and Related Sciences*, 38(1), 36–46
- Kellermann, N. (2001b), 'Transmission of Holocaust Trauma – an Integrative View', *Psychiatry Interpersonal and Biological Processes*, 64(3), 256–67

- Kellermann, N. (2008), 'Transmitted Holocaust Trauma: Curse or Legacy?
- The Aggravating and Mitigating Factors of Holocaust Transmission', *Israel Journal of Psychiatry and Related Sciences*, 45(4), 263–71
- Lebrecht, N. (2019), *Genius and Anxiety: How Jews Changed the World* (London: Oneworld Publications)
- Lorenzi, N. (2019), 'What to Know about Older, Younger, and MiddleChild Personalities', *Parents*, https://www.parents.com/baby/devel-opment/sibling-issues/how-birth-order-shapes-personality/
- May, R. (1994), *The Discovery of Being: Writings in Existential Psychology* (New York: W. W. Norton & Co.)
- Neo, P. (2018), 'What Codependent Behaviour Looks Like TheseDays (and How to Change It)', interviewed by Angela Melero,*Perpetuaneo*
- Nir, B. (2018), 'Transgenerational Transmission of Holocaust Trauma and Its Expressions in Literature', *Genealogy*, 2(4), 1–18
- Pillemer, K. (2020), *Fault Lines: Fractured Families and How to Mend Them* (London: Hodder & Stoughton)
- Rakoff, V., Sigal, J., and Epstein, N. (1966), 'Children and Families ofConcentration Camp Survivors', *Canada's Mental Health*, 14(4), 24–6
- Robichaud, M., Koerner, N., and Dugas, M. (2019), *Cognitive Behavioral Treatment for Generalized Anxiety Disorder* (New York: Routledge)
- Rowland-Klein, D., and Dunlop, R. (1998), 'The Transmission of Trauma Across Generations: Identification with Parental Trauma in Children of Holocaust Survivors', *Australian and New Zealand Journalof Psychiatry*, 32(3), 358–69
- Sacks, J. (2010), podcast with Krista Tippett onbeing.org
- Scharf, M. (2007), 'Long-Term Effects of Trauma: Psychosocial Functioning of the Second and Third Generation of Holocaust Survivors', *Development and Psychopathology*, 19(2), 603–22
- Seidel, A., Majeske, K., and Marshall, M. (2020), 'Factors Associated withSupport Provided by Middle-Aged Children to Their Parents', *Family Relations*, 69(2), 262–75
- Seligman, M. (2011), *Flourish: A New Understanding of Happiness and Well- Being – and How to Achieve Them*

(Boston: Nicholas Brealey)
· Shrira, A. (2017), 'Does the Holocaust Trauma Affect the Aging of the Second Generation?', paper presented at the Annual Seminar on Innovations and Challenges in the Fields of Gerontology and Geriatrics, Beer-Sheva, Israel
· Villani, D., et al. (2019), 'The Role of Spirituality and Religiosity in Subjective Well-Being of Individuals with Different Religious Status', *Frontiers in Psychology*, 10(1525), https://www.frontiersin.org/articles/ 10.3389/fpsyg.2019.01525/full
· Vohra, S. (2020), *The Mind Medic: Your 5 Senses Guide to Leading a Calmer, Happier Life* (London: Penguin Life)
· Welch, A. (2017), 'Parents Still Lose Sleep Worrying about Grown Children' www.pubmed.ncbi.nlm.nih.gov
· Yamagata, B., et al. (2016), 'Female-Specific Intergenerational Transmission Patterns of the Human Corticolimbic Circuitry', *Journal of Neuroscience*, 36(4), 1254–60
· Yehuda, R., Daskalakis, N. P., Bierer, L. M., Bader, H. N., Klengel, T., Holsboer, F., and Binder, E. B. (2016), 'Holocaust Exposure Induced Intergenerational Effects on FKBP5 Methylation', *Biological Psychiatry*, 80(5), 372–80

奎格與巴塔瓦斯基家

· Abel, J., and Clarke, L. (2020), *The Compassion Project: A Case for Hope & Humankindness from the Town That Beat Loneliness* (London: Octopus)
· Allen, J., Fonagy, P., and Bateman, A. (2008), *Mentalizing in Clinical Practice* (Washington, DC: American Psychiatric Press)
· Berkman, L. F., Leo-Summers, L., and Horwitz, R. I. (1992), 'Emotional Support and Survival After Myocardial Infarction', *Annals of Internal Medicine*, 117(2), 1003–9
· Bloomer, A. (2020), 'New Research into Biological Interplay Between Covid-19 and Cancer', *GM Journal*, 26 October

· Cancer.net, 'How Cancer Affects Family Life'

· CancerresearchUK.org

· Cole, M. A. (1978), 'Sex and Marital Status Differences in Death Anxiety', *OMEGA: Journal of Death and Dying*, 9(2), 139–47

· Cook Gotay, C. (1997), comment on C. G. Blanchard et al., 'The Crisis of Cancer: Psychological Impact on Family Caregivers', *Oncology*, 11(2)

· Esnaashari, F., and Kargar, F. R. (2015), 'The Relation Between DeathAttitude and Distress: Tolerance, Aggression and Anger', *OMEGA: Journal of Death and Dying*, 77(2), 1–19

· Evans, J. W., Walters, A. S., and Hatch-Woodruff, M. L. (1999), 'Death-Bed Scene Narratives: A Construct and Linguistic Analysis', *Death Studies*, 23(8), 715–33

· Florian, V., and Kravetz, S. (1983), 'Fear of Personal Death: Attribution, Structure and Relation to Religious Belief ', *Journal of Personality and Social Psychology*, 44(3), 600–607

· Fogg, B. J. (2019), *Tiny Habits: The Small Changes That Change Everything* (Boston: Houghton Mifflin Harcourt)

· Fonagy, P. et al. (1997), *Reflective-Functioning Manual, Version 4.1, For Application to Adult Attachment Interviews* (London: University College London)

· Golics, C., et al. (2013), 'The Impact of Patients' Chronic Disease on

· Family Quality of Life: An Experience from 26 Specialties', *International Journal of General Medicine*, 2013(6), 787–98

· Maggies.org, 'Advanced Cancer and Emotions'

· Mannix, K. (2017), *With the End in Mind* (Glasgow: William Collins)

· Medicalxpress.com (2015), 'Emotional Health of Men with Cancer Often Unaddressed'

· Mikulincer, M. (1997), 'Fear of Personal Death in Adulthood: The Impact of Early and Recent Losses', *Death Studies*, 21(1), 1–24

· Morasso, G. (1999), 'Psychological and Symptom Distress in Terminal Cancer Patients with Met and Unmet Needs', *Journal of Pain and Symptom Management*, 17(6), 402–9

· Okun, B., and Nowinski, J. (2011), *Saying Goodbye: How Families Can Find Renewal Through Loss* (New York: Berkley)
· Rabkin, J. G. et al. (1993), 'Resilience in Adversity among Long-Term Survivors of Aids', *Hospital and Community Psychiatry*, 44(2), 162–7 Samuel, J. (2017), *Grief Works: Stories of Life, Death and Surviving* (London: Penguin Life)
· Sandberg, S., and Grant. A. (eds.) (2017), *Option B: Facing Adversity, Building Resilience and Finding Joy* (London: W. H. Allen)
· Smith, Y. (2019), 'The Effects of Cancer on Family Life', *News Medical Life Sciences*, online publication, February
· Snyder, C. R. (2002), *Hope Theory: Rainbows in the Mind* (Lawrence: University of Kansas Press), 249–75
· Stein, A., and Russell, M. (2016), 'Attachment Theory and Post-Cult Recovery', *Therapy Today*, 27(7), 18–21
· Timmerman, C., and Uhrenfeldt, L. (2014), 'Room for Caring: Patients' Experiences of Well-Being, Relief and Hope During Serious Illness', *Scandinavian Journal of Caring Sciences*, 29(3), 426–34
· Tomer, A. (2000), *Death Attitudes and the Older Adult: Theories, Concepts and Applications* (New York: Brunner-Routledge)
· Wall, D. P. (2013), 'Responding to a Diagnosis of Localized Prostate Cancer: Men's Experiences of Normal Distress During the First 3 Postdiagnostic Months', *PubMed*, 36(6), E44–50, www.pubmed.ncbi. nlm.nih.gov

結語

· Goemans, A., Viding, E., and McCrory, E. (2021), 'Child Maltreatment, Peer Victimization, and Mental Health: Neorocognitive Perspectives on the Cycle of Victimization', *PubMed*, DOI: 10.1177/15248380211036393
· Yehuda, R., Daskalakis, N., and Lehrner, A. L. (2021), 'Intergenerational Trauma is Associated with Expression Alterations in Glucocorticoid- and Immune-Related Genes', *Neuropsychopharmacology*, 46(4), 763–73

家庭幸福的十二項指標

· Bettelheim, B. (1995), *A Good Enough Parent*, 2nd edn (London: Thames & Hudson)
· Bowlby, J. (1982), *Attachment* (New York: Basic Books)
· Bradford, D., and Robin, C. (2021), *Connect: Building Exceptional Relationships with Family, Friends and Colleagues* (New York: Penguin)
· Faber, A., and Mazlish, E. (2012), *Siblings Without Rivalry: Help Your Children to Live Together So You Can Live Too* (London: Piccadilly Press)
· Gendlin, E. T. (2003), *Focusing: How to Gain Direct Access to Your Body's Knowledge* (London: Rider)
· Gibson, L. C. (2015) *Adult Children of Emotionally Immature Parents* (Oakland: New Harbinger)
· Jory, B., and Yodanis, C. L., 'Power: Family Relationships, Marital Relationships', *Marriage and Family Encyclopedia*, https://family.jrank.org
· Neff, K. (2011), *Self Compassion: The Proven Power of Being Kind to Yourself* (New York: HarperCollins)
· Neufeld, G., and Mate, G. (2019), *Hold On to Your Kids: Why Parents Need to Matter More Than Peers* (London: Vermilion)
· Siegel, D. J., and Bryson, T. P. (2020), *The Power of Showing Up* (London: Scribe UK)
· Siegel, D. J. and Bryson, T. P. (2012), *The Whole-Brain Child: 12 Proven Strategies to Nurture Your Child's Developing Mind* (London: Robinson)
· UKEssays.com (2018), 'The Role of Family Power Structure'

家庭的簡史

- Barker, H., and Hamlett, J. (2010), 'Living Above the Shop: Home, Business, and Family in the English "Industrial Revolution"', *Journal of Family History*, 35(4), 311–28
- Bengtson, V. (2001), 'The Burgess Award Lecture: Beyond the Nuclear Family: The Increasing Importance of Multi-generational Bonds', *Journal of Marriage and Family*, 63(1), 1–16
- Berrington, A., Stone, J., and Falkingham, J. (2009), 'The Changing LivingArrangements of Young Adults in the UK', *Popular Trends*, 138, 27–37
- Burgess, E. (1930), 'The New Community and Its Future' *Annals of the American Academy of Political and Social Science*, 149, 157–64
- Burgess, E. W. (1931), 'Family Tradition and Personality', in K. Young (ed.), *Social Attitudes* (New York: Henry Holt), 188–207
- Chambers, D. (2012), *A Sociology of Family Life: Change and Diversity in Intimate Relations* (Cambridge: Polity Press), 1–25
- Clulow, C. (1993), 'New Families? Changes in Societies and Family Relationships', *Sexual and Marital Therapy*, 8(3), 269–73
- Delphy, C., and Leonard, D. (1992), *Familiar Exploitation: A New Analysis of Marriage in Contemporary Western Societies* (Cambridge: Polity Press)
- Dunlop Young, M., and Willmott, P. (1957), *Family and Kinship in East London* (London: Routledge)
- Edgar, D. (2004), 'Globalization and Western Bias in Family Sociology', in Treas, J., Scott, J., and Richards, M. (eds.), *The Wiley Blackwell Companion to the Sociology of Families* (Oxford: Blackwell), 1–16
- Hantrais, L., Brannen, J., and Bennett, F. (2020). 'Family Change, Inter-generational Relations and Policy Implications', *Contemporary Social Science*, 15(3), 275–90
- Howard, S. (2020), 'Is It Ever Acceptable for a Feminist to Hire a Cleaner?', *Guardian*, 8 March

- Ives, L. (2018), 'Family Size Shrinks to Record Low of 1.89 Children',BBC Health, 22 November
- Jenkins, S., Pereira, I., and Evans, N. (2009), *Families in Britain: The Impact of Changing Family Structures and What the Public Think*, Ipsos MORI Policy Exchange
- Mabry, J. B., Giarrusso, R., and Bengtson, V. L. (2004), 'Generations, the Life Course, and Family Change', in Treas, J., Scott, J., and Richards, M. (eds.), *The Wiley Blackwell Companion to the Sociology of Families* (Oxford: Blackwell Publishing), 85–108
- McCartan, C., Bunting, L., Bywaters, P., Davidson, G., Elliott, M., and Hooper, J. (2018), 'A Four-Nation Comparison of Kinship Care in the UK: The Relationship between Formal Kinship Care and Deprivation', *Social Policy and Society*, 17(4), 619–35
- Schwartz Cowan, R. (1976), 'The "Industrial Revolution" in the Home:Household Technology and Social Change in the 20th Century', *Technology and Culture*, 17(1), 1–23
- Smart, C. (2004), 'Retheorizing Families', *Sociology*, 38(5), 1043–8.
- Tadmor, N. (1996), 'The Concept of the Household-Family in Eighteenth-Century England', *Past and Present*, 151, 111–40.
- Turner., Bryan S. (2004), 'Religion, Romantic Love, and the Family', in Treas, J., Scott, J., and Richards, M. (eds.), *The Wiley Blackwell Companion to the Sociology of Families* (Oxford: Blackwell)
- Wallis, L. (2012), 'Servants: A Life Below Stairs', BBC News, 22 September
- Weeks, J., Heaphy, B., and Donovan, C. (2004), 'The Lesbian and Gay Family', in Treas, J., Scott, J., Richards, M. (eds.), *The Wiley Blackwell Companion to the Sociology of Families* (Oxford: Blackwell), 340–55

附錄

- acesaware.org, ‘Adverse Childhood Experience Questionnaire for Adults’
- Barlow, A., Ewing, J., Janssens, A., and Blake, S. (2018), ‘The Shackleton Relationships Project Summary Report’, University of Exeter
- cdc.gov (2020), ‘Adverse Childhood Experiences (ACEs)’
- emdrassociation.org.uk
- Felitti, V. J., et al. (1998), ‘Relationship of Childhood Abuse and Household Dysfunction to Many of the Leading Causes of Death in Adults: The Adverse Childhood Experiences (ACE) Study’, *American Journal of Preventive Medicine,* 14(4), 245–58
- myrootsfoundation.com, ‘The “Do You Know?” Scale?’

國家圖書館出版品預行編目(CIP)資料

修復家庭創傷：終止創傷代代相傳，重建愛與連結／朱莉亞．山繆(Julia Samuel)著；王敏雯譯．-- 初版．-- 臺北市：遠流出版事業股份有限公司，2024.04
面；　公分
譯自：Every family has a story : how we inherit love and loss.

ISBN 978-626-361-523-6(平裝)

1.CST: 家庭關係 2.CST: 家庭輔導 3.CST: 家庭心理學

544.1　　113001793

修復家庭創傷：終止創傷代代相傳，重建愛與連結

作　　者——朱莉亞．山繆
譯　　者——王敏雯
主　　編——周明怡
封面設計——之一設計
內頁排版——平衡點設計

發 行 人——王榮文
出版發行——遠流出版事業股份有限公司
104005 台北市中山北路一段 11 號 13 樓
郵政劃撥／0189456-1
電話／02-2571-0297．傳真／02-2571-0197
著作權顧問——蕭雄淋律師

2024 年 4 月 1 日　初版一刷
售價新台幣 480 元（缺頁或破損的書，請寄回更換）

遠流博識網　http://www.ylib.com　e-mail:ylib@ylib.com